에듀테크 활용교육으로
디지털 리터러시가 깨어난다

구글
마스터의
길

깨어나는
디지털 리터러시

구글
마스터의
길

신민철, 전효진
서광석, 박정철
지음

테크빌교육

독자 여러분, 안녕하세요? 저자 신민철입니다.

저는 2017년, 구글 공인 교육자 과정을 처음 알게 되었고 구글 교육자 그룹^{GEG} South Korea 박정철 교수님의 구글 공인 교육 전문가 등급 1을 위한 첫 번째 부트 캠프에 참여했습니다. 부트캠프를 마치고 제가 가장 크게 느꼈던 것은 구글 공인 교육자 프로그램은 단순 자격증 취득 과정이 아니라 함께하는 배움과 성장의 과정이라는 것이었습니다.

부트캠프에서 교수님은 자격증을 따기 위한 갖가지 요령이 아니라, 다양한 구글 도구를 보다 심층적으로 이해하고 사용하는 다양한 시나리오 문항을 보여 주고 이 문항들을 함께 풀어 주셨습니다. 이 과정에서 저는 새로운 수업 디자인에 대한 아이디어가 샘물이 솟듯 머릿속에서 퐁퐁 솟아나는, 떨리는 경험을 했습니다.

그리고 부트캠프에서 크게 얻은 것이 한 가지 더 있습니다. 그건 바로, 좋은 사람들이었습니다. 그 자리에서 만난 열성적이고 진심 어린 분들과 저는 부트캠프를 함께 열어 나갔고, 또 다른 많은 선생님들을 만나 그들의 성취와 교육 혁신 과정을 보며 함께 성장하는 즐거움과 가치를 흠뻑 경험했습니다.

많은 분들이 제게 묻습니다. 구글 공인 교육 전문가 등급 1과 2를 취득하면 어떤 점이 좋느냐고 말입니다. 사실 구글 공인 교육 전문가가 된다고 해도 구글로부터 특별한 선물상자가 도착한다거나 구글 본사 방문 기회가 생긴다거나 하는 건 아닙니다. 구글 공인 교육 전문가가 되었다는 메일 한 통과 이메일에 첨부할 수 있는 이미지 파일이 전부입니다. 하지만 결코 이게 전부가 아닙니다. 경험자로서 감히 장담컨대 아주 대단한 걸 얻게 됩니다. 바로 '자기 성장 동력'입니다. 구글 문서나 스프레드시트를 잘 다루게 되는 걸 가지고 성장 운운하는 건 너무 거창한 것 아니냐고 생각하실 수도 있겠습니다. 하지만 제가 말씀드리는 것은 도구를 유창하게 사용하게 되는 과정 중에 비로소 시작되는 긴 성장의 씨앗 같은 것에 가깝습니다.

사실, 저는 처음 구글 공인 교육 전문가 등급 1 시험을 준비할 때 '난 구글 도구를 이미 잘 사용하고 있는데 굳이 이런 활용 능력 시험까지 쳐야 할까?' 하는 생각이 강했습니다. 그저 스스로를 증명하고 싶은 마음으로 등급 1 시험에 등록한 뒤 부트캠프에 신청했던 것이었습니다. 그런데 부트캠프에 참여하고 시험을 준비하면서 저는 '아, 내가 아는 구글이 다가 아니었구나.'라는 것을 분명히 깨달았습니다. 내가 아는 구글보다 내가 몰랐던 구글의 영역이 훨씬 더 방대했습니다. 그러면서 깨달았습니다. 구글 공인 교육자 프로그램 과정은 정체된 나 자신을 향한 도전 과정이라는 것을 말입니다. 이 과정은 내가 가지고 있던 틀을 깨는 값진 성장의 과정이라는 것을 깨달았습니다.

이후로 구글 공인 교육 전문가 등급 2, 트레이너, 이노베이터 과정을 거치면서 저는 구글을 자연스럽게 잘 활용하는 교육자에서 에듀테크 도구들을 동료 교사들에게 잘 알려 주는 트레이너이자 강사로 성장했고, 교육 현장의 어려움을 혁신적인 방법으로 해결하는 일에 집중하는 혁신가의 태도를 갖춘 교육자로 한 번 더 성장했습니다.

구글은 굉장한 팬덤을 가지고 있는 글로벌 회사입니다. 사람들을 자연스럽게 팬으로 만드는 신비한 힘의 비결은 무엇일까요? 제가 구글이라는 키워드에 빠져든 건 '혁신에 대한 동경' 때문입니다. 테크놀로지를 바탕으로 누구보다 빠르게 사회의 변화를 만들어 가고, 또 끊임없이 사람들을 기대하게 만드는 구글의 역동적인 움직임. 그리고 유의미하면서도 재미를 놓치지 않는 '구글리^{Googley}한' 한 분위기와 구글러들이 뿜어 내는 당당함, 유쾌함, 창의성을 저도 가지고 싶습니다.

'언제나 구글이 최고야!'라는 무조건적인 동경은 바람직하지 않습니다. 하지만 구글을 통해 배울 수 있는 점은 최대한 배워야 한다고 생각합니다. 이미 변화의 속도가 굉장해져 버린 사회 속에서 살아가면서 앞으로 더욱 빠른 사회에서 살아가게 될 학생들을 준비시키는 우리 교육자들은 미래의 엄청난 속도를 학생들에게 미리 연습시켜 주지는 못하지만 지금의 변화 물결을 주도하고 그 파도 위에서 서핑하듯 놀 줄은 알아야 한다고 생각합니다. 이를 가능하게 하는 것이 바로 구글 공인 교육자 프로그램이라고 확신할 뿐입니다.

여러분은 이 책을 통해 구글 도구를 더 잘 다루게 되고 인증서를 취득하게 되실 것인데, 아마도 거기에서 멈추기 어려우실 거라 생각합니다. 그때까지 경험한 일련의 과정에서 새로운 도전에 대한 용기와 동기를 충전받게 되실 것이기 때문입니다. 혁신 교육을 만들어 가기를 원하는 다른 교육자들을 만나고 서로 도우면서, 뜨거운 열정과 의지를 나누게 되실 것이기 때문입니다. 이 과정에 동참하는 분이 늘어난다면 우리가 동경하는 혁신 교육은 'Wanna Be'가 아닌 'It is'가 될 수 있을 겁니다.

이 책에는 새로운 도전을 준비하는 교육자들을 향한 저자 모두의 응원과 동료 의식이 담겨 있습니다. 교육 혁신을 함께 빚어 나가자는 저의 미래 계획과 자부심을 '공유'드리며 독자 여러분에게 '편집자' 권한을 설정해 드렸습니다! 독자 여러분과 함께, 미래 교육을 우리가 직접 만들어 나가기를 진심으로 희망합니다.

저자 대표

구글 공인 혁신가(이노베이터) 신민철

차례

Chapter 1

구글 공인 교육자
프로그램 소개

A. 구글로 다지는, 에듀테크 활용교육 핵심 기본기

1. 구글과 교육

이미 이 책을 읽고 계실 독자분들이라면 충분히 알고 계시겠지만 최근의 교육은 분필과 칠판으로 대표되던 시절을 지나 새로운 형태로 넘어가고 있다. 전문가들의 다양한 표현에 따르자면 '인공지능', '온라인', '블렌디드', '디지털' 등으로 표현되는데 결국 본질은 '분필과 칠판 대신 디지털 도구가 적극적으로 사용되기 시작한 것'이라고 볼 수 있다. 도구 하나로 교육이 제대로 혁신되고 있다고 말할 수 있는 건 아니지만 새로운 교육 도구의 등장으로 이전에는 할 수 없던 실시간 협력(구글 문서나 슬라이드를 이용한 조별 학습 등의 사례), 자동 채점(구글 설문지 활용), 다양한 멀티미디어의 적극적 활용(유튜브, 구글 지도, 구글 어스 등 활용), 새로운 형태의 체험학습(가상현실, 증강현실 등), 즉각적이고 개별화된 피드백(구글 클래스룸) 등이 가능해진 것은 분명한 사실이다.

교육 변화의 디지털 트렌드를 각국의 교육부가 이끌어 갈 수 있다면 부작용을 줄일 수 있을 텐데 사실 이 트렌드에서 일어나는 변화의 대다수는 디지털 도구를 제공하는 기업들이 주도하고 있다. 그중에서도 구글의 활약은 독보적이다. 현재 전 세계적으로 구글의 교육용 플랫폼인 'Google Workspace for Education(이하 구글 워크스페이스)'을 교실에서 활용하고 있는 학생과 교사의 숫자가 2021년 초 현재 2억에 가깝다고 하는데 하루하루 시간이 흐르는 만큼 숫자는 더욱 커질 것이 분명하다. 구글에서 제공하는 솔루션을 활용하는 크롬북Chromebook도 무서운 속도의 성장세를 보이고 있다. 크롬북은 2020년 3분기만 보더라도 전 세계에 무려 950만 대가 출하되며 122% 성장을 보인 반면 전통적 PC에 해당하는 데스크탑은 마이너스 성장을 기록했다.

구글이 특히 자신 있게 내세우고 있는 것은 무료로 제공하고 있는 클라우드형 오피스 도구들이다. 이 도구에는 구글 문서Google Docs, 구글 프레젠테이션Google Slides, 구글 스프레드시트Google Sheets, 구글 설문지Google Forms 등이 있다. 이 도구들은

Client PC products by year-on-year shipment growth, Q3 2020	
📱 -32% 🖥 +30% ▭ +42%	
Product	**Growth**
Chromebooks	+ 122%
Detachables	+ 88%
Ultraslim notebooks	+ 57%
Convertibles	+ 27%
Slates	+ 21%
AIO desktops	+ 7%
Mobile workstations	+ 3%
Clamshell notebooks	+ 1%
Desktop workstations	- 27%
Tower and small desktops	- 33%

Chromebooks were the best performing client PC product in Q3 2020, with shipment volume growing 122% from a year ago.

Source: Canalys estimates (sell-in shipments), PC Analysis, November 2020   canalys

2020년 3분기 기기별 출하 증가 현황(전년도 대비)[1]

---

1 '카날리스: 태블릿과 크롬북, PC 시장 성장의 새로운 핫스팟(Canalys: Tablets and Chromebooks the new hotspots for growth in the PC market)', 2020.11.12., www.canalys.com/newsroom

교육 현장에 매우 유용한 도구임과 동시에 학생들이 사회로 나가게 되면 바로 사용하게 될 도구들이기도 하다. 물론 이 외에도 구글이 운영하고 있는 구글 지도, 구글 어스, 구글 아트 앤 컬처, 크롬 뮤직랩, 유튜브, 구글 사이트, 구글 그룹스, 구글 클래스룸 등도 교실에서 교육적 목적으로 활용되고 있는 실정이기에 구글의 오피스 도구는 결국 교육 도구라 해도 무방할 정도가 되었다.

디지털 지식과 기술에 대한 이해를 바탕으로 정보를 수집하고 분석하며 정보를 비판적으로 이해하고 평가함으로써 새로운 정보와 지식을 생산 및 활용하는 능력. 이것이 곧 2022 개정교육과정에서 제시하고 있는 디지털 소양 혹은 디지털 리터러시의 개념이므로 구글의 다양한 디지털 도구들을 제대로 익히는 일은 교사의 디지털 리터러시, 디지털 소양의 기초를 튼튼히 다지는 일이라 할 수 있다.

구글 클래스룸 (Google Classroom)

공지사항, 과제, 평가, 그리고 학생 및 학부모와의 소통까지 모두 할 수 있는 일원화된 공간이다. API 서비스[2]를 적극 활용하면 다른 서비스 중에도 구글 클래스룸의 특정 교실로 자료를 공유할 수 있다. (예: 신문기사 보던 중 '공유' 클릭 〉 '구글 클래스룸' 〉 특정 교실 선택)

구글 드라이브 (Google Drive)

'선생님, 지난 시간에 나눠 주신 PDF 파일은 어디서 다운로드 받아요?'라는 끝없이 반복되는 질문지옥에서 교사를 한 방에 구출시켜 주는 마법의 열쇠가 바로 구글 드라이브다. 모든 자료를 이곳에서 찾을 수 있으며 검색도 가능하다.

---

2 API는 'application programming interface'의 줄임말로 프로그래머를 위한 운영체제나 응용프로그램의 인터페이스를 가리키며, 소프트웨어가 서로 커뮤니케이션하는 방법을 의미한다.

구글 워크스페이스는 한 학교 도메인 내에 100TB의 공동 저장용량이 무료로 제공된다.

구글 문서 (Google Docs)

손으로 쓰는 과제가 아니라면 모든 작문 과제, 발표 과제 등은 이제 구글 문서를 활용하면 실시간 협업으로 진행할 수 있다. 교사는 각 학생의 문서에 댓글로 피드백을 남겨 줄 수 있다. 음성 인식을 이용하면 손보다 빠르게 문서를 완성할 수도 있다. (여러분이 보고 있는 이 책도 구글 문서를 구글 드라이브에 올려 시차와 지리적 장벽을 넘는 실시간 작업으로 집필한 결과물이다.)

구글 설문지 (Google Forms)

학생들의 생각을 묻거나 상황을 파악할 때뿐만 아니라 간단한 퀴즈, 중간·기말고사까지 볼 수 있는 평가 도구로 활용이 가능하다. 간단한 계획만 있으면 'Choose your own adventure(CYOA)' 형태의 방탈출 게임도 가능하다.

구글 CS 퍼스트 (Google CS First)

구글이 운영하는 코딩 교육 사이트다. 전 세계 최고의 프로그래머들이 모인 구글이니 콘텐츠 공신력 또한 세계 최고라 해도 과언이라 할 수 없다.

유튜브 (YouTube)

하루에 업로드되는 영상의 길이가 85년이 넘는다고 하니, 엄청난 규모의 영상 저장 매체로서 인간의 희로애락과 인간사의 DB가 매일 쌓이고 있는 저장고다. 우리가 아인슈타인이나 리처드 파인만의 육성 강의를 아무 때에 어디에서나

들을 수 있을 줄 누가 알았을까? 아인슈타인도 파인만도 몰랐을 거다. 시간이 지나면 유튜브는 역사 DB가 될 것이다. 미시사도 거시사도 유튜브에 다 있다.

구글 지도 [Google Maps]

인간이 거주하는 지역의 98%를 구글이 모두 매핑했다고 한다. 지도는 단순 정보지가 아니다. 인간의 역사와 사회가 만들어 낸 복잡한 표현물이다. 지도는 수많은 이야기 위에서 만들어졌고, 수많은 이야기들이 만들어져 나오고 있다.

구글 어스 [Google Earth]

세계에서 가장 정교하고 많은 기능이 들어간 지구본을 구글이 만들어 냈다. 손끝으로 지구를 돌려 보고 손바닥 위에서 바다 건너 도시들을 경험한다. 실제 비행기로 촬영한 사진으로 만든 3차원 이미지를 통해 도시 위를 날아다니는 놀라운 경험을 해 보자.

구글 사이트 도구 [Google Sites]

천편일률적인 학교 홈페이지가 지루했다면 실질적 정보들이 공개되고 교사들 사이에서 안전한 정보 보관과 공유가 가능한 '온라인 교무실'을 이용해 보자. 클릭 몇 번이면 제작, 관리가 가능하다.

자기만의 수업 홈페이지를 제작하면 학생들의 접근성을 높이고 보다 많은 자료를 일원화된 통로로 쉽게 공유해 줄 수 있다. 학생들이 구글 클래스룸을 조금 딱딱하게 느끼는 것 같다면, 혹은 학생들과 공유하고 있는 수업자료 폴더가 좀 지루하게 느껴진다면 구글 사이트 도구로 선생님만의 수업 홈페이지 혹은 학급 홈페이지를 만들어 이용해 보길 권한다.

구글 사이트 도구는 사용법이 아주 직관적이고 간단하다. 컴퓨터 사용에 익숙하지 않아도 10분 만에 개인 홈페이지를 뚝딱 만들어 낼 수 있다. 이런 페이지를 가지고 나면 학생 자치회, 동아리, 축제, 체육대회, 나만의 포트폴리오 만들기 등 수업 아이디어가 무궁무진하게 샘솟을 것이다.

구글 캘린더 (Googel Calendar)

편리한 일정 공유는 구글 캘린더에서 가능하다. 동료 교사들과 혹은 학생들과 공동의 일정을 손쉽게 공유하자. 구글 미트Google Meet와 연동이 되면서 온라인 수업으로도 캘린더 자동 연계가 가능하다.

구글의 이러한 도구들은 거의 대부분이 무료이기 때문에 더욱 많은 이들에게 사랑을 받을 수 밖에 없다. 게다가 이 도구들이 하나로 묶여서 학교 단위로, 교육청 단위로 제공되면서 구성원들의 밀접한 소통을 가능하게 하는 아주 놀라운 서비스가 제공되고 있는데 이것이 바로 '구글 워크스페이스'다. 현재로서는 이 서비스 역시 무료로 제공되고 있고 최근 국내의 많은 대학과 이하 학교들이 이 서비스를 도입하기 시작했다.

도입 절차나 활용에 관한 자세한 설명은 이 책의 저자들이 참여했던 다음의 두 책을 참고하기 바란다. 『교실의 미래 구글 클래스룸(2019, 프리렉)』은 구글 클래스룸의 도입과 활용에 관한 내용이고, 『구글 클래스룸 수업 레시피(2020, 프리렉)』는 도입 이후의 수업 활용에 관한 내용이다.

2. 구글과 교육자

구글의 이런 다양한 도구들이 교실 현장에서 특히 유용하게 활용될 줄을 누가 알았을까? 사실 이것은 구글도 예상하지 못했던 일일 거라고 생각한다. 구글은 어디까지나 검색 엔진을 주로 하고 이를 통해 광고 수익을 얻는 기업이었다. 1998년에 설립된 이래 20여 년에 걸쳐 구글은 더욱 편리하고 뛰어난 검색 서비스에 공을 들여 왔다. 그리고 새로운 기술력을 가진 회사가 있으면 인수한 뒤 더욱 개발시켜 시장에 내놓는 일을 반복해 왔다. 그 과정에서 지도와 유튜브 같은 서비스가 인수·개시된 것이고 비즈니스 환경, 오피스 환경에서 유용하게 활용될 도구들도 등장하게 된 것이다. 이는 마이크로소프트 오피스가 지배하고 있던 기존 시장의 사용자들을 조금이나마 구글 쪽으로 끌고 오고자 하는 바람에서 시작된 일인지도 모른다.

구글은 2006년에 Google Apps for your Domain 또는 G Suite for Business라는 비즈니스 모델을 만들었는데, 같은 해에 교육자들을 위해서 Google Apps for Education[3] 버전도 소개하였다. 원래 구글에서는 미국의 Computer Using Educator[CUE]라는 단체와 함께 Google Teacher Academy[GTA]를 오래 전부터 운영해 왔는데 이곳 GTA에서 많은 교사들이 구글의 도구를 창의적으로 활용하는 사례를 발표하기 시작했고, 놀랍게도 이 혁신 사례에 수많은 교육자가 주목하기 시작했다. 그 과정에서 구글 도구를 교육 현장에서 잘 활용해 보고 싶다는 큰 수요가 확인됐고 구글에서는 이러한 수요에 어떻게 대처해야 할지 고민하면서 기존 에듀테크 분야의 사례들을 서둘러 연구하기 시작했다.

---

3 Google Apps for Education은 이후 G Suite for Education으로 이름이 바뀌었다가 2021년 현재 Google Workspace for Education으로 변경되었다. 이 책에서는 '구글 워크스페이스'로 언급되고 있다.

기존 에듀테크 분야에서는 애플의 Apple Distinguished Educator[ADE]나 마이크로소프트의 Microsoft Innovative Educator[MIE]와 같은 형태의 공인 교육자 과정이 이미 있었고, 구글도 이런 공인 교육자 과정을 만들기로 결정하면서 '구글 공인 교육자 프로그램'이 시작되었다.

이 과정이 대체 무엇을 어떻게 하는 과정인지에 대한 이해를 돕기 위해 좀 더 직관적인 비유를 들어 보겠다. 최첨단의 압력밥솥 회사에서 맛있는 밥을 만들 수 있는 '압력밥솥 활용 공인 요리사' 과정을 개설했다고 해 보자. 그랬더니 수많은 사람들이 이 과정을 공부하며 요리법도 배우고 커뮤니티에서 정보도 나누게 되었다. 결국 이 과정을 통해 궁극적으로는 요리에 대한 사랑이 널리 공유되고 덩달아 압력밥솥 회사의 다른 요리 도구들, 그리고 다른 회사의 요리 도구들에 대한 관심도 높아지는 시너지 효과가 일어났다. 이로써, 요리를 좋아하는 사람이든, 요리를 잘 먹는 사람이든, 아니면 요리 관련 서비스 비즈니스 종사자든 모두에게 즐거운 일이 일어난 것이다! '구글 공인 교육자 과정'이 추구하는 것이 바로 이런 효과다.

물론 사기업의 도구를 공교육에 도입하고 활용하고 확산시키는 것이 장기적으로 과연 옳은 일인가 하는 중요한 질문에는 쉽게 답할 수 없다. 특히 외국계 기업이라 국내법의 적용을 받기 어려운 상황이라면 더더욱 어려운 문제다. 2021년 초에 구글 클래스룸과 유튜브 등에 장애가 발생했던 사건이 있었는데 국내 사용자들은 오류에 대한 해명을 그 어느 곳에서도 찾아볼 수 없었다. 구글 코리아에서조차 이러한 소통 채널을 운영하지 않고 영어로 된 본사 홈페이지에 가면 자료를 찾을 수 있다는 입장만 내세운 바 있다. 만일 학생들의 교육과 관련하여 이러한 문제들이 발생한다면 그 결과는 상상하기 힘들 만큼 끔찍하다. 게다가 학생들의 성적이나 상담 자료, 학생들이 주고받는 이메일, 검색 내용 등이 사기업에서 활용하는 비즈니스 데이터로 흡수가 된다면 이 얼마나 황당한 상황이 되겠는가. 물론 구글에서는 교육 관련 계정에서 발생하는 모든 데이터는 결코 광고 목적을 위해 수집하지 않으며, 학교의 허락이 없이는 도메인 내 정보에 절대 접근하지 않겠다는 약속을 하고 있다. 미 정부에서 만들어진 다양한 법규들도 이를 최대한 막고 있다. 그러나 항상 조심하는 마음으로 도구를 활용할 필요는 있을 것이다.

따라서, 독자 여러분은 이 책에서 소개하는 구글 공인 교육자 프로그램을 통해 교육에 최적화된 최고의 도구를 배우고 활용하겠다는 일념을 가지기보다는 몇 가지 유용한 도구를 마스터함으로써 다른 도구에 대한 이해도를 높이고 에듀테크를 활용하는 경험치와 통찰을 획득하는 것을 목표로 삼아 주시기를 간곡히 바라는 바이다. 정답은 없다. 구글이 정답이라고 생각하면 안 된다. 물론 현재로서는 매우 유용한 도구임이 분명하지만 이 또한 영원하리라는 법도 없다. 부디 유연하게 사고해 주시길 부탁한다. 새로운 변화가 시시각각 찾아오는 현재 상황에서 최선의 도구가 무엇일지를 매번 슬기롭게 고민하고 지혜롭게 분별해 주시기를 부탁드린다.

확실한 것은 이거다. 필자들은 지난 수년간 구글의 도구를 잘 활용하여 교실에서 멋진 사례들을 만들어 왔다. 이러한 멋진 도전과 성취들이 독자분들의 교실에서도 시작되기를 진심으로 응원한다.

B. 구글 공인 교육자 프로그램의 역사

앞서 언급한 대로 구글은 2006년 G Suite for Education을 만들면서 Google Teacher Academy^GTA를 개최하였다. GTA는 2014년까지 유시되었는데 아카데미마다 전 세계에서 단 50명의 교육자를 초대하여 2일간의 프로그램을 진행하며 구글의 도구를 학습하고 혁신적인 교육법을 나누는 프로그램을 진행했다. 총 21회차의 아카데미가 뉴욕, 시카고, 런던, 시드니, 산타모니카, 스톡홀름 등 여러 곳에서 진행되었는데 1회차와 마지막 21회차는 구글 본사가 있는 샌프란시스코에서 이루어졌다. 아래 페이지에 들어가면 각 회차의 일정표와 강의 자료를 볼 수 있으며 몇 회차에는 자료 일부가 올라 있으니 도움이 되실 듯하다.

https://bit.ly/GTA홈페이지

이 이틀간의 아카데미 프로그램을 마치고 나면 'Google Certified Teacher(구글 공인 교사)'가 될 수 있었다고 한다. 이 명칭은 지금은 사용되지 않으니 명칭의 타당성에 대한 이야기는 차치하자면 '구글에서 인정하는바 구글 도구를 잘 활용하는 교사'라는 인증서였던 셈이다.

'인증' 또는 '인정'은 교육자들에게도 동기부여 요인으로 작용했고 많은 교사들이 GTA에 참가하기 위해 줄을 서기 시작했는데, 구글 공인 교육자 프로그램의 특징인 '동영상 제출'은 이 시기부터 시작되었다. 이 동영상은 수많은 응시자 가운데에서 자신을 강력하게 어필하기 위한 소개 수단인데 1~2분 길이의 동영상 제작은 지원자들로 하여금 스스로를 다각도로 돌아보고 자신의 비전을 좀더 명확하게 다듬게 하는 교육적 효과를 수반한다. 참석자를 선정해야 하는 심사자 입장에서도 제출된 동영상의 영상 편집 노하우를 확인하면서 지원자의 디지털 도구 활용 능력 수준을 바로 판단할 수 있다.

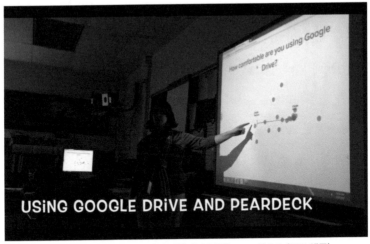

2014년 GTA에 참석 지원하신 선생님의 영상(https://bit.ly/GTA샘플)

이후 구글에서는 Google Certified Teacher라는 표현을 좀 더 보편적인 용어로 바꾸어 Google Certified Educator(이하 GCE, 구글 공인 교육자)라는 이름을 쓰기 시작했고, 이외에도 트레이너trainer와 혁신가innovator라는 새로운 제도를 만들기 시작하였다.

사실 이때는 이러한 새로운 제도가 얼마나 지속될지 그 누구도 확답할 수 없는 상태였다. 특히 구글은 하루에도 수십 개의 프로젝트가 내부에서 시작되고 사라지는 일이 일상인 문화를 가지고 있기 때문에 더더욱 그러했다[4]. 마치 '베타 버전'을 운영해 보듯이 새로운 명칭을 붙인 인증 자격을 시범적으로 만들었고 그래서 이 시기에 '구글 공인 혁신가(Google for Education Certified Innovator, 이하 구글 이노베이터)' 인증을 받는 일이 지금의 '구글 공인 교육 전문가 등급 1'보다 어렵지 않았다는 이야기도 있다. 얼마 전에는 '구글 공인 코치Google for Education Certified Coach' 과정이 생겼는데 아직 크게 활성화되지는 않았고 이 과정이 얼마나 지속될지도 실은 아무도 장담할 수 없다. 구글의 이런 유연함에 익숙해지자. 이것이 구글의 문화다. 사실 2020년에 '이달의 트레이너Trainer of the Month'라는 제도도 생겼는데 워낙 발빠르게 움직이는 구글이기에 제도가 없어지더라도 전혀 놀랄 것은 없겠다. 저자 박정철도 2020년 2월에 '이달의 트레이너'로 선발되었으나 코로나19로 인해 2021년 5월까지도 상장과 선물을 받지 못했다.

'이달의 트레이너(Trainer of the Month)' 인증. 구글 공인 트레이너 중 뛰어난 활동을 보인 트레이너에게 구글 본사 교육팀에서 주는 인증이다.

---

4 https://killedbygoogle.com 구글이 그동안 중단한 서비스들이 줄지어 정리되어 있는 사이트다. 프로젝트를 접는 일이 구글에서는 일상이다.

구글은 발빠른 변화를 계속 도입하지만 확실한 것이 하나 있다. 세월이 지나면서 제도가 점점 정비되고 더 많은 사람들의 건설적인 피드백이 누적되고 있다는 것, 그리고 이에 따라 인증 시험이 점점 더 어려워지고 엄격해지고 있다는 것이다. 따라서 이 책을 읽으시는 독자분들은 하루라도 빨리 구글 공인 자격을 취득하시는 것이 조금이라도 편한 환경에서 시험을 보기 위한 비책이 아닐까 생각한다.

C. 구글 공인 교육자 프로그램의 개요

앞에서는 구글 공인 자격의 역사에 대해 간단히 설명했다. 어떤 맥락에서 현재 구글의 인증 과정이 공인 교육 전문가, 트레이너, 이노베이터로 이루어지게 되었는지 어느 정도 이해가 되셨으리라 생각한다. 그러나 여태껏 끊임없이 새로운 제도가 계속 만들어지거나 없어져 왔고, 구글 내외에서 앞으로 어떤 변화가 어떻게 일어날지 미리 알 수 없는 일이니 항상 그 시기의 체계를 먼저 확인하시길 강조하는 바이다. 2021년 5월 기준, 구글 공인 교육자 프로그램은 다음과 같다.

종류	과정명	
인증 과정	구글 공인 교육 전문가 등급 1	Google for Education Certified Educator Level 1
	구글 공인 교육 전문가 등급 2	Google for Education Certified Educator Level 2
프로그램 과정	구글 공인 트레이너	Google for Education Certified Trainer
	구글 공인 이노베이터	Google for Education Certified Innovator
	구글 공인 코치	Google for Education Certified Coach

표 1-1. 구글 공인 교육자 프로그램

26

구글 공인 교육자 프로그램은 크게 인증 과정과 프로그램 과정의 두 종류로 나눌 수 있다. 구글 공인 교육 전문가 등급 1과 2는 인증certification 과정으로서 교사가 구글의 다양한 도구들을 교실 현장에서 얼마나 적절하게 적용할 수 있는지를 단계적인 시험을 통해 확인받음으로써 공인을 획득하는 과정이다.

구글이라는 IT 기업이 교사의 어떤 부분을 어떻게 '인증'한다는 이야기인지 의문이 드실 수 있겠다. 사실 내용은 간단하다. 구글 공인 교육 전문가 과정에서는 교실에서 벌어질 수 있는 다양한 문제 상황을 제시하고, 응시자가 이에 꼭 필요한 구글 도구를 선택한 뒤 적절한 기능을 적용하여 문제를 해결할 수 있는지를 확인한다. 응시자들은 같은 도구라도 등급 1에서는 기본적인 기능을 주로 적용하고, 등급 2에서는 복합적인 기능을 사용하게 된다.

프로그램 과정은 총 3가지로 구성되어 있으며 인증 과정과 달리 각각의 프로그램에서 필요로 하는 자격을 갖추고 있음을 밝히고 자신의 경험이나 아이디어, 소개 영상 등을 포함하는 지원서를 작성해야 한다. 코치 프로그램은 최근에 추가되어 아시아 쪽에서는 아직 수요가 적은 관계로 이 책에서는 이미 널리 확산이 된 트레이너와 이노베이터 프로그램을 중심으로 소개하고자 한다.

각 과정의 세부 조건 및 준비 과정은 이 책의 각 장에서 자세히 설명될 예정이다. 각 인증 과정과 프로그램 과정을 거쳐 구글 공인 교육자가 되면 공인 배지를 공식적으로 사용할 자격이 주어진다.

과정별 구글 공인 교육자 배지
: 왼쪽부터 공인 교육 전문가 등급 1과 2, 공인 트레이너, 이노베이터, 코치

D. 구글 공인 교육자 프로그램에 참여해야 하는 이유

필자 박정철은 구글이 인증하는 'Google Educator Group(GEG, 구글 교육자 그룹)'을 국내에 처음으로 공식 개설한 뒤 다양한 활동을 하면서 구글 공인 교육자 프로그램을 꾸준히 홍보해 왔다. 그러나 우리나라에서는 어떤 분야에서든지 일종의 자격증이 생기면 그와 관련된 교육과정의 목적이 자격증 취득에 한정되기 시작되고, 자격증도 그저 자격 증명을 위한 하나의 서류로 변질되어 버리는 경우가 적지 않다. 그래서인지 구글 공인 교육자 과정도 부정적인 시각으로 보는 사람들이 많았다.

"외국의 사기업이 대체 무슨 자격으로 우리나라 교사들에게 공인 자격을 주는가?"
"만일 이 자격이 없다면 구글을 사용해 가르치지 말라는 뜻인가?"
"GEG는 자격증을 장사하는 단체인가?"

그러나 이러한 질문들 앞에서도 한결같이 자신이 있을 수 있었던 것은 시험을 한 번이라도 본 분들이 들려준 소감 덕분이었다. 그들은 완전히 새로운 세상을 본 것 같다며 혀를 내두르곤 했다. 이런 모습을 자주 보면서 필자는 이 구글 공인 교육자 과정이 일반적인 자격증 시험과는 전혀 다른 파동을 만들어 낼 거라는 확신을 다져 왔다.

다른 에듀테크 기업들의 인증 과정과 비교해 보고자 한다. 애플의 'Apple Teacher' 인증 과정에서는 맥^{Mac}의 기본 도구 활용에 대한 문제를 5개씩만 풀면 배지를 받는다. 이런 방식으로 도구 6개에 대한 배지를 받으면 'Apple Teacher'가 된다. 어도비의 'Adobe Creative Educator' 인증 과정에서는 웨비나를 1시간 들은 뒤 간단한 과제를 제출하면 레벨 1 배지를 받는다. 이 두 회사의 과정은 굉장히 간단하고 쉽다. 평가 내용을 확실히 제시하고 이를 제대로 평가함으로써 신뢰성 있는 인증을 진행하기보다는, 스프트웨어를 홍보하기 위해 고객에게 아주 가벼운 도전의식을 불러일으키고자 하는 일종의 마케팅 수단이 아닐까 생각한다.

반면 구글 인증 과정은 상당히 고통스럽기까지 하다. 일단 인증 시험이 진행되는 3시간 동안 웹캠 앞을 벗어나서는 안 된다. 시험 유형도 생소하다. 시나리오 문제에 온라인으로 답하는 방식의 시험은 대한민국 공교육을 밟아 온 사람들이 이전에는 단 한 번도 경험하지 못한 형태일 것이다. 가장 놀라운 것은 시험을 보고 나면 '시험을 치르는 과정 자체에서 강력한 학습이 일어난다.'라는 생각을 하게 된다는 것이다. 이러한 새로운 형태의 인증 시험을 치르는 것만으로도 시험 전후의 세상이 완전하게 달라지는 기분을 느끼게 된다. 시험을 치르고 난 교육자들은 앞으로 교실의 모습 또한 이렇게 완전하게 달라지겠다는 희망과 아이디어를 가지게 된다.

발상의 전환이라는 경험 외에도 수많은 장점이 있기 때문에 전 세계의 수많은 교육자들이 이 과정을 밟고 있는 것이다. 구글 공인 트레이너가 되면 구글과 손잡은 다양한 에듀테크 기업이 제공하는 무료 도구들을 체험할 수 있다. 구글 공인 이노베이터가 되면 구글 내부의 소위 '고급 정보'를 들을 기회를 가지게 되고 창의적이면서도 도전적인 동료들을 많이 얻게 되어, 필자의 경험에 따르면 이전으로는 결코 돌아갈 수 없는 삶의 상태에 이를 수도 있다.

이렇게 탄생한 혹은 발견된 멋진 교육자들이 온라인에서 활동하고 있다. 그리고 이들을 한곳에서 볼 수 있는 지도가 있다. 바로 GEG South Korea에서 매핑하고 있는 지도다(https://bit.ly/gcegctgci).

이 지도의 탄생은 한국에 있는 구글 공인 교육자들 내부에서 끓어오른 '우리 서로 연락을 좀 해야 하는데 다들 어디에 계신가?' 하는 자생적인 니즈에서부터였다. 이 지도는 자신이 매핑되는 것에 동의하는 분들로부터 신청을 받아 만들어진 것이다. 때문에 100%의 정확도는 기대하면 안 된다. 물론 자격을 취득한 후 개인적 활동에 한정해 교육을 이어 가고 계신 분들의 활동을 부정적으로 보는 건 절대 아니라는 점을 언급해 둔다. 이 지도는 현재진행형이다. 본인 동의하에 매핑을 해 드리고 있다[5].

혹시 이 지도를 보시고 '아, 나도 공인 교육 전문가 등급 1~2, 트레이터, 이노베이터까지 되고 싶다!'라는 생각이 드셨다면 그것이 바로 이 지도를 위해 애쓴 분들이 바라는 바일 것이다.

---

5 구글 공인 교육자 매핑 작업은 캐나다에 계시는 장성순 선생님께서 수년째 고생해 주고 계신다. 선생님의 계속적인 노력에 이 자리를 빌려 다시 한번 감사를 드린다. 매핑 신청 방법은 https://bit.ly/gcemapapp 에 자세히 안내되어 있다.

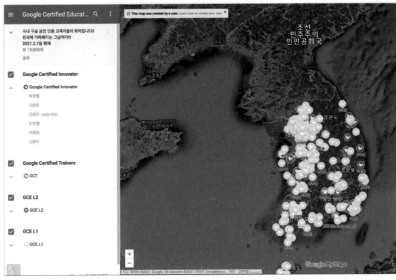

구글 공인 교육자 지도(전국): GEG South Korea에서 자체적으로 매핑 중

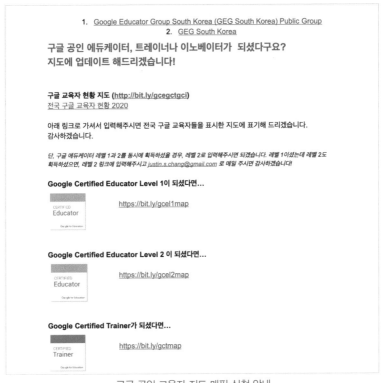

구글 공인 교육자 지도 매핑 신청 안내

GOOGLE Certified Educator
되어야하는
10가지 이유

1. 구글에서 인정한 자격이니깐
2. 창의적인 수업이 가능하니깐
3. 모두가 부러워하는 멋짐 획득!
4. 업무효율 200% 상승
5. 유유상종, 좋은 교육자들과 함께하니까
6. 종이 없는 교실이 가능
7. 방대한 자료를 마음껏 요리
8. 빅데이터 통한 학생 맞춤형 교육가능
9. 미래시대 인재양성에 디지털 리터러시는 필수
10. 시험자체가 강력한 학습도구니까!

www.gegsouthkorea.or.kr

구글 공인 교육자가 되어야 하는 10가지 이유. 2015년 GEG South Korea 주최 부트캠프에서 저자 박정철이 활용한 자료다. 조금 바뀐 내용은 있지만 여전히 그 목적은 변함이 없다.

이와 같은 과정을 통해 구글 도구를 활용한 교육의 세계에 입문하셨다면 장담컨대 이전으로는 결코 돌아갈 수 없는 새로운 멋진 세상이 시작될 것이다. 일단 발을 들이셨다면, 혹은 발을 이제 막 들이고자 하신다면 주변의 많은 교육자들과 에듀테크에 관심을 가지고 있는 분들에게 구글 공인 교육자 프로그램을 널리 알려 주시길 부탁드린다. 새로운 국면을 맞이한 교육자들이 머잖아 교육 현장의 새 국면을 직접 열 것이라 기대하기 때문이다.

Chapter 2

구글 공인
교육 전문가
등급 1

A. 개요

구글 공인 교육 전문가 등급 1

1. 교육 전문가 등급 1이란?

교육 전문가 등급 1 인증 받기

교육 전문가 등급 1 인증을 통해 전문성을 보여주고 전문성에 대해 인증을 받으세요.

인증 시험 응시

⊘ 3년간 유효   ⏱ 180분   ▭ $10

Google for Education 제품 관련 전문성을 입증하세요. 교육 전문가 인증에 관한 정보를 받아보고 준비가 되면 교육 전문가 등급 1 시험에 응시하세요.

등록   쿠폰이 있습니다

구글 공인 교육 전문가 등급 1 시험 응시 화면

구글 공인 교육 전문가 등급 1은 교육을 위한 디지털 도구 활용 능력을 현장에서 얼마나 잘 적용할 수 있는지를 확인하는 과정이다. 이 과정을 통해 수업에서 사용 가능한 구글 도구들과 관련된 전문성을 인증받음으로써 자신이 준비된 교육자임을 스스로 확인할 수 있다.

인증 유효기간은 3년이며 응시료는 10달러, 시험 시간은 총 180분이다. 3시간이 길게 느껴질 수 있으나 막상 시험에 응시해 보면 그리 길게 느껴지지 않을 것이다. 구글의 다양한 문항과 시나리오 중심의 문제 해결 과정이 극강의 몰입감을 유발하기 때

유효기간	3년
응시료	10달러
시험 시간	180분
디지털 배지	G Google for Education Certified Educator LEVEL 1

문이다. 시험을 보는 과정 자체가 강력한 학습의 기회임을 확실하게 실감할 것이다.

인증을 완료하면 디지털 배지를 받는다. 이력서나 포트폴리오, 이메일의 서명이나 웹사이트 등에 공식적으로 사용할 수 있다. 외국의 많은 기관과 대학원에서는 이 인증을 학점으로 인정해 주기도 한다.

2. 시험 유형

구글 공인 교육 전문가 등급 1 인증 시험은 크게 필기시험과 시나리오 시험으로 나눌 수 있다. 필기시험은 객관식, 짝 맞추기, 드래그 앤 드롭 등 다양한 유형의 문항으로 구성되어 있다. 객관식 문항에는 답이 여러 개인 경우가 있는데 답의 개수가 문항에 제시되기 때문에 크게 염려할 필요가 없다.

시나리오 시험에서는 학교 현장에 있을 법한 문제 상황을 구체적으로 제시하

고 그 해결 방법을 묻는다. 예를 들어 학교에서 각 학생의 학부모 상담 일정을 잡아야 할 때 구글 캘린더를 활용하는 방법, 학생들에게 과제를 낼 때 구글 클래스룸을 이용하는 방법 등 구글의 기본 도구들을 문제 상황에 맞게 수행하는 과정을 평가한다.

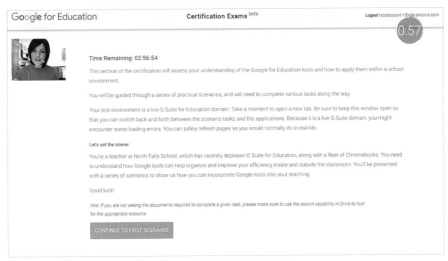

등급 1 필기시험 예시 화면

등급 1 시나리오 시험 예시 화면

B. 필기시험 준비하기
: 가이드 + 예시 문제

구글 공인 교육 전문가 등급 1

1. 구글 교사센터

구글 공인 교육 전문가로 인증을 받고자 한다면 꼭 방문해야 하는 사이트가 있다. 바로 '구글 교사센터'다. 교사센터는 구글 도구에 대한 사용법을 익히고 인증 과정을 통해 교육자로서 자신을 차별화하며, 구글의 기타 프로그램을 통해 전문 지식을 업그레이드할 수 있는 모든 과정과 자료가 총망라되어 있는 구글의 웹사이트다. 구글에서 '교사센터'로 검색하거나 다음의 URL을 직접 입력하여 접속하면 된다.

https://bit.ly/교사센터

구글 교사센터 웹사이트 첫 화면

❶ 교육 과정: 등급 1, 2 취득을 위한 교육 과정 안내

❷ 제품 가이드: 구글의 각종 도구 활용법 소개

❸ 인증: 등급 1, 2 인증 시험 등록 및 응시

❹ 프로그램: 구글 공인 트레이너, 이노베이터 프로그램 안내 (영문 사이트에는 코치 프로그램 안내도 있음.)

❺ 커뮤니티: 지역별 전문가 및 GEG(구글 교육자 그룹) 소개

2. 시험 준비하기

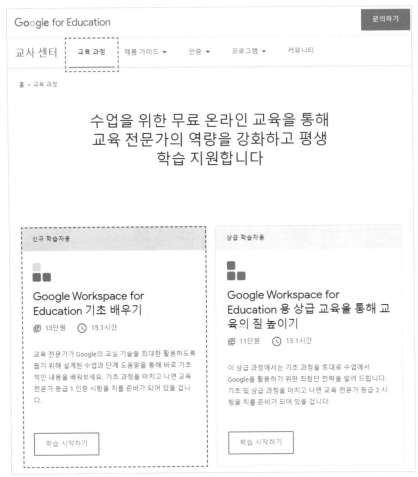

등급 1 필기시험 준비하기

교사센터에서 교육 과정 메뉴를 선택하면 '기초 배우기' 항목과 '상급 교육을 통해 교육의 질 높이기' 항목이 있다. 앞의 것이 등급 1에 해당하고, 뒤의 것은 등급 2에 해당한다. 이처럼 구글은 시험 준비를 위한 교육 프로그램도 교사센터에 꼼꼼히 제공해 두고 있다.

Google 🏠 ⑦ 🗏 🞷

1단원: 학급에서 기술 사용 준비하기 ^

✓ 소개

✓ 디지털 교실의 이점 탐구 및 21세기 업무 습관 장려하기

✓ 디지털 교실을 위한 Google 도구에 익숙해지기

○ 안전하고 책임감 있는 디지털 시민 양성하기

○ 교과서의 범위를 넘어서 생각하기

○ 1단원 평가

2단원: 지원 및 학습에 대한 액세스 확장하기 ⌄

3단원: 유인물 (거의) 없는 교실 만들기 ⌄

4단원: 의사소통 시간 절약하기 ⌄

5단원: 본인 및 다른 사용자의 활동 구성하기 ⌄

6단원: 회의를 온라인으로 전환하기 ⌄

7단원: 학생 과제물을 온라인으로 전환하기 ⌄

8단원: 학업 성취도 측정, 파악 및 공유하기 ⌄

9단원: 학생들에게 온라인 기술 가르치기 ⌄

10단원: 양방향 수업 만들기 ⌄

11단원: 동영상으로 학생들의 학습 관심 높이기 ⌄

12단원: 그룹 과제 활용하기 ⌄

13단원: 디지털 시민의식과 긍정적인 온라인 행동 장려하기 ⌄

등급 1의 학습 내용인
13개 단원과 1단원 하위 소단원

'기초 배우기' 항목에 있는 '학습 시작하기'를 누르면 구글의 모든 제품에 대한 교육과정을 제공하는 '스킬샵Skillshop' 페이지[6] 내부의 해당 페이지로 연결된다. 기초 교육을 위한 학습 내용들의 목차가 제시되어 있고 각 목차에는 링크가 걸려 있다. 구글 계정으로 로그인한 뒤 이용하면 내 계정 정보의 '활동 기록'에서 진도 상황을 한눈에 확인할 수 있다.

등급 1의 필기시험을 준비하는 데 필요한 학습 내용은 총 13개 단원으로 구성되어 있다. 각 단원의 하위 소단원마다 한 페이지의 학습 내용이 링크되어 있다. 각 학습 내용의 마지막에는 5문항 정도의 간단한 형성 평가를 제공하고 정답 여부를 문항마다 바로 판정해 준다. 한 단원의 학습을 마치면 단원 평가가 제공되는데 형성 평가와 달리 문제들을 한꺼번에 풀어서 제출하면 정답 여부를 확인할 수 있다.

---

6 구글 '스킬샵'의 홈 URL은 다음과 같다. https://bit.ly/스킬샵

▶ 1~2단원

교실에 테크놀로지 적용을 시작할 때 필요한 일련의 과정을 A부터 Z까지 차근차근 안내한다. 1단원 '학급에서 기술 사용 준비하기'에서는 지원 및 기술 적용이 얼마나 중요한지, 교육을 가능하게 하는 도구는 어떤 것들이 있는지 등을 파악할 수 있다. 2단원 '지원 및 학습에 대한 액세스 확장하기'에서는 교사가 디지털 교실을 꾸미며 어려움을 느낄 때 도움받는 법, 교육자 간 학습 네트워크를 구축하는 법, 전문가와 연락을 주고받으며 멘티/멘토가 되는 법 등을 안내한다.

▶ 3~8단원

교사의 시간을 절약하고 효율성을 향상시키는 과정으로 구성되어 있다. 3단원 '유인물 없는 교실 만들기'는 'More Teaching, Less Tech-ing'의 마인드를 기반으로 교사의 행정 업무 시간을 줄이고 교사가 교육의 본질에 더욱 가깝게 다가갈 수 있도록 돕는 방법들을 소개한다. 4단원 '의사소통 시간 절약하기'에서는 지메일, 구글 미트, 그룹스 등의 다양한 도구를 통해 학생과 학부모, 또는 교사 간 소통을 효율적으로 진행하는 방법을 제안한다. 5단원 '본인 및 다른 사용자의 활동 구성하기'와 6단원 '회의를 온라인으로 전환하기'에서는 구글 캘린더, 태스크Task, 킵Keep 등의 도구를 활용하여 선생님들의 시간 관리 및 업무 진행의 효율 향상을 돕는다. 7단원 '학생 과제물을 온라인으로 전환하기'와 8단원 '학업 성취도 측정, 파악 및 공유하기'에서는 학생의 성장을 위한 측정, 분석, 평가, 피드백이 날로 중요해짐에 따라 다수의 학생을 개별적으로 피드백하고 성장 정도를 측정하는 방법을 제안한다. 또한 구글 스프레드시트, 설문지, 사이트 등을 통해 이를 체계적, 효율적으로 관리하고 공유하는 방법을 소개한다.

▶ 9~13단원

학생들의 배움과 창의성을 촉진시키는 일에 필요한 내용으로 구성되어 있다. 학생들에게 물고기를 잡아 주는 것이 아니라 직접 잡을 수 있게 해 줄 디지털 도구를 선물해 줌으로써 자기 주도적 학습의 길을 열어 주는 방법에 대해 소개한다. 크롬 브라우저, 구글 문서, 구글 어스, 유튜브, 구글 드라이브 등을 통해 스마트 검색 능력, 협력적 문제 해결력, 창의력을 이끌어 내는 구글의 각종 협업 도구를 소개한다. 또한 디지털 세상에서 어떻게 사람들과 연대하며 에티켓을 지켜야 하는지, 자신의 개인정보를 보호하기 위해 어떻게 행동해야 하는지 등을 포함한 디지털 시민의식 또는 디지털 리터러시를 함양시킨다.

3. 예시 문제 살펴보기

필기시험을 준비할 때 전 단원의 내용을 모두 확인할 수 있다면 좋겠지만, 만약 시간이 없다면 각 단원별 형성 평가와 단원 평가 위주로 풀어 보는 것도 효율적이다. 단, 오답이 발생했을 경우 해당 문제와 관련된 단원의 내용은 꼭 다시 한번 찾아서 확인해야 한다.

그렇게 하기에도 시간이 부족하다면 1단원, 2단원, 13단원의 평가 문항을 가장 먼저 확인하기 바란다. 3단원부터 12단원까지는 구글 도구를 사용하고 있는 교육자라면 이미 알고 있는 내용인 경우가 많고, 아직 도구 활용법을 잘 모르는 경우라 하더라도 곧 시나리오 시험을 준비하면서 익히게 될 내용이기 때문이다. 다음은 앞서 언급했던 세 단원에 제시된 형성 평가 및 단원 평가[7]의 일부를 소개한 것이다.

---

7 https://bit.ly/등급1

※ 정답표는 379쪽에 있습니다.

> ▶ 1단원: 학급에서 기술 사용 준비하기

1. 수업에 적용할 디지털 도구를 선택할 때 가장 먼저 고려해야 하는 것은 무엇인가요?

   ① 앱의 기능

   ② 학습 목표

   ③ 기술 서비스 이용 정책

   ④ 고려하고 있는 프로젝트

2. 책임감 있는 학생을 육성하기 위해 모든 교사가 교실에서 할 수 있는 일은 무엇인가요? 모두 선택해 주세요.

   ① 학생에게 안전한 비밀번호를 만드는 방법 보여 주기

   ② 학생에게 올바른 행동을 실천할 기회 제공

   ③ 디지털 시민의식에 관해 대화하기 위한 안전한 환경 조성

   ④ 수업에 디지털 시민의식 과정 포함

3. 기술, 교수법, 학습에 관해 우리가 아는 내용을 가장 잘 반영하는 문장을 선택하세요.

   ① 기술 접근성이 교수법보다 더 많이 학습에 영향을 미칩니다.

   ② 교사는 학생의 학습을 지원하기 위해 기술 전문가가 되어야 합니다.

   ③ 기술은 학생의 학습을 향상하려는 교사의 노력을 지원하는 도구입니다.

   ④ 기술 없이는 학습에 성공할 수 없습니다.

4. 중학교 2학년 담당 교사인 임선화 선생님은 학생들이 온라인을 안전하게 이용하기 위해 할 수 있는 모든 조치를 수행하고 있는지 확인하고자 합니다. 학생들은 매주 컴퓨터실에서 선생님이 수집하여 구글 문서로 공유한 링크의 사이트를 방문하여 많은 웹 탐색을 합니다. 또한 조사를 진행하면서 각 링크 아래에 메모와 댓글을 추가합니다. 학생들은 인터넷에서 발견한 새로운 리소스를 추가하기도 합니다. 다음 중 임선화 선생님이 학생들에게서 키우고자 하는 역량은 무엇인가요? 모두 선택해 주세요.

① 협력   ② 커뮤니케이션

③ 커뮤니티   ④ 창의력

5. 부모님이 자녀에게 알려줄 안전한 온라인 이용에 관한 지침을 찾고 있습니다. 가장 기본이 되는 세 가지의 간단한 팁이 있다면 무엇일까요? 모두 선택해 주세요.

① 알 수 없는 발신자가 보낸 항목은 클릭하지 않기

② 자신을 보호하기 위해 할 수 있는 모든 조치를 취하기

③ 본인과 타인을 존중하기

④ 검색 결과에 첫 번째로 표시되는 사이트는 피하기

6. 커리큘럼에 온라인 리소스를 사용하는 것의 장점은 무엇인가요? 모두 선택해 주세요.

① 믿을 수 있고 정확한 온라인 콘텐츠

② 관련 콘텐츠에 연결될 수 있음.

③ 콘텐츠를 통해 학습을 확장할 수 있음.

④ 콘텐츠가 업데이트됨.

▶ 2단원: 지원 및 학습에 대한 액세스 확장하기

1. PLN의 의미는 다음 중 무엇인가요?

    ① 병렬 학습 네트워크(Parallel Learning Network)

    ② 전문 노동 네트워크(Professional Labor Network)

    ③ 개인 구조 네트워크(Personal Lifesaving Network)

    ④ 개인 학습 네트워크(Personal Learning Network)

2. 누구나 Google for Education 도움말 포럼의 게시물에 답장하여 지원과 안내를 제공할 수 있습니다.

    ① 참

    ② 거짓

3. 다음 중 Google for Education 디렉터리에서 검색할 수 없는 것은 무엇인가요?

    ① 공인 트레이너

    ② 공인 이노베이터

    ③ 참조 학교

    ④ 구글 공인 교장

4. 여러분과 유사한 작업을 수행 중인 교육자 커뮤니티에 여러분의 전문지식을 제공하여 도움을 주고 싶다면 다음 중 무엇을 사용하면 될까요? 모두 선택해 주세요.

① GEG(구글 교육자 그룹)

② 구글 고객센터

③ 구글 검색

④ Google for Education 도움말 포럼

5. 다음 중 GEG(구글 교육자 그룹)에 참여하는 이유는 무엇인가요? 모두 선택해 주세요.

① 같은 지역의 교사들로부터 새로운 아이디어를 얻기 위해

② 학생들과 함께 구글 도구를 사용하여 다른 교사들과 소통하기 위해

③ 학습에 구글 도구를 사용하는 방법을 공유하는 소셜 이벤트를 계획하기 위해

④ 교실에서 일어나는 멋진 일들을 다른 교사들과 공유하기 위해

6. 다음 중 주로 개인을 뜻하는 용어는 무엇인가요? 모두 선택해 주세요.

① 참조 학교

② 공인 이노베이터

③ 공인 트레이너

④ 파트너

1. 사이버 폭력을 어떻게 처리해야 하나요? 모두 선택해 주세요.

   ① 공개적으로 맞서기

   ② 상호작용을 문서화하기

   ③ 대응하지 않기

   ④ 동일한 방법으로 대응하기

2. 안전한 비밀번호를 생성하려면 무엇을 포함해야 하나요? 모두 선택해 주세요.

   ① 대문자   ② 소문자

   ③ 숫자   ④ 특수문자

3. 돈이나 상품을 권하는 이메일을 받았는데 보낸 사람이 누구인지 모르는 경우 어떻게
   해야 하는지 고르세요.

   ① 보낸 사람의 마음이 변하기 전에 즉시 답장을 보냄.

   ② 내 계좌로 돈이 입금될 수 있도록 은행 계좌 세부정보를 보냄.

   ③ 더 자세한 정보를 요청하기 위해 답장을 보냄.

   ④ 메시지를 즉시 삭제하고 스팸으로 신고함.

4. 학생의 발달에 있어 회복력이 중요한 이유는 무엇인가요?

① 학생들이 좋지 못한 상황을 극복하는 방법을 이미 알고 있으므로

② 모든 커리큘럼과 자연스럽게 연관되므로

③ 많은 학군에서 요구하므로

④ 결국에는 온라인에서 부정적인 경험을 하게 될 것이므로

5. 사이버 폭력을 기존의 교내 폭력과 비교해 보세요. 다음 중 잘못된 내용은 무엇인가요?

① 학생들은 사이버 폭력에 더 익숙합니다.

② 학생들은 기존 폭력뿐만 아니라 사이버 폭력에 대처할 수 있는 기술을 갖출 수 있습니다.

③ 사이버 폭력도 학생들에게 상처를 줍니다.

④ 사이버 폭력은 인터넷의 익명성을 악용합니다.

6. 한 학생이 이메일에 답장을 보내고 어떤 사이트에 로그인했는데 이메일과 사이트가 불법 활동과 관련된 것 같아 걱정하고 있습니다. 어떤 조언을 하면 좋을까요?

① 비밀번호 변경

② 경찰에 신고

③ 방문 기록 삭제

④ 이메일 삭제

※ 정답표는 379쪽에 있습니다.

C. 시나리오 시험 준비하기
: 구글 도구 + 기능 익히기

구글 공인 교육 전문가 등급 1

구글 공인 교육 전문가 등급 1 과정은 구글 핵심 도구들의 기본적인 사용법을 숙지하고 실제로 활용할 수 있는지를 확인하는 방향으로 진행된다.

이미 구글 도구들을 능숙하게 사용하고 있다면 내용이 크게 어렵게 느껴지지는 않을 것이지만 이 책에서 짚어 드리는 기능들을 다시 한번 확인하고 자신의 사용법을 검토해 보시기 바란다. 이제까지는 생각해 보지 못했던 활용법이나 그간 눈여겨보지 않았던 기능을 깨닫는 기회가 될 것이다.

구글의 각 도구들이 기본적으로 무엇을 위한 도구이며 어떤 특별한 기능들을 가지고 있는지, 그리고 그 기능을 수업과 업무에 어떻게 활용할 수 있을지 생각하며 등급 1 과정을 준비하자. 그러면 객관식 필기시험과 시나리오 시험 문제들을 자신 있게 해결해 나갈 수 있을 것이다.

△ 구글 드라이브

구글 드라이브는 PC와 태블릿, 휴대폰에서 파일과 폴더를 저장, 공유하고 액세스할 수 있는 가장 기본적인 구글 도구다. 드라이브는 문서, 스프레드시트, 프레젠테이션 등 클라우드 기반 도구들을 저장하는 보관함의 역할을 하는 동시에, 효율적인 실시간 공동작업의 터미널이다. 개인 계정의 저장 용량은 지메일과 각종 문서 포함 15GB이고, Google Work space for Education 계정은 용량을 무제한으로 제공한다(2022년 7월부터는 학교 도메인 전체 100TB로 제한될 예정).

구글 홈 화면 우측 상단에는 정사각형 형태로 배치된 아홉 개의 점이 있는데, 이는 생김새로 인해 '와플'이라 불리는 구글 앱 모음Google apps, Google App Launcher 아이콘이다. 이 아이콘을 누르면 다양한 구글 앱 아이콘이 나타나는데 이 중에서 '드라이브'를 선택하면 된다. 아래 URL을 입력하여 직접 접근해도 된다.

https://drive.google.com

● 폴더/파일 만들기

구글 드라이브의 '+ 새로 만들기' 메뉴를 선택하면 파일을 업로드할 수 있고 폴더 단위로도 업로드할 수 있다. 또한 새 폴더 및 구글의 각종 도구와 관련된 새로운 문서를 만들 수 있다.

구글의 가장 기본적인 문서도구인 구글 문서와 스프레드시트, 프레젠테이션뿐만 아니라 구글 설문지, 드로잉, 내 지도, 사이트 도구, 앱 스크립트Apps Script, 잼보드Jamboard 등 구글 드라이브에 저장 가능한 모든 파일을 새로 생성할 수 있다.

구글 드라이브 '새로 만들기'의 하위 메뉴

파일 관리하기

구글 드라이브에는 다양한 파일 관리 기능을 표시한 여러 아이콘이 있다.

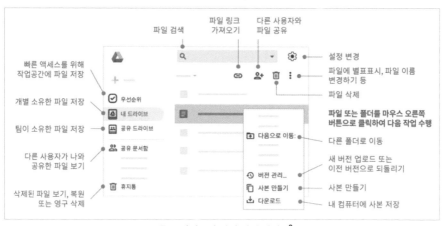

구글 드라이브의 파일 관리 아이콘[8]

공유하기

구글 드라이브에서 일어나는 공유는 크게 두 가지다. 개별 파일 공유와 폴더 단위 공유다. 공유된 파일이나 폴더에는 사람 모양의 아이콘이 붙어 구분된다.

우선 개별 파일을 공유하는 방법은 다음과 같다. 파일을 다운로드하지 않고 드라이브 목록에서 바로 타인과 공유할 수 있다. 예를 들어 가정통신문 파일을 구글 드라이브에 업로드해 두면 언제든 즉시 모바일로도 공유를 할 수 있다. PC 에서라면 파일에 커서를 올리고 마우스 우클릭을 한 뒤 '공유'를 누르고, 모바일 에서는 파일 제목 우측의 점 세 개 아이콘을 누른 뒤 '공유'를 누른다.

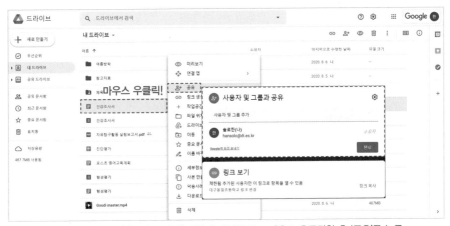

구글 드라이브 '공유'하기: 공유할 파일에 커서를 두고 마우스 우클릭한 후 '공유'를 누름.

우선 상단 입력창의 '사용자 및 그룹과 공유'에서는 파일을 공유할 상대방의 이메일 주소를 입력한 뒤 '보내기'를 눌러서 공유 대상을 한정한다.

---

8 Google Workspace 학습 센터(https://support.google.com/a/users/?hl=ko#topic=9393003) 〉 '제품 별 학습' 중 '파일 저장소 및 문서' 〉 '드라이브' 〉 '드라이브 기본 사항' 〉 요약본 중 '드라이브 요약본'
   ※ 이하에서 유사 출처는 'Google Workspace 학습 센터'로 간략히 적음.

이메일 주소 입력란의 옆 부분에서 공유 상대방의 권한을 꼭 설정한 뒤에 '보내기'를 누르자. 공유 상대방이 파일을 열람만 하게 하려면 '뷰어'를, 의견을 댓글로 달 수 있게 하려면 '댓글 작성자'를, 수정까지 할 수 있게 하려면 '편집자'를 선택하면 된다. '보내기'를 누르는 즉시 이메일로 공유파일 연결 링크가 전송된다.

하단의 '링크 보기' 창은 클릭하면 활성화된다. 여기에서는 상단에서 추가된 사용자가 링크를 타인에게 공유하는 경우, 어떤 범위의 타인까지 이 링크에 접근 가능하도록 제한할 것인지를 결정하면 된다. 세 가지 유형의 범위 설정이 가능하다.

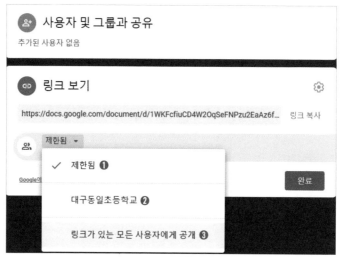

구글 드라이브 '공유'하기 중 '링크 보기'

❶ 제한됨: 상단에서 공유자가 직접 추가한 사용자 및 그룹만 해당 링크로 항목에 접근할 수 있다.

❷ (기관 이름): Google Workspace for Education 계정인 경우 해당 도메인 사용자만 링크로 항목에 접근할 수 있다.

❸ 링크가 있는 모든 사용자에게 공개: 누구든 링크로 항목에 접근할 수 있다.

또한 링크로 접근한 사람의 파일 가공 권한을 지정하는 메뉴가 우측에 있으니 상황에 알맞게 선택하면 된다.

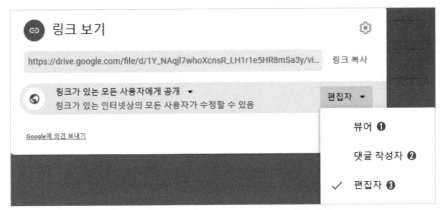

구글 드라이브 '공유'하기 중 '링크 보기'의 권한 지정

❶ 뷰어: 공유한 문서와 댓글을 볼 수 있을 뿐, 댓글을 포함한 어떤 것도 작성할 수 없다.

❷ 댓글 작성자: 링크를 가지고 접근한 사람이라면 모두 댓글을 추가할 수 있다. 공유된 문서에 수정을 가할 수는 없다.

❸ 편집자: 링크를 가지고 접근한 사람이라면 누구든 공유 문서를 수정할 수 있다.

두 번째 방법으로, 폴더를 통째로 공유하면 폴더에 포함된 모든 파일이 한 번에 공유되며 권한에 따라 수정, 삭제, 폴더 내 이동이 가능하다. 방식은 파일을 공유하는 방식과 동일하다. 폴더에 커서를 두고 마우스 우클릭을 한 뒤 '공유'를 누르고 이후 과정을 진행하면 된다.

기타 기능

구글 드라이브에는 다양한 기능이 숨어 있다. 시간이 날 때마다 살펴보면 수업과 업무의 효율을 높일 아이디어를 얻는 데 큰 도움이 될 것이다. 살펴보시길 추천하는 네 가지 기능을 소개한다.

- 드라이브 파일 스트림

구글 드라이브를 내 컴퓨터에 설치하여 사용하는 기능으로, 구글 드라이브에 접속하지 않아도 내 컴퓨터에서 공동작업자나 내가 변경한 내용이 구글 드라이브에도 자동으로 업데이트된다.

- 공유 드라이브

여러 사람들이 공동으로 파일을 소유하고 함께 작업하는 공간이며, 개인 계정으로는 참여만 가능하고 Google Workspace for Education 계정은 생성과 참여 모두 가능하다.

- 데이터 손실 방지(DLP)

관리자가 콘텐츠 관리 규칙을 통해 신용카드 번호 등 개인정보가 포함된 민감한 내용이 외부 사용자에게 공유되지 않도록 방지한다.

- 오프라인 액세스

인터넷 연결이 끊어졌을 때 구글 문서와 스프레드시트, 프레젠테이션에서 파일을 만들고 수정할 수 있으며, 오프라인 상태에서 작성한 내용은 인터넷 연결 즉시 자동 동기화된다.

📄 구글 문서

구글 문서는 온라인에서 문서를 만들고 공유·협업을 쉽게 진행하는 데 최적화된 클라우드 기반 워드프로세서(문서 작성 및 편집 도구)다. 마이크로소프트사의 워드 프로그램과 거의 동일한 기능 및 모양을 가지고 있는데, 실제로 워드 파일과 구글 문서는 상호 호환 및 변환 가능하다.

문서 만들기

구글의 각종 문서는 다양한 경로로 생성이 가능하다. 자주 사용하는 특정 기능이 있다면 그 기능을 이용하는 데 가장 편리한 경로가 습관으로 자리 잡게 될 것이다.

>> 구글 문서 생성법

· 구글 드라이브 〉 '새로 만들기' 〉 '구글 문서' 선택

· 인터넷 주소창 〉 https://doc.new 입력

· https://docs.google.com (구글 문서 첫 화면) 〉 '새 문서 시작' 아이콘(+) 선택

구글 문서의 우측 하단에는 표창처럼 생긴 '탐색' 아이콘이 있다. 마우스 커서를 가까이 가져가면 '탐색'이라는 메뉴명이 뜬다. 문서에 원하는 자료를 추가하고자 할 때 별도의 크롬 탭을 열지 않고도 웹자료나 이미지, 드라이브에 있는 내용을 검색해서 바로 삽입할 수 있다. 기본적인 문서 편집 기능은 워드나 한글 프로그램과 마찬

'탐색' 아이콘

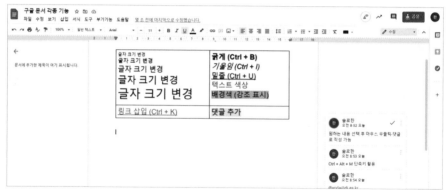

구글 문서의 각종 편집 기능

가지로 탑재되어 있다.

특히 웹 검색의 경우 '각주에 인용' 기능을 활용하면 세로 점 세 개 아이콘을 눌러 MLA, APA 등 선택해 둔 출처 기입법에 맞는 인용 출처 기입을 자동으로 할 수 있다. 출처 표기 용도 외의 내용을 기입하고자 각주를 추가할 때는 '삽입' 〉 '각주'를 선택하거나 단축키 Ctrl+Alt+F를 활용할 수 있다.

'탐색' 〉 '각주에 인용'

공유하기 & 협업하기

구글 드라이브와 마찬가지로 구글 문서도 타인에게 공유하거나 타인과 함께 작성하며 협업 도구로 쓸 수 있다.

구글 문서 페이지 우측 상단의 파란색 '공유' 선택 〉 공유할 사용자 혹은 그룹 기입 및 권한 지정

권한 종류 중 '편집자'는 문서를 직접 변경할 권한을 가지는 사람이고, '댓글 작성자'는 원본을 유지한 상태에서 문서에 대한 의견을 댓글 방식으로 기입할 권한을 가지는 사람이며, '뷰어'는 문서를 열람만 할 수 있는 사람이다.

특히 '댓글 작성자'는 제안 모드로 공유할 수 있는데, 다른 사람들이 수정한 내용은 원본을 유지한 상태에서 댓글로 확인할 수 있다.

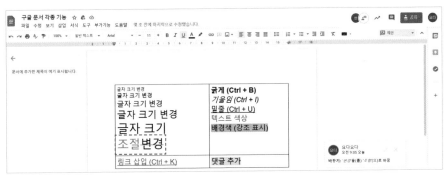

제안 모드에서 내용을 수정한 결과

같은 기관의 도메인을 가진 Google Workspace for Education 계정이라면 구글 문서로 협업 시 자신의 이름으로 참여할 수 있고 PC로 사용할 경우 함께 참여한 구성원들과 채팅도 가능하다. 특히 수업 시간에 반 전체 또는 모둠 협업

활동으로 구글 문서를 사용한다면 누가 무엇을 적었는지 확인할 수 있다.

댓글에 @를 사용하면 다른 사용자를 호출하듯 추가할 수 있다. 이 경우 추가된 사용자는 알림 메일을 받으며, 메일을 벗어나지 않은 채로 지메일 내에서 바로 답변할 수도 있고 필요한 경우에는 공유된 구글 문서에서 추가 작업을 할 수 있다.

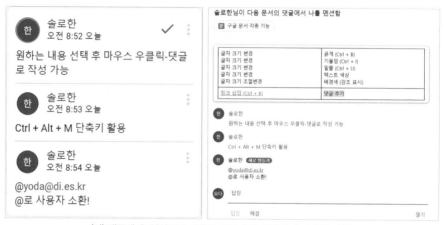

(좌) 댓글에 @ 입력으로 사용자 추가, (우) 시용자 추가 알림 메일

구글 프레젠테이션

구글 프레젠테이션은 언제 어디서나 다른 사람들과 함께 발표 자료를 작성하고 수정하며, 발표하는 등 공동작업을 진행할 수 있는 클라우드 기반 도구다. 마이크로소프트사의 파워포인트 프로그램과 같은 기능을 갖고 있으며 실제로 PPT 파일과 구글 프레젠테이션은 상호 호환 및 변환이 가능하다.

구글 프레젠테이션은 특히, 프로젝트 수업을 위해 모둠 수업을 하거나 온라인 과제를 부여할 때 유용하게 사용할 수 있으며 프레젠테이션에 댓글로 서로의 의견을 주고받으며 상호작용할 수 있다는 특징이 있다.

구글 프레젠테이션 소개 화면

발표 자료 만들기

새 프레젠테이션을 만드는 방법은 여러 가지인데 앞에서 안내한 구글 문서의 경우와 마찬가지로 다음의 세 가지 방법을 일반적으로 사용한다.

>> 구글 프레젠테이션 생성법

- 구글 드라이브 〉 '새로 만들기' 〉 '프레젠테이션' 선택
- 인터넷 주소창 〉 https://slides.google.com/create 또는 https://slides.new 입력
- https://slides.google.com(프레젠테이션 첫 화면) 〉 '새 프레젠테이션 시작하기' 아이콘(+) 선택

구글 프레젠테이션은 PPT나 한쇼 프로그램처럼 글을 쓰고 사진과 동영상을 넣어 원하는 대로 편집할 수 있을 뿐 아니라 각종 서식을 용도에 따라 활용할 수 있다.

발표 자료 편집에 필요한 아이콘 메뉴[9]

구글 프레젠테이션 첫 화면

구글 프레젠테이션의 첫 화면에서는 우측의 '테마'에서 구글이 제공하는 다양한 템플릿을 선택할 수 있다. 좌측 상단에 제목, 즉 파일명을 입력할 수 있으며 모든 문서는 실시간 자동 저장되므로 저장 버튼이 따로 없다.

---

9 Google Workspace 학습 센터

콘텐츠 추가

'메뉴' 〉 '삽입'을 통해 이미지, 텍스트, 동영상, 댓글 등의 다양한 형식의 콘텐츠를 프레젠테이션에 추가할 수 있다.

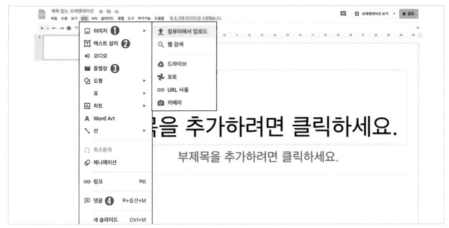

프레젠테이션의 '삽입' 메뉴

❶ 이미지: 다양한 방법으로 이미지 파일을 첨부할 수 있다. 내 컴퓨터에 있는 이미지 파일을 업로드할 수 있으며, 구글 문서처럼 웹 검색을 통해 별도의 크롬 탭을 사용하지 않고 프레젠테이션 내에서 이미지를 검색할 수 있다. 구글 문서도구에서 검색한 이미지 자료는 모두 저작권 걱정 없이 마음 편히 사용할 수 있다(물론 검색되는 이미지의 수는 현저히 적다). 그 외에도 드라이브, 포토, URL 사용, 카메라 촬영으로 이미지를 추가해 넣을 수 있다.

❷ 텍스트 상자: 텍스트 상자의 크기를 조절하여 추가할 수 있다. 텍스트를 꾸미기 위해서는 아이콘 메뉴로 색상과 크기 등을 조절할 수 있다.

❸ 동영상: '삽입' 〉 '동영상'을 클릭하면 유튜브, URL 사용, 구글 드라이브에서 영상을 가져올 수 있다. 동영상을 추가하면 '서식 옵션' 메뉴에서 영상의 시작과 종료 시간을 설정할 수 있으므로 따로 동영상을 편집할 필요가 없다.

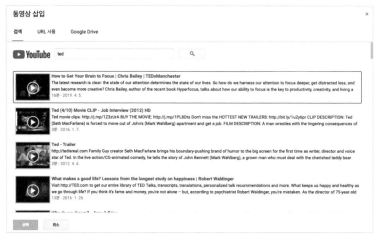

동영상 삽입하기

❹ 댓글: 슬라이드, 텍스트 박스, 동영상 등 어디든지 마우스 우클릭 〉 '댓글'을 선택하거나 단축키 Ctrl+Alt+M으로 댓글을 추가할 수 있다. 또한 @를 활용하여 댓글로 다른 사용자를 소환할 수 있다. 수업에서 학생들이 공동으로 발표 자료를 작성할 때 댓글과 @ 기능을 활용하면 자료의 각 요소에 대한 실시간 소통이 가능해지므로 공동 작업의 효율과 완성도가 높아질 수 있다.

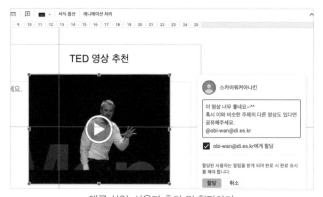

댓글 삽입, 사용자 추가 및 할당하기

•프레젠테이션 보기

우측 상단의 '프레젠테이션 보기' 메뉴를 통해 발표 모드를 시작할 수 있다.
발표 화면 하단의 메뉴 바에서는 슬라이드를 이동하거나 발표자 보기, 포인터,
자막 등의 기능을 적용할 수 있다. 특히 '프레젠테이션 보기' 하단의 '발표자 보
기' 〉 '청중 도구' 〉 '새 세션 시작' 선택 시 제시되는 링크를 통해 실시간으로 질
문을 받고 이에 답할 수 있으므로 청중들과 적극적으로 소통하는 프레젠테이션
을 즐길 수 있다.

프레젠테이션 보기 메뉴 바

'청중 도구' 기능

📊 구글 스프레드시트

구글 스프레드시트는 마이크로소프트사의 엑셀이나 한컴의 한셀 프로그램과 마찬가지로 함수를 만들고 차트와 그래프를 편집하며 데이터를 기록, 분석, 가공하는 도구다. 엑셀 파일과 구글 스프레드시트는 상호 호환 및 변환이 가능하다.

스프레드시트 만들기

구글 스프레드시트 또한 다음의 세 가지 방법을 사용하여 만들 수 있다.

≫ 구글 스프레드시트 생성법

· 구글 드라이브 〉 '새로 만들기' 〉 '스프레드시트' 선택

· 인터넷 주소창 〉 https://sheets.new 입력

· https://sheets.google.com(스프레드시트 첫 화면) 〉 '새 스프레드시트 시작하기'의 아이콘(+) 선택

스프레드시트 상단의 아이콘을 통해 데이터 형식 지정, 셀 테두리 추가, 셀 병합 및 텍스트, 차트, 함수 등을 추가할 수 있다.

구글 스프레드시트의 메뉴 아이콘[10]

• **함수**: 상단 메뉴바에 함수 아이콘을 클릭하여 합계, 평균, 개수, 최대값, 최소값

등의 다양한 함수를 활용할 수 있다.

각종 기능 활용하기

구글 스프레드시트는 데이터를 가공하고 분석하며, 결과값을 각자가 원하는
형태로 추출하는 데 최적화된 도구다. 다양한 기능 가운데 가장 자주 사용되는
기능은 다음과 같다.

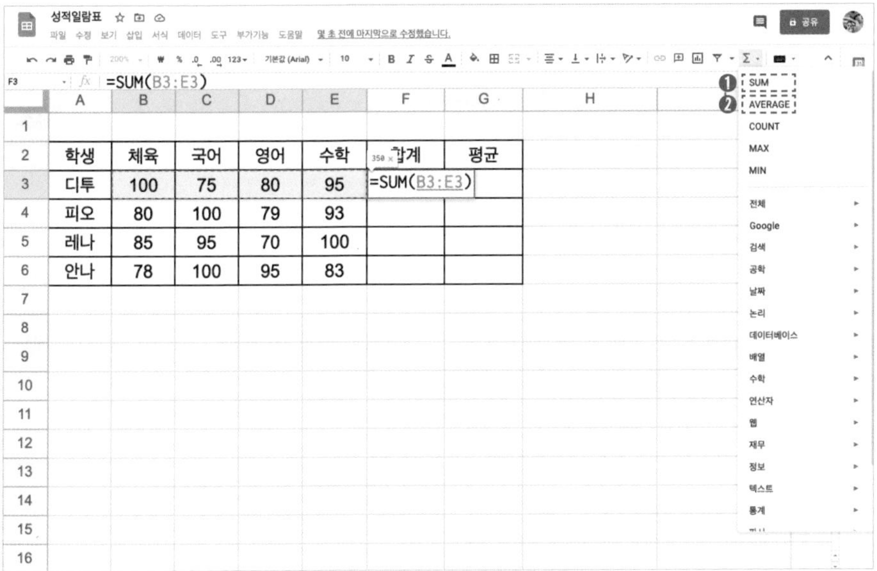

'함수' 아이콘 선택하여 합계 및 평균 입력하기

❶ 합계: 합계 값을 입력할 셀을 선택 〉 '함수' 〉 'SUM' 〉 합하고자 하는 셀 영역을 한
번에 드래그 〉 엔터 키 누름.

❷ 평균: 평균 값을 입력할 셀을 선택 〉 '함수' 〉 'AVERAGE' 〉 평균을 구하고자 하는
셀 영역을 한 번에 드래그 〉 엔터 키 누름.

10   Google Workspace 학습 센터

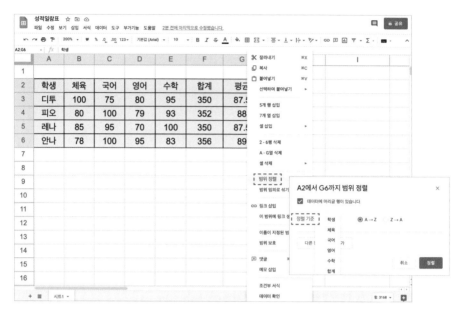

정렬 기준 선택 및 추가하기

❸ 정렬: 원하는 주제에 따라 각기 다른 기준으로 셀을 정렬할 수 있다. 정렬을 원하는 영역을 한 번에 드래그 〉 마우스 우클릭 〉 '범위 정렬'을 선택한다. 정렬 기준을 선택해 적용할 수 있으며 '다른 정렬 기준 열 추가'를 통해 정렬 기준을 추가할 수 있다.

표의 첫 열에 항목명이 기입되어 있다면 '데이터에 머리글이 있습니다.'의 체크박스를 선택하여 체크한다. 그러면 첫 열을 포함한 표 전체를 드래그하여 정렬 범위로 선택했더라도, 새 기준으로 재정렬을 적용했을 때 첫 열은 변함없이 위치가 유지된다. 그리고 체크박스 하단의 '정렬 기준' 명칭이 '열 A, 열 B'와 같은 형태에서 항목명인 '학생', '체육', '국어' 등으로 바뀌어 나타난다.

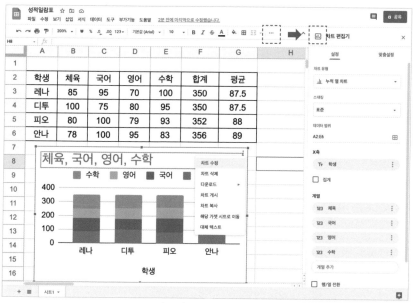

차트 만들기 아이콘 찾기

❹ 차트: 데이터의 주제와 내용에 따라 막대 차트, 선 차트, 원 차트 등 다양한 형태의 차트를 만들 수 있다. 범례에 해당하는 항목명을 포함하여 차트를 만들고자 하는 셀 영역을 한 번에 드래그(범례에 해당하는 항목명까지 모두 드래그) 〉 상단 메뉴 바에서 '차트 삽입' 아이콘 선택(아이콘이 보이지 않으면 우측의 점 세 개 아이콘을 눌러 보자) 〉 우측에 나타난 '차트 편집기'에서 차트의 유형을 선택한다.

그러면 생성된 차트가 셀 주변에 위치한다. 커서를 차트의 모서리 주변에 두어서 차트의 크기와 위치를 조정한다. 차트를 독립적으로 게시, 연동하고자 한다면, 차트의 우측 상단에 있는 점 세 개 아이콘 선택 〉 '해당 가젯 시트로 이동'을 선택한다. 차트만 담은 개별 시트가 생성되며, 파일 하단에 '차트 n'과 같은 이름으로 별도 시트가 생성되어 있을 것이다.

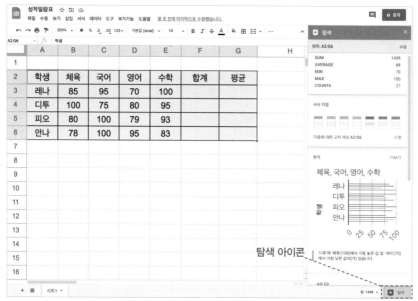

차트 만들기 아이콘 찾기

❺ 탐색: 파일 하단 우측에 있는 탐색 아이콘을 클릭하면 구글 AI가 데이터에 어울릴 만한 함수, 서식 지정, 분석, 차트 등을 추천해 준다.

📋 구글 설문지

구글 설문지를 사용하면 온라인 설문조사와 퀴즈를 만들어 공유할 수 있고, 결과를 구글 스프레드시트에 연동하여 그래프나 차트로 정리할 수 있다. 설문을 함께 만들 사람을 공동 작업자로 추가할 수 있다.

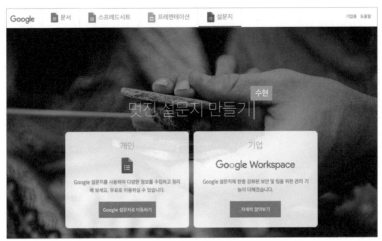

구글 설문지 첫 화면

설문지 만들기

설문지를 만들기 위해서는 구글 문서나 프레젠테이션처럼 다음의 세 가지 방법을 사용한다.

>> 구글 설문지 생성법

· 구글 드라이브 〉 '새로 만들기' 〉 '설문지' 선택

· 인터넷 주소창 〉 https://forms.google.com/create 또는 https://forms.new 입력

· https://forms.google.com(설문지 첫 화면) 〉 '새 양식 시작하기' 아이콘(+) 선택

구글 설문지를 이용해 단답형/장문형, 객관식 질문, 체크박스, 드롭다운 등 다양한 유형의 설문 문항을 만들 수 있다. 또한 제목 및 설명, 이미지, 동영상 등의 다양한 콘텐츠도 추가할 수 있다. 이때 동영상은 유튜브 영상에 한하여 추가할 수 있다.

설문지의 기본 메뉴

❶ 테마 맞춤설정: 배너 이미지, 테마 또는 배경 색상, 글꼴 스타일 등을 변경하여 설문지를 꾸밀 수 있다.

❷ 미리보기: 설문지를 제작한 후 미리보기를 통해 사용자들에게 어떻게 보여지는지, 내가 원하는 정보를 효과적으로 수집할 수 있는지 등을 사전 점검할 수 있다.

❸ 질문 유형 선택: 객관식, 체크박스 등 다양한 문항 형태를 선택할 수 있다.

❹ 질문 가져오기: 오른쪽 사이드 바의 '질문 가져오기'를 클릭하여 이전에 제작했던 설문지의 문항을 가져와 재사용할 수 있다.

질문 유형 선택하기

˙설정하기

우측 상단 톱니바퀴 모양의 '설정' 메뉴에서 이메일 수집 여부, 제출 후 수정, 질문 순서 무작위로 섞기, 퀴즈로 만들기 등을 설정할 수 있다.

구글 설문지 설정 탭 내 메뉴

˙보내기

이메일, 링크, 소셜 미디어 등 다양한 방법으로 설문지를 보낼 수 있다. '이메일 주소 수집'으로 응답자에게 이메일 작성을 필수로 요구할 수 있다.

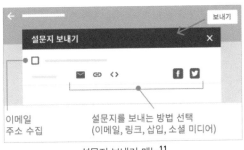

설문지 보내는 방법 선택
(이메일, 링크, 삽입, 소셜 미디어)

설문지 보내기 메뉴[11]

---

11 Google Workspace 학습 센터

설문 결과 확인하기

실시간으로 응답 결과를 확인할 수 있다. 응답 탭에서는 설문 결과를 요약, 질문, 개별 보기로 선택하여 볼 수 있다. '요약'은 자동으로 차트와 그래프, 서술형 등으로 보기 좋게 정리해 준다. '질문'은 문항별, 선택지별 세부 결과를 보여주고, '개별 보기'는 응답자별로 보여 준다.

응답 페이지의 메뉴

❶ 스프레드시트 만들기: 응답 수집 장소를 스프레드시트로 선택할 수 있으며, 설문 결과를 응답 탭과 스프레드시트 두 곳에서 받아볼 수 있다.

❷ 응답받기: 해당 설문지에 대한 응답 받기를 중지 또는 계속 진행할지 여부를 선택할 수 있다.

	A	B	C	D	E
1	타임스탬프	구분	축제의 전체적인 만족도는 어	어떤시간이 특히 만족스러웠	축제에 대한 의견(운영빙
2	2021. 1. 12 오전 10:48:46	교직원	5	1부. 모두의 올림픽(끝짱내Z	온라인 축제도 얼마든지
3	2021. 1. 12 오전 10:52:56	교직원	5	모두 만족	신학년도에는 비대면이
4	2021. 1. 12 오전 11:02:44	교직원	5	모두 만족	광석쌤과 래정쌤이 너무
5	2021. 1. 12 오전 11:03:22	3학년	5	1부. 모두의 올림픽(E스포츠 .	

스프레드시트에 수집된 설문 결과 예시

📇 구글 클래스룸

    구글 클래스룸은 클라우드 기반의 LMS[12]다. 교사가 학생들의 학습 과정과 결과를 효율적으로 관리하고 과제 부여, 평가 진행, 피드백 제공 등을 수월하게 할 수 있게 해 주는 유용한 도구다. 교사는 학교나 집, 언제 어디서나 학생, 학부모와 실시간으로 소통할 수 있다. 보호자에게는 자녀의 과제 내용과 기한 등을 자동으로 전달할 수 있다. 뿐만 아니라 실시간 화상 도구인 구글 미트Google Meet가 연동되어 있기 때문에 온·오프라인 블렌디드 수업을 효과적으로 진행할 수 있다.

•수업 만들기

    수업을 만들기 위해서는 구글 클래스룸을 처음 시작할 때 꼭 역할을 '교사'로 설정해야 한다. 당연한 이야기 같지만, 실수하는 분들이 의외로 종종 있으니 꼭 점검하도록 하자. '학생' 역할을 선택하면 수업을 만드는 메뉴 자체가 제공되지 않으므로 구글 클래스룸 관련 시나리오를 아무것도 해결할 수 없게 되니 주의해야 한다. 실제로 구글 공인 교육 전문가 등급 1에 처음 도전하는 분들 가운데에는 시험 계정을 사용하면서 초기 설정을 학생으로 한 경우가 있었다. 물론 실제 학교 환경에서 Google Workspace for Education을 사용하는 경우 학교 관리자가 관리 콘솔에서 해당 설정을 변경할 수 있다. 그러나 인증 시험을 치르는 상황에서는 시험 중간에 관리자에게 요청할 수 없다.

---

12 LMS는 Learning Managemant System의 줄임말로 온라인 '학습 관리 시스템'을 가리킨다. 디지털 기기를 활용해 온라인으로 학생의 진도, 성적, 출결 및 학사 전반을 관리하는 시스템을 의미하며, 넓게는 학습용 콘텐츠의 전달, 평가, 개발 등을 포괄한 교수 · 학습 전반을 통합 관리할 수 있게 하는 시스템을 의미한다.

>> 구글 클래스룸 수업 생성법

· 구글 홈 화면 〉와플 선택(우측 상단에 정사각형 모양으로 배치된 9개 점) 〉'클래스룸'
  선택 〉수업 이름(필수), 부제(단원), 제목, 강의실 입력 〉'만들기' 선택

· https://classroom.google.com(구글 클래스룸 첫 화면) 〉'수업 만들기' 아이콘(+)
  선택 〉수업 이름(필수), 부제(단원), 제목, 강의실 입력 〉'만들기' 선택

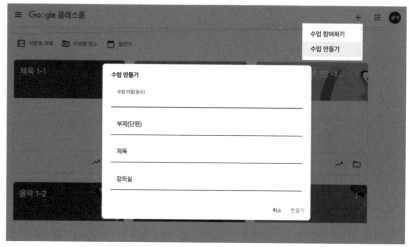

구글 클래스룸 수업 만들기

학생 초대하기

생성한 수업에 학생들을 초대하는 다양한 방법이 있다.

· 스트림 〉수업코드 확대 〉학생들에게 수업 코드 안내 〉학생 수업 참여 〉수업 코드 입력

· 초대 링크 복사 〉학생들에게 초대 링크 안내 → 수업 참여하기

· 설정 〉일반 〉초대 코드/초대 링크 안내

˙메뉴 살펴보기

구글 클래스룸 수업 첫 화면에는 클래스룸 운영의 핵심인 4개의 메뉴와 함께 수업 설정 기능을 확인할 수 있다. 메뉴별 세부 기능은 다음과 같다.

구글 클래스룸 수업 첫 화면

❶ 스트림: 학급 소식, 수업 공지사항 등록, 학생 게시물 등록, 댓글로 소통, 과제 업데이트 정보, 다른 수업 스트림 게시물 재사용 가능

❷ 수업: 과제, 질문, 수업자료 등 관리, 다른 수업의 과제 재사용 및 주제/단원별 구성 가능, 구글 캘린더/수업 드라이브 폴더 자동 연동

❸ 사용자: 모든 교사 및 학생 관리, 보호자 초대 가능

❹ 성적: 학생 개별 성적 및 학급 평균 관리

❺ 수업 설정: 수업 세부정보 및 스트림 댓글 권한, 스트림 수업 과제 알림 방식, 성적 계산 방법 등 변경 가능

게시물 만들기

구글 클래스룸의 '수업' 메뉴에서 과제, 퀴즈 과제, 질문, 자료 등 다양한 유형의 게시물을 만들어 학생들에게 배포할 수 있다.

'과제'로 배포한 게시물에는 점수를 부여할 수 있으며 각종 첨부파일을 추가하거나 다양한 권한을 부여할 수 있다. 과제 제출 마감 기한을 설정하거나 과제 배포 시점을 예약해 둘 수 있다.

수업 게시물 만들기

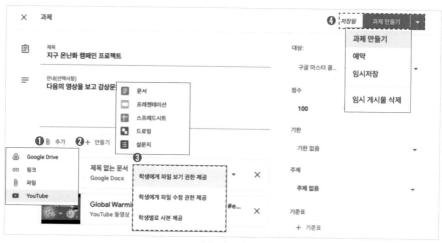

과제 만들기

❶ 추가: 구글 드라이브의 파일, 링크, PC의 파일, 유튜브를 과제에 추가할 수 있다.

❷ 만들기: 구글 문서, 프레젠테이션, 스프레드시트, 드로잉, 설문지를 생성하여 추가할 수 있다. 생성된 파일은 구글 드라이브의 클래스룸 폴더에 자동 저장된다.

❸ 학생에게 파일 권한 제공 옵션: 각종 문서나 파일을 다양한 권한으로 배포할 수 있다.

  – 학생에게 파일 보기 권한 제공: 하나의 파일을 여러 명이 볼 수 있는 권한이다.

- 학생에게 파일 수정 권한 제공: 하나의 파일을 여러 명이 공동 편집할 수 있는 권한을 제공한다.
- 학생별로 사본 제공: 해당 학생 수만큼 학생 각자에게 사본으로 복사하여 제공한다. 인쇄할 필요가 없어지기 때문에 종이와 시간을 절약할 수 있다.

❹ 과제 만들기 옵션: 과제 배포와 관련된 세부 내용을 설정할 수 있다.
- 과제 만들기: 과제 제작이 완료되었을 때 학생들에게 과제를 배포한다.
- 예약: 원하는 시간에 학생들에게 과제가 배포되도록 예약할 수 있다.
- 임시저장: 과제 작성 중일 때 임시로 저장할 수 있다.

과제 이외에도 형성 평가나 학급 운영 등을 위한 다양한 게시물을 만들 수 있다. 퀴즈를 진행할 때, 질문을 제시할 때, 자료를 제공할 때 활용법을 아래에 안내한다.

퀴즈 과제 만들기

• 퀴즈 과제: 구글 설문지 퀴즈가 자동으로 생성되며, 설문지에 문제를 작성하고 점수를 부여한 뒤 '성적 가져오기'를 선택해 두면 퀴즈에 참여한 학생의 점수가 클래스룸에 자동으로 연동되어 기록된다.

질문 만들기

- **질문**: 단답형 또는 객관식 형태의 질문을 제시하고 점수를 부여할 수 있다. 한 게시물에 하나의 질문만 할 수 있으며, 학생들이 서로의 응답에 답글을 달거나 학생들이 먼저 적은 답을 수정하도록 선택할 수 있다.

자료 만들기

- **자료**: 제목과 설명, 파일 추가, 문서 만들기를 통해 학생들에게 자료를 제공할 수 있지만 점수를 부여할 수는 없다.

⋈ 지메일 (Gmail)

지메일은 구글이 제공하는 대용량 무료 웹메일 서비스다. 저장 용량은 개인 계정인 경우 15GB, 학교에서 사용하는 Google Workspace for Education에서는 저장 용량을 무제한으로 제공한다(2022년 7월부터는 학교 도메인 전체 100TB로 제한될 예정).

지메일 주소는 우선 각종 구글 도구를 활용할 때 로그인 계정으로서 유용하고, 각종 문서 공유 및 초대를 주고받는 등 구글의 각종 서비스를 이용하는 데 없어서는 안 되는 중요한 요소다. 지메일은 구글 첫 화면에 바로가기가 있어서 손쉽게 실행할 수 있다.

구글 홈 화면의 지메일 바로가기

카테고리 추가하기

받은 메일들을 깔끔하게 구분하는 '카테고리'와 '라벨' 기능이 있다. 카테고리 기능은 받은 메일들을 일종의 대분류로 구분하는 기능으로 한번 규칙이 만들어지면 이후에 들어오는 메일들은 자동으로 카테고리별 구분이 되어 쌓인다. 카테고리 기능을 쓰면, 마치 서류철을 구분해 둔 듯한 모양으로 메일함 상단에 카테고리별 탭이 생긴다.

카테고리의 종류 및 명칭은 구글에서 제시해 두었으며 사용자는 각 카테고리의 사용 여부를 선택할 수 있다. 해당 기능의 설정은 우측 상단에 톱니바퀴 모양 아이콘으로 표시되어 있는 '설정' 〉 '모든 설정 보기'에서 진행할 수 있다.

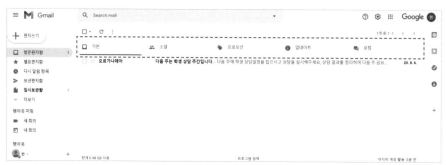

지메일의 모든 카테고리가 설정된 모습

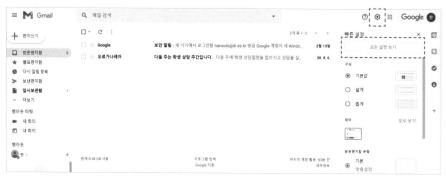

지메일 카테고리 설정하기: '설정' 〉 '모든 설정 보기'

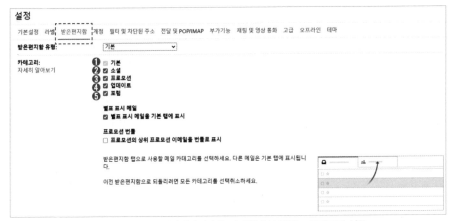

지메일 카테고리 설정하기: '받은 편지함'에서 원하는 카테고리 선택

❶ 기본: 지메일 계정 생성 시 제공하는 기본 메일함. 카테고리 설정 여부와 무관히 기본으로 고정되어 있음.

❷ 소셜: SNS, 미디어 공유 사이트, 온라인 서비스 및 기타 소셜 사이트에서 온 메일

❸ 프로모션: 마케팅, 관심사, 사회적 · 정치적 환원 등을 내용으로 하는 프로모션 메일

❹ 업데이트: 예약, 주문 확인, 영수증, 청구서, 명세서 등 나에게 자동 발송된 메일

❺ 포럼: 온라인 그룹, 토론 게시판 및 메일링 리스트에서 온 메일

라벨 만들기

카테고리는 메일이 자동으로 구분되어 쌓이게 해 준다는 장점이 분명한 기능이지만 내가 원하는 분류명을 사용할 수 없다는 단점이 있다. 사용자가 원하는 명칭으로 메일을 정리할 수 있게 해 주는 기능이 '라벨'이다. 라벨명은 사용자가 직접 기입 및 수정할 수 있으며, 서로 다른 카테고리하에 있는 메일에 동일한 라벨을 붙일 수도 있다.

지메일 라벨이 설정된 모습: '상담 관련'이라는 라벨을 붙임.

>> 라벨 만들기 1

메일 목록 중 라벨 적용할 메일의 왼쪽 체크박스를 누름(복수 선택 가능). 〉 상단의 '라벨' 아이콘 〉 기존 라벨명 쓰려면 해당 명칭 선택하고 '적용' 누름. 새로 만들려면 '새로 만들 기' 누른 뒤 새 라벨 이름 기입해 만듦.

>> 라벨 만들기 2

좌측에 세로 방향으로 나열된 메뉴 중 '더 보기' 〉 '+ 새 라벨 만들기' 〉 새 라벨 이름 기입 해 만듦.

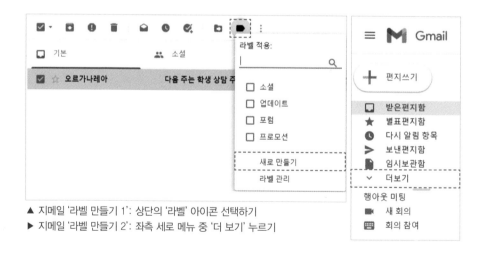

▲ 지메일 '라벨 만들기 1': 상단의 '라벨' 아이콘 선택하기
▶ 지메일 '라벨 만들기 2': 좌측 세로 메뉴 중 '더 보기' 누르기

˙메일 보내기

좌측 상단의 '+ 편지쓰기'를 누르면 별도 창으로 양식이 뜬다. PC에 저장된 파일이나 링크뿐만 아니라 구글 드라이브에 저장되어 있는 파일, 사진 등도 메일에 삽입해 발송할 수 있다.

메일 발송 시 필요에 따라 명함처럼 첨부할 '서명'을 만들어 두고 반복적으로 이용하면 좋다. 우측 상단의 톱니바퀴 모양 '설정' 아이콘 선택 〉'모든 설정 보기' 〉'기본설정' 하위의 '서명' 부분에서 '+ 새로 만들기'를 눌러 새 서명 이름과 알맞은 텍스트, 이미지, 링크를 기입한 뒤 '서명 기본값'에서 새로 만든 서명 이름을 선택하고 페이지의 가장 아래에 있는 '변경사항 저장'을 누른다. 그러면 이후에 메일을 보낼 때 내가 만든 서명도 함께 발송된다.

지메일 서명 만들기

🗨️ 구글 그룹스

　구글 그룹스는 비슷한 취미나 관심 분야를 가진 사람들이 만나 주제에 관해 알아보고 토론에 참여하도록 하기 위해 마련된 도구이다. 구글에서 설명하는 구글 그룹스의 기능은 다음과 같다.

- 그룹 만들기: 하나의 이메일 주소로 그룹의 모든 사용자에게 메일 보내기
- 그룹 가입하기: 나와 관심사가 비슷한 사람들을 만나기
- 게시물 공유하기: 특정한 주제에 대한 토론 참여하기
- 일정 정리하기: 회의, 컨퍼런스, 이벤트 주최하기

　학교에서는 주로 같은 반, 학년 학생들을 그룹으로 묶어 관리하는 기능을 많이 쓰고, GEG(구글 교육자 그룹)처럼 관심사가 비슷한 사람들의 모임에서는 주제 관련 질의나 토론을 포함하는 게시물 공유 기능을 많이 쓴다. 구글 그룹스는 아래 링크에서 새로운 그룹을 만들거나 기존 그룹에 가입할 수 있다.

https://groups.google.com

구글 그룹스 첫 화면

Google Workspace for Education 계정은 그룹스의 메뉴에 '모든 그룹'이 추가되어 있는데 같은 도메인을 사용하는 조직 내 생성된 모든 그룹을 확인하고 가입할 수 있으므로 학교 부서별 업무 추진 및 동학년 협의회 등에 활용할 수 있다.

그룹 만들기

새로운 그룹은 그룹스 첫 화면 왼쪽 위에 있는 '그룹 만들기' 메뉴를 활용한다. 먼저 그룹 이름과 함께 그룹을 대표하는 이메일 주소를 입력한다.

그룹 정보 입력하기

Google Workspace for Education 계정으로 학교 업무 처리나 학생들과 정보를 주고받는 경우는 개인정보 보호를 위해 그룹에 대한 접근성을 조직 내, 또는 그룹 회원 등으로 한정하는 것이 좋다. 다른 구글 도구들과 마찬가지로 구글 계정을 활용하여 그룹 회원을 추가하고, 그룹 관리자 또한 필요에 따라 추가할 수 있다. 환영 메시지까지 작성하면 이제 그룹을 만들 수 있다.

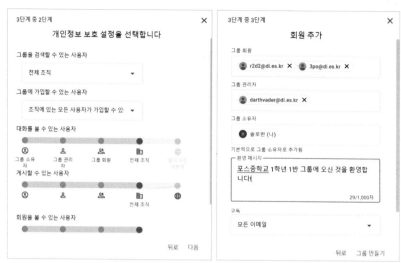

개인정보 보호 설정 선택 및 회원 추가하기

내 그룹에 생성된 1-1 그룹(교사 버전)

그룹 가입 안내 메일(학생 버전)

그룹 회원들에게 메일 보내기

그룹의 가장 큰 장점은 그룹의 회원들을 하나의 구글 계정으로 묶어 모든 회원들에게 같은 내용의 메일을 보낼 수 있다는 것이다. 코로나19로 인한 원격 수업 및 재택 근무가 잦아지면서 그룹을 활용한 일괄 공지 및 안내 기능을 사용자들이 매우 유용하게 활용하였다.

그룹 메일 주소로 그룹 회원들에게 메일 보내기

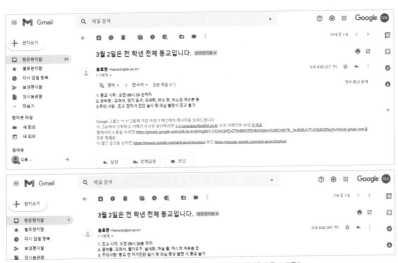

학생 알투디투와 쓰리피오가 받은 메일(같은 내용)

🗓️ 31 구글 캘린더

구글 캘린더는 일정을 기록, 관리, 공유하는 도구다. 그룹별 캘린더를 생성하여 구성원들과 함께 일정을 만들고 관리하며, 이를 공유할 수 있다. 또한 알람, 온라인 화상 회의 예약 기능이 있어서 따로 구글 미트로 화상 회의를 개설하지 않아도 한 번에 해결할 수 있다. 지메일, 태스크, 킵 등의 다양한 구글 도구들과 자유롭게 연동되어 생산성과 업무 효율성을 높일 수 있으므로 학교, 회사, 가정 등 어느 곳에서나 유용하게 활용할 수 있다.

>> 구글 캘린더 생성법

· 구글 홈 화면 〉 와플 선택(우측 상단에 정사각형 모양으로 배치된 9개 점) 〉 '캘린더' 선택

· https://calendar.google.com(캘린더 첫 화면) 〉 좌측 하단 '다른 캘린더'의 + 아이콘 선택

다양한 캘린더 추가하기

구글 캘린더는 하나의 계정으로 여러 개의 캘린더를 만들어 관리할 수 있다. 캘린더 좌측 하단 '다른 캘린더'의 + 아이콘을 선택하면 원하는 성격의 캘린더를 추가할 수 있다.

'다른 캘린더' 상단의 '내 캘린더'에서 체크박스를 선택하면 해당 캘린더에 적혀 있는 일정을 확인할 수 있다. 학급 업무, 기타 행정 업무, 가정 생활, 취미 생활 등에 따라 캘린더를 따로 만들어 두고 필요에 따라 체크박스를 선택 혹은 해제하여 각 일정을 함께 혹은 따로 확인하면 편리하다.

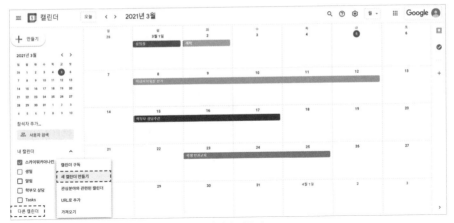
새 캘린더 만들기

새 캘린더의 기본 사항 입력하기

°일정 만들기

구글 캘린더를 통해 회의나 상담 일정을 신속하게 기록하고, 다가올 일정에 대한 알림 설정도 할 수 있다. 캘린더 좌측 상단의 '만들기 +'를 선택하면 새 일정을 바로 기록할 수 있으며, 좌측의 월간 달력에서 해당 일자를 선택한 뒤 우측에 나타나는 세부 달력에서 적절한 시간대를 클릭하면 새 일정을 기입하는 창이 나타난다.

새로운 일정 만들기

❶ 세부 일정 설정: 날짜, 시각을 지정할 수 있는데 '종일'의 일정으로 설정할 수 있다. 반복 일정으로 등록할 수 있는데 '반복 안 함'을 눌렀을 때 나타나는 선택지에서 매일, 매주 동일 요일, 매월 해당 날짜 등의 반복 패턴 가운데 적절한 것을 고르면 캘린더에 즉시 반복 일정이 게시된다. 알림 기능은 하단의 '옵션 더 보기'에서 설정할 수 있다.

❷ 참석자 추가: 일정을 공유하고 싶은 사람의 메일을 추가하면 상대방의 구글 캘린더에도 해당 일정이 표시되며 일정에 대한 이메일이 발송된다.

❸ 설명 및 첨부파일 추가: 일정과 관련된 회의록이나 관련 자료 등 첨부파일을 내 드라이브나 컴퓨터로부터 업로드할 수 있다.

⊞ 구글 사이트 도구

구글 사이트 도구는 웹사이트를 쉽고 간단하게 만들 수 있는 웹페이지 제작 도구다. 다른 제작 도구와 달리 여러 사람에게 편집자 권한을 부여하여 협업이 가능하다는 특징이 있다.

구글 사이트 도구 활용 사례(학교가자.com)

사이트 만들기

구글 사이트 도구 또한 다양한 경로로 생성할 수 있다.

>> 구글 사이트 생성법

· 구글 드라이브 〉 '새로 만들기' 〉 '더 보기' 〉 '구글 사이트 도구' 선택

· 인터넷 주소창 〉 https://sites.new 입력

· https://sites.google.com(구글 사이트 첫 화면) 〉 '새 사이트 만들기' 아이콘(+) 선택

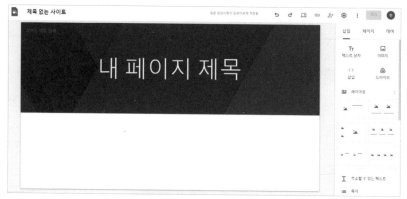

새 사이트 만들기 기본 화면

사이트가 생성되었다면 우선 세 곳의 이름을 채워야 한다. 다른 문서 도구들은 제목이 없어도 공유하는 데 지장이 없는데, 사이트는 다른 도구와 달리 제목이 없으면 공유 진행이 불가능하다.

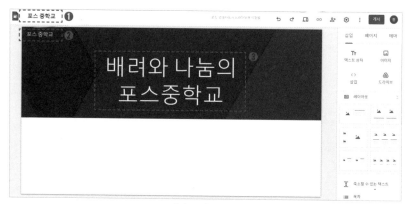

사이트 이름 넣기

❶ 문서로서의 사이트명을 기입한다. 관리명이라고 보면 된다.

❷ 사용자가 사이트에 접근했을 때 브라우저 탭에 노출되는 이름이다.

❸ 사이트를 구성하는 각 페이지의 제목이다.

사이트를 처음 만들어 ❷ 부분부터 입력하면 입력한 내용이 ❶에 자동 입력되는데, 처음에만 그런 것이니 원하는 내용으로 각각 따로 입력하면 된다.

사이트를 함께 구성해 나갈 사람을 추가할 수 있다. 사이트 우측 상단의 사람 모양 아이콘('다른 사용자와 공유')을 선택하고 메일 주소를 입력함으로써 사용자를 추가하고 권한을 '편집자'로 하면 된다. 추가된 사용자에게는 자동으로 메일 알림이 전송되니 사용자 추가 단계의 '메시지' 부분에 적절한 용건을 적어 보내면 좋다.

'다른 사용자와 공유' 아이콘

˙삽입

구글 사이트 도구 우측에는 '삽입, 페이지, 테마'의 총 3가지 메뉴가 있다. 그 중 첫 번째인 '삽입' 메뉴에서는 해당 페이지에 넣을 수 있는 모든 것을 결정한다. 텍스트, 이미지, 링크, 드라이브 등을 입력하고 레이아웃, 목차 등을 적용할 수 있다. 유튜브, 캘린더, 지도, 구글 문서, 차트 등 구글의 다른 도구들을 사이트에 간단히 삽입하여 바로 게시할 수 있다.

삽입: 구글 드라이브를 통해 여러 종류의 파일 삽입하기

페이지

하단의 새 페이지 아이콘(+)을 선택하면 추가 페이지를 만들 수 있다. 추가할 때마다 상단의 페이지 리스트에 항목이 하나씩 추가되는 것을 확인할 수 있다.

각 페이지에 마우스를 가져가면 우측에 생기는 점 3개의 메뉴 아이콘 선택 〉 '하위 페이지 추가' 하면 기존 페이지에 종속되는 페이지도 만들 수 있다.

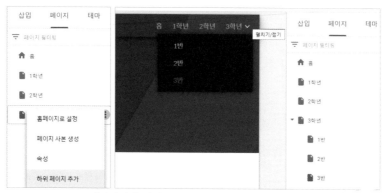

페이지: (좌) 하위 페이지 추기 메뉴, (우) 추가 결과

테마

구글 사이트 도구 우측 메뉴 중 마지막 세 번째는 '테마'다. 사이트를 만들 때 기본적으로 적용되어 있는 테마는 '단순'이며, 5개의 테마가 추가로 제공된다. 원하는 테마를 선택한 후 색상과 글꼴을 바꿀 수 있다.

테마: '레벨' 테마 적용하기

게시하기

이렇게 만든 사이트는 게시publish를 해야 다른 사람들이 웹에서 확인할 수 있는데, 내 사이트를 볼 수 있는 사용자 또한 권한을 따로 지정할 수 있다.

학급 운영 및 관리를 위한 사이트로 사용하는 경우, 학생들의 개인정보를 안전하게 보호해야 하므로 사이트 접근 권한 설정은 중요하다. '내 사이트 게시'의 항목 가운데 '내 사이트를 볼 수 있는 사용자'를 '모든 사용자'보다는 조직 내 사용자로 한정하는 편이 폐쇄적이지만 안전하다. '모든 사용자'로 설정하면 '검색 설정' 체크박스가 나타나는데 검색엔진에서 내 사이트가 일반에게 검색되지 않도록 요청할 수 있다. 사이트를 게시할 때는 링크 주소를 입력해야 하는데 링크 주소 생성 규칙은 다음과 같다.

>> 링크 주소 생성 규칙

· Google Workspace for Education 계정
  https://sites.google.com/(조직 도메인)/(내가 입력한 주소)

· 구글 개인 계정
  https://sites.google.com/view/(내가 입력한 주소)

사이트 게시할 웹 주소 입력하기: (좌) 조직 내로 제한, (우) 모든 사용자에게 공개

▶ 유튜브

'외계인이 우리 지구에 대해 알고 싶어 한다면 구글을 보여 줄 것이다. 그러나 우리 인간에 대해 알고 싶어 한다면 유튜브를 보여 줄 것이다.[13]' 유튜브는 전 세계 최대 규모의 동영상 무료 공유 사이트로 하루에 85년 분량의 방대한 영상이 업로드되고 있다고 한다.

최근 유튜브는 오락적 용도뿐만 아니라 교육 도구로도 크게 각광받고 있다. 원격 수업을 위한 교육용 영상 콘텐츠를 올리고, 검색하고, 공유하고, 재생하는 과정이 간단하기 때문에 가르치고 배우는 일 모두에 굉장히 유용하고, 자동 번역 기능이 제공되니 국내외의 방대한 DB를 학습 자료로 이용할 수 있다. 특히 실시간 라이브 방송, 재생목록 구성 및 공유 등은 유튜브가 가지는 고유의 특징이라고 할 수 있다.

기본 기능 알아보기

❶ **구독**: 해당 동영상을 올린 채널을 '구독'할 수 있다. 구독하고 있는 채널에서 업로드한 콘텐츠를 좀 더 쉽게 접근할 수 있고, 채널에 새로운 영상이 업로드될 때마다 알림을 설정할 수 있다.

❷ **좋아요, 싫어요**: 동영상에 대한 시청자의 호감도가 표시되어 있다. '좋아요'를 클릭하면 유튜브의 알고리즘이 관련 영상을 이용자의 메인 화면에 자주 띄워 준다.

❸ **공유**: 동영상 하단의 '공유'를 클릭하면 해당 동영상을 다양한 SNS 앱에 바로 공유할 수 있도록 안내하는 팝업창이 뜬다. 다양한 방법으로 영상을 공유할 수 있다.

---

13 케빈 알로카 저, 엄성수 역(2018), 『유튜브 컬처』, 스타리치북스.

유튜브 기본 기능

❹ 저장: 동영상을 재생목록에 저
장하여 이후에도 해당 영상에 손
쉽게 접근하고 반복 이용할 수
있다.

❺ 댓글: 동영상 하단에 자신의 의
견을 댓글로 적을 수 있다. 영상
을 업로드한 사람이 댓글 사용
여부를 설정할 수 있다.

유튜브 공유하기 팝업창

재생목록 만들기

유튜브의 '재생목록'은 관심 분야별로 동영상을 모아 둘 수 있는 일종의 모음 집이다. 재생목록은 공동작업자를 설정할 수 있어서 목록을 여럿이 함께 만들어 나가며 관리할 수 있다. 재생목록 자체를 공유할 수도 있다. 동영상 아래쪽의 '저장'을 선택하면 새로운 목록을 만들거나 기존 목록에 영상을 추가할 수 있다.

'새 재생목록 만들기'를 선택하면 재생목록의 이름을 입력한 뒤 목록의 공개 범위를 설정해야 한다.

영상을 저장할 새 재생목록 만들기

- 공개: 나의 채널에서 모든 사용자가 나의 재생목록과 동영상을 시청/공유할 수 있다.
- 일부 공개: 링크가 있는 사용자만 나의 재생목록과 동영상을 시청/공유할 수 있다.
- 비공개: 나만 나의 재생목록을 볼 수 있는 설정으로, 검색이나 링크 공유 자체가 불가 능하다.

D. 시나리오 시험 해결하기
: 기출 변형 문제 + 해설

구글 공인 교육 전문가 등급 1

'상황 중심 종합 평가'라 말할 수 있는 이 시나리오 시험은 구글 공인 교육 전문가 과정의 하이라이트다. 시험이 시작되면 실제 상황을 생생하게 반영한 다양한 교육 장면의 시나리오가 응시자에게 주어진다. 그러면 응시자는 주어진 상황의 교육적 효과를 극대화하기 위해 다양한 구글의 도구를 적절히 선택하고 성공적으로 사용해야 한다. 구글은 그 과정과 결과를 평가한다.

여기에 제시한 내용은 구글의 NDA(Non-Disclosure Agreement, 비밀 유지 계약서) 규정을 준수하면서, 실제 시나리오 테스트에 나오는 기능들을 중심으로 창작한 문제임을 밝혀 둔다.

1. 구글 프레젠테이션

[과제 1/2]

당신은 학급 학생들이 인터넷 게시판과 개인 SNS에 타인을 비방하고 악플을 게시하는 것에 대한 이야기를 들었습니다. 이때 학생들에게 인터넷 예절을 알려 주고 함께 배우는 시간을 갖기로 하였습니다.

❶ 구글 드라이브에서 'Internet Etiquette'이라는 이름의 새 프레젠테이션을 만들고, 인터넷 예절의 다섯 가지 팁을 인터넷에서 찾아 슬라이드에 추가하세요. 각각의 팁은 각기 다른 텍스트 상자에 들어 있어야 합니다.

❷ 슬라이드를 하나 추가하고 추가된 슬라이드에 댓글을 다세요. 이 슬라이드에는 여러분들의 글에 악플이 달렸을 때 어떤 기분이었는지 직접 적어 보세요.

❸ 이 프레젠테이션 파일을 쓰리피오(3po@di.es.kr) 학생과 공유하여 그 학생이 직접 해당 슬라이드를 작성할 수 있도록 해 주세요.

시나리오 테스트를 해결할 때 주의점은 특정 구글 도구에만 매몰되지 말고 전체적인 시각에서부터 세부적인 내용으로 생각을 진행해 나가야 한다는 점이다. 제시된 시나리오에 담겨 있는 이야기와 전체적인 상황을 머릿속에 그려 본 다음, 이 문제를 해결하기 위해 어떤 단계를 거쳐야 하는지 짚어 봄으로써 숲과 나무를 함께 본다는 마인드를 가지는 게 좋다.

먼저 이 시나리오에서는 다양한 구글 도구 가운데 구글 프레젠테이션을 선택해야 한다는 것을 알 수 있다. 또한 각 문제에서 제시한 조건들은 점수 채점의 필수 요소이기 때문에 하나씩 빠뜨리지 말고 풀어 나가야 한다. 이제 주어진 조건들을 하나씩 살펴보도록 하자.

❶ 구글 드라이브에서 'Internet Etiquette'이라는 이름의 새 프레젠테이션을 만들고, 인터넷 예절의 다섯 가지 팁을 인터넷에서 찾아 슬라이드에 추가하세요. 각각의 팁은 각기 다른 텍스트 상자에 들어 있어야 합니다.

구글 드라이브drive.google.com에 접속한 후 좌측 상단 '새로 만들기'를 선택하고 '프레젠테이션'을 클릭하면 새 프레젠테이션이 생성된다.

드라이브에서 구글 프레젠테이션 생성하기

프레젠테이션 이름을 'Internet Etiquette' 으로 설정하라는 조건이 제시되어 있다. 이와 관련 있어 보이는 곳이 두 군데 있는데 첫 번째는 왼쪽 상단의 '제목 없는 프레젠테이션 (❶)'이고, 두 번째는 '제목을 추가하려면 클릭하세요(❷)'라고 되어 있는 슬라이드 내의 제목이다. 문제에서 요구하는 것은 프레젠테이션 전체의 제목을 설정하는 ❶의 변경이다.

구글 프레젠테이션 이름 만들기

프레젠테이션의 이름, 즉 제목을 설정하는 방법은 간단하다. '제목 없는 프레젠테이션'을 클릭하면 제목을 수정할 수 있는 상태로 창이 바뀌게 된다.

'Internet Etiquette'을 제목으로 입력할 때 철자법에 오류가 있으면 틀린 것으로 판정된다. AI가 자동 채점할 때 정확한 제목을 적지 않으면 관련 내용이 없는 것으로 인식하기 때문이다. 스마트한 여러분에게 Ctrl+C, Ctrl+V라는 마법 같은 도구가 있다는 걸 기억하자! 복잡한 스펠링을 따라 적고, 재차 확인하느라 시간을 들이지 말자.

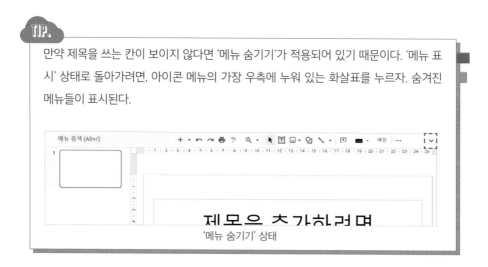

TIP.

만약 제목을 쓰는 칸이 보이지 않는다면 '메뉴 숨기기'가 적용되어 있기 때문이다. '메뉴 표시' 상태로 돌아가려면, 아이콘 메뉴의 가장 우측에 누워 있는 화살표를 누르자. 숨겨진 메뉴들이 표시된다.

'메뉴 숨기기' 상태

다음으로는 인터넷 예절의 다섯 가지 팁을 찾아야 한다. 구글 검색창에 '인터넷 예절 다섯 가지'라고 검색하면 다양한 내용이 확인된다. 구글이 확인하는 것은 입력된 내용의 옳고 그름이 아니라, 텍스트 기입을 제대로 하는지 여부이니 내용에 너무 신경을 쓸 필요는 없다. 학생들에게 도움이 될 만한 내용을 선별한 후 그 내용을 슬라이드에 그대로 복사하여 붙여 넣자.

조건 중 '다섯 가지의 팁이 각각 다른 텍스트 상자에 들어가 있어야 한다'는 점이 까다롭게 느껴질 수 있다. 텍스트 상자 생성하기는 상단의 '텍스트 상자' 아이콘을 누른 뒤 마우스로 영역을 잡아 주기만 하면 되는 간단한 작업이지만, 텍스트 상자 다섯 개를 일단 모두 생성해 둔 뒤 팁을 하나씩 복사해 옮겨 넣으면 작업 시간이 단축될 것이다.

텍스트 상자 아이콘

❷ 슬라이드를 하나 추가하고 추가된 슬라이드에 댓글을 다세요. 이 슬라이드에는 여러분들의 글에 악플이 달렸을 때 어떤 기분이었는지 직접 적어 보세요.

슬라이드 정렬 도구 부가기
새 슬라이드 Ctrl+M
슬라이드 복사
슬라이드 삭제
슬라이드 건너뛰기
슬라이드 이동 ▶
배경 변경
레이아웃 적용 ▶
⊘ 전환
마스터 수정
테마 변경

슬라이드 추가: 메뉴 중 '슬라이드' 선택

슬라이드 추가는 여러 방법으로 실행할 수 있다. ① 메뉴 중 '슬라이드' 선택 후 '새 슬라이드' 선택, ② 단축키인 Ctrl+M 입력, ③ 좌측 슬라이드 리스트에서 마우스 우클릭하여 '새 슬라이드' 선택 등으로 슬라이드를 추가할 수 있다. 다양한 방법을 연습해 보면서 자신에게 맞는 방법을 찾아 두는 게 좋다.

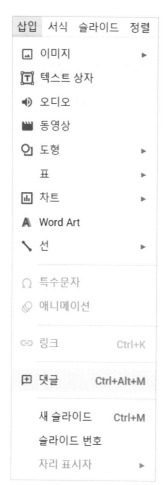

슬라이드에 댓글 달기: 메뉴 중 '삽입' 선택

슬라이드에 댓글을 다는 방법도 여러 가지다. ① '삽입' 메뉴에서 '댓글' 선택, ② 단축키 Ctrl+Alt+M 입력, ③ 좌측의 슬라이드 리스트나 우측의 슬라이드 면에서 마우스 우클릭하여 '댓글' 선택 등으로 댓글을 달 수 있다.

댓글 내용은 문제에 제시된 대로 '악플이 달렸을 때의 기분'을 적으면 된다. 이러한 내용에는 정답이 있는 것이 아니므로 내용을 작성하는 데 오랜 시간을 들이지 않도록 하자. 댓글을 작성한 후에는 '댓글' 버튼을 눌러야 등록된다.

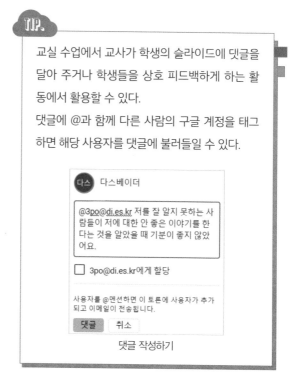

교실 수업에서 교사가 학생의 슬라이드에 댓글을 달아 주거나 학생들을 상호 피드백하게 하는 활동에서 활용할 수 있다.
댓글에 @과 함께 다른 사람의 구글 계정을 태그하면 해당 사용자를 댓글에 불러들일 수 있다.

다스베이더

@3po@di.es.kr 저를 잘 알지 못하는 사람들이 저에 대한 안 좋은 이야기를 한다는 것을 알았을 때 기분이 좋지 않았어요.

☐ 3po@di.es.kr에게 할당

사용자를 @멘션하면 이 토론에 사용자가 추가되고 이메일이 전송됩니다.
댓글　취소

댓글 작성하기

❸ 이 프레젠테이션 파일을 쓰리피오(3po@di.es.kr) 학생과 공유하여 그 학생이 직접 해당 슬라이드를 작성할 수 있도록 해 주세요.

구글의 도구들의 가장 큰 장점 중 하나가 '공유' 기능이다. 동시 작업도 가능하여 학교에서 다양한 형태의 협업 및 협동학습을 가능하게 한다. 우측 상단의 '공유' 버튼을 선택하면 다른 사용자와 프레젠테이션 파일을 공유할 수 있다.

팝업창의 상단은 '사용자 및 그룹 추가'로 문서 공유자를 직접 지정하는 부분이고 하단은 여러 경로로 해당 문서의 링크를 가지게 된 사람들의 문서 열람 및 편집의 권한을 설정하는 부분인데 하단은 기본값이 '제한됨(추가된 사용자만 이 링크로 항목을 열 수 있음).'으로 설정되어 있다.

문제의 조건처럼 쓰리피오 학생과 공유를 하기 위해서는 상단의 '사용자 및 그룹 추가' 부분에 메일 주소 3po@di.es.kr을 입력한다. 그러면 그의 권한을 설정하는 창이 새로 나타나는데, ① 뷰어, ② 댓글 작성자, ③ 편집자의 세 가지 옵션이 주어진다.

'뷰어'는 공유된 것을 가공하지는 못하고 열람할 권한만을 가지고, '댓글 작성자'는 공유된 것에 자신의 의견을 기재할 수 있으나 댓글의 방식으로 기재할 권한을 가질 뿐 문서를 직접 수정하지는 못하며, '편집자'는 공유된 것을 직접 편집, 가공할 수 있는 권한을 가진다.

문제의 조건에 따르면 쓰리피오 학생이 공유받은 슬라이드를 직접 작성할 수 있어야 하므로 '편집자' 권한을 선택해 주어야 한다. 그래야 학생이 로그인했을 때 공유받은 파일을 확인하고 직접 수정할 수 있다.

구글 프레젠테이션 공유하기

공유 상대방에게 편집자 권한 부여하기

단순한 팁으로는 설득력이 없다고 생각한 당신은 해당 슬라이드에 관련 영상을 넣어서 학생들이 좀 더 공감하고 몰입할 수 있도록 해 주어야겠다고 생각하여 유튜브에서 도움이 될 만한 영상을 찾았습니다. 이 영상을 슬라이드에 넣을 뿐 아니라 동료 선생님에게도 소개하여 다른 수업에서도 적용할 수 있도록 하려고 합니다.

① 슬라이드에 유튜브 영상(https://youtu.be/WJ0JvG14nGE)을 추가하세요.

② 동료 아나킨(anakin@di.es.kr) 선생님께 직접 댓글을 달아 아래 내용을 적으세요. '이 영상을 참고하여 학생들과 올바른 네티켓 캠페인 UCC 대회를 해 보는 것은 어때요?' (힌트: 댓글에 '+' 기호와 함께 사용자의 구글 계정을 적으면 직접 댓글을 달아 해당 사용자가 알림을 받을 수 있음.)

구글과 유튜브, 유튜브와 수업은 떼려야 뗄 수 없는 관계다. 유튜브만 잘 활용해도 온라인 수업 역량이 크게 향상되는 것을 경험할 것이다. 특히 문서 작성 중에도 슬라이드 내부의 탐색 기능을 활용하여 사진, 정보 등을 바로 검색할 수 있으며 유튜브 영상도 바로 삽입할 수 있다는 것이 구글 도구의 고유한 장점이다.

① 슬라이드에 유튜브 영상(https://youtu.be/WJ0JvG14nGE)을 추가하세요.

슬라이드에 영상을 넣을 때는 시나리오에 제시된 유튜브 링크를 복사한 뒤 그대로 붙여 넣으면 된다. 해당 링크를 드래그하여 복사한 뒤, 메뉴 중 '삽입' 〉'동영상'을 선택한다. 그런 뒤 'URL 사용'을 누르고 복사했던 링크를 붙여 넣은 뒤, 하단의 '선택'을 누른다.

'URL 사용' 옆의 메뉴들을 보면 '검색'과 '구글 드라이브'가 있다. '검색'에서는 유튜브를 따로 띄워 두지 않고도 즉시 유튜브 내부 검색을 진행해서 슬라이드에 첨부할 수 있으며, '구글 드라이브'에서는 구글 드라이브에 있는 영상을 불러와 첨부할 수 있다.

슬라이드에서 직접 유튜브 검색 후 삽입하기

❷ 동료 아나킨(anakin@di.es.kr) 선생님께 직접 댓글을 달아 아래 내용을 적으세요. '이 영상을 참고하여 학생들과 올바른 네티켓 캠페인 UCC 대회를 해 보는 것은 어때요?' (힌트: 댓글에 '+' 기호와 함께 사용자의 구글 계정을 적으면 직접 댓글을 달아 해당 사용자가 알림을 받을 수 있음.)

동료 선생님께 댓글 작성하기

이제 동료인 아나킨 선생님께 직접 댓글을 달아야 한다. 영상을 클릭해 선택한 뒤 마우스 우클릭하고 '댓글'을 선택한다. 그런 뒤 문제에 제시된 댓글 내용을 복사해 붙여 넣는다. 내가 슬라이드에 단 댓글을 상대방이 마치 채팅처럼 바로 확인하기를 원한다면 상대방을 태그하여 소환하면 된다. 댓글 창에 '@' 또는 '+' 기호와 함께 상대방의 메일 주소를 입력하면 상대방에게 해당 댓글의 알림이 전송된다.

2. 구글 설문지

[과제 1/1]

당신은 수업에서 아이스 브레이킹 게임을 도입하기 위해 학생들의 의견을 모으고자 간단한 설문을 진행하려고 합니다.

① 구글 드라이브에 '첫 수업 준비'라는 이름으로 새 구글 설문지를 만드세요.

② '아이스 브레이킹'으로 영상을 검색하고 그중 하나를 골라 설문지에 삽입하세요.

③ 해당 영상에서 어떤 부분이 가장 마음에 들었는지 묻는 장문형 문항을 추가하세요.

④ 학생들이 응답을 마친 후 자신이 설문을 완료하였음을 확인할 수 있도록 설정하세요.

⑤ 이 설문지를 알투디투(r2d2@di.es.kr) 학생에게 보내세요.

세부 과제가 5개나 되지만 구글 설문지를 만드는 과정을 단계적으로 나누어 놓은 것일 뿐이다. 하나씩 천천히 따라가다 보면 문제 해결이 어렵지 않을 것이다.

---

① 구글 드라이브에 '첫 수업 준비'라는 이름으로 새 구글 설문지를 만드세요.

구글 드라이브drive.google.com 〉 '새로 만들기' 〉 '설문지'를 선택하면 새 설문지가 생성된다. 제목은 파일 제목과 설문지 제목의 두 가지로 구분할 수 있고, 처음에는 한쪽을 입력하면 다른 쪽도 동일하게 자동 입력되는데 따로 입력하면 다르게 설정된다.

새 구글 설문지 만들기

❷ '아이스 브레이킹'으로 영상을 검색하고 그중 하나를 골라 설문지에 삽입하세요.

설문지에 동영상 추가하기

영상을 추가할 때에는 우측의 세로 메뉴 가운데 '동영상 추가' 아이콘을 클릭한다. 새 창의 '동영상 검색'을 선택하면 유튜브 창을 별도로 띄워 두지 않고도 바로 유튜브를 검색하고 선택할 수 있다. 유튜브에 별도 창으로 접속하여 이미 특정 동영상을 선택해 둔 상태라면 해당 영상의 링크를 복사하고 팝업창의 'URL'을 선택해 붙여 넣으면 된다.

'아이스 브레이킹'을 구글 설문지 안에서 유튜브 검색해 바로 삽입하거나, 별도로 유튜브 창을 열고 검색한 뒤 특정 영상의 링크를 복사해 붙여 넣음으로써 삽입해 보자. 적절한 영상을 지정해 넣은 뒤 하단의 '선택'을 누르면 구글 설문지에 영상이 삽입된다.

설문지 안에서 유튜브 검색하기

❸ 해당 영상에서 어떤 부분이 가장 마음에 들었는지 묻는 장문형 문항을 추가하세요.

질문 형태 선택하기

　　학생들에게 영상을 제시할 때, 영상 시청 이후의 후속 활동을 제시하면 보다 높은 학습 효과를 기대할 수 있다. 시청한 영상에서 가장 마음에 들었던 부분이 어떤 부분이었는지에 대한 질문을 추가한다면 좋을 것이다. 질문의 형태를 선택할 때는, 질문 항목에 있는 드롭다운 박스를 클릭하면 다양한 질문 종류가 나타나니 그 가운데에서 적절한 것을 선택하면 된다. 문제에서는 '장문형'을 선택하라고 지정하였다.

❹ 학생들이 응답을 마친 후 자신이 설문을 완료하였음을 확인할 수 있도록 설정하세요.

　　학생들이 문항 응답 작성을 완료한 후에 '수고하셨습니다.'와 같은 메시지를 받아보도록 설정해 두면 된다. 우측 상단에 있는 톱니 모양의 '설정' 아이콘 〉 '프레젠테이션' 〉 '확인 메시지'에 '수고하셨습니다.'를 기입하고 저장한다.

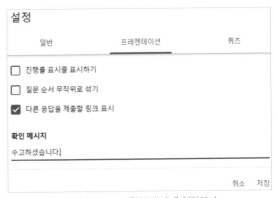

설문 응답 종료 '확인 메시지' 입력하기

⑤ 이 설문지를 알투디투(r2d2@di.es.kr) 학생에게 보내세요.

문제에서 특정 이메일 주소로 설문지를 발송하라고 하였으니 '공유' 기능이 머릿속에 떠올랐을 것이다.

그런데 구글 설문지에는 '공유'와 유사한 기능이 '보내기'라는 이름으로 들어 있다. '보내기' 버튼은 '공유'와 마찬가지로 우측 상단에 있다. 문제에 제시된 학생의 이메일을 Ctrl+C로 복사해 두고 '보내기'를 누른 뒤 '받는 사람' 부분에 Ctrl+V 하여 붙여 넣고 하단의 '보내기'를 클릭하자. 그러면 알투디투 학생의 메일로 설문지가 전송된다.

설문지 보내기	✕

☐ 응답자의 대구동일초등학교 이메일 주소를 자동으로 수집

전송용 앱: ✉ 🔗 < >   f 🐦

이메일

받는사람
r2d2@di.es.kr

제목
첫 수업 준비

메시지
설문지를 작성하도록 초대했습니다.

☐ 이메일에 설문지 첨부

👤+ 공동작업자 추가   취소   보내기

특정인 지정하여 설문지 보내기

3. 구글 스프레드시트

[과제 1/2]

동학년 동교과를 가르치고 있는 오비완 선생님은 본인이 제작한 수행평가 기록 스프레드시트를 당신과 공유하기로 했습니다. 그런데 '보기 전용'으로만 설정되어 있어서 수정이 불가능합니다. 설상가상으로 오비완 선생님은 현재 학교에 없습니다.

❶ 'https://bit.ly/수행평가표보기전용'을 이용하여 사본을 만드세요.

❷ 학생별로 각 영역 점수들의 합계를 구하세요.

❸ 학생들의 합계 점수를 활용하여 학급의 평균 점수를 구하세요.

구글 문서를 공유받을 때 가장 많이 경험하게 되는 실수 상황에 대처하는 방법에 관한 문제다. 상대방이 어떤 파일을 나와 공동 작업하기 위해 '공유'를 선택한 상황이라면 내 구글 메일을 입력할 때 나의 권한도 상황에 알맞게 설정해 주어야 한다. 하지만 상대방이 이를 잊고 내 메일 주소만 입력한 채 그대로 공유를 진행하면 파일을 공유받은 나의 권한이 기본값 그대로 '뷰어'에 머물러 있을 뿐 댓글 작성도, 파일 수정도 불가능하다. 이 상황은 실제로 꽤 자주 벌어진다.

❶ 'https://bit.ly/수행평가표보기전용'을 이용하여 사본을 만드세요.

문제에 제시된 링크를 크롬 주소창에 입력하면 오비완 선생님이 공유한 '보기 전용' 파일을 확인할 수 있다. 이 상황에서 파일을 내가 직접 가공할 방법은 없는 걸까? 그렇지 않다. 메뉴 중 '파일' 〉'사본 만들기'를 선택하여 해당 파일

사본 만들기

의 사본을 따로 저장해 두고 이 사본을 수정하면 된다. 다만, 오비완 선생님과 공유 상태인 원본 파일을 수정하는 건 아니기 때문에, '편집자' 권한을 제대로 설정받은 것과는 달리 나의 수정 사항 및 그 과정을 오비완 선생님이 즉각 공유받지 못할 뿐이다.

하지만 사본이라면 그 파일의 소유권 및 수정 권한은 나에게 있으니 해당 파일을 비공유 상태로 수정 진행하고, 추후에 오비완 선생님에게 파일을 전송 혹은 공유하면 된다.

---

❷ 학생별로 각 영역 점수들의 합계를 구하세요.

합계를 구하라는 문제를 보면 엑셀의 악몽이 떠오르는 분이 있을지도 모르겠다. 하지만 등급 1에서는 복잡하고 어려운 함수 해결 문제보다는, 간단한 함수를 활용한 데이터 관리 문제가 주로 출제된다. 그러니 기본 함수들을 중점적으로 연습해 보는 게 좋다. 학생별 영역 점수의 합계를 구하기 위해서는 'SUM 함수'가 사용된다. SUM 함수는 일상적으로 가장 많이 쓰이는 함수 가운데 하나다.

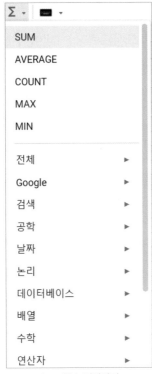

SUM 함수 입력하기

합계를 입력할 셀 선택 〉 메뉴 바의 가장 우측에 점 3개로 이루어진 메뉴 모음 선택 〉 '함수' 아이콘 선택 〉 'SUM' 선택

이를 진행하면 함수 상세 설정이 나타나는데, 합계가 필요한 셀들을 한 번에 드래그하여 선택하고 엔터 키를 누르면 합계값이 나타난다. 함수가 입력된 셀, 즉 합계값이 입력된 셀의 하단으로 같은 패턴의 함수를 반복해야 한다면 방금 함수로 합계값을 입력한 그 셀을 클릭해 선택 〉 셀의 우측 하단 꼭지점에 있는 파란 네모의 클릭을 유지한 채로 동일 함수 패턴을 반복 입력하고자 하는 셀에 드래그를 해 주면 동일 패턴의 함수가 자동 입력되어 결과값을 바로 보여 준다.

이러한 방법은 SUM이 합계를 구하는 함수라는 기본적인 지식이 있는 경우 쉽게 이용할 수 있을 것이다. 만약 함수에 대한 개념이 부족하고 엑셀을 다루기도 어려웠던 분들은 스프레드시트가 어렵게 느껴질 수 있다. 구글에서는 이러한 사용자들을 위해 AI가 사용자의 패턴을 읽고 적절한 도움을 제공할 수 있도록 지원하고 있으니 너무 걱정하지 말자. AI가 프레젠테이션에서 탐색

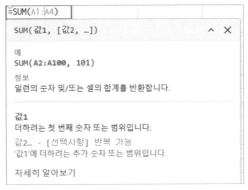

SUM 함수 입력하기

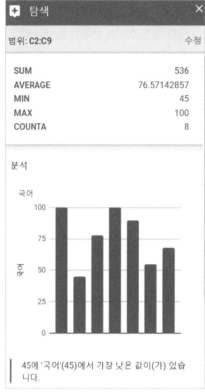

 내부 텍스트:
탐색 ✕

범위: C2:C9   수정

SUM	536
AVERAGE	76.57142857
MIN	45
MAX	100
COUNTA	8

분석

국어

45에 '국어'(45)에서 가장 낮은 값이(가) 있습니다.

'탐색' 기능을 활용한 추천 함수 예시

기능으로 원하는 템플릿을 찾아 주는 것처럼 스프레드시트에서는 데이터에 알맞은 적절한 함수를 추천해 준다. 모든 함수를 외워 머릿속에 저장해 두는 건 가능하지도 않고 효율적이지도 않다. 따라서 AI가 추천해 주는 함수를 잘 살펴보고 필요한 기능을 선택해서 적용하는 게 좋다.

그리고, 합계를 구하고자 하는 영역을 드래그해 선택했다면 우측 하단의 '탐색'을 한번 선택해 보자. 작은 창이 열리는데 여기에는 자주 사용되는 함수 5개와 그 결과값이 있으니 '탐색' 기능을 상황에 따라 유용하게 활용하자. 결과값이 기본 제시되는 함수 5개의 이름은 다음과 같다.

SUM(합계), AVERAGE(평균값), MIN(최소값), MAX(최대값), COUNTA(선택된 셀의 개수)

❸ 학생들의 합계 점수를 활용하여 학급의 평균 점수를 구하세요.

평균이라면 AVERAGE 함수를 적용하면 된다. SUM 함수를 입력했던 것과 마찬가지로 아래와 같이 진행하면 되는데 순서를 섞어 방법을 달리해도 된다. 두 가지 방법을 안내한다.

· 평균을 입력할 셀 선택 〉메뉴 바의 가장 우측에 점 3개로 이루어진 메뉴 모음 선택 〉 '함수' 아이콘 선택 〉 'AVERAGE' 선택. 이를 진행하면 함수 상세 설정이 나타나는데, 평균을 내고자 하는 셀들을 한 번에 드래그하여 선택하고 엔터 키를 누름.

· 평균을 내고자 하는 셀들을 한 번에 드래그하여 선택하고 〉메뉴 바의 가장 우측에 점 3개로 이루어진 메뉴 모음 선택 〉 '함수' 아이콘 선택 〉 'AVERAGE' 선택 〉 자동 입력된 내용 확인 후 엔터 키를 누름.

> **TIP.**
>
> 구글 스프레드시트에는 자동 완성 기능이 포함되어 있어서 내가 적용한 함수를 다른 비슷한 데이터에도 모두 적용할지를 AI가 맞춤형으로 제안해 준다.

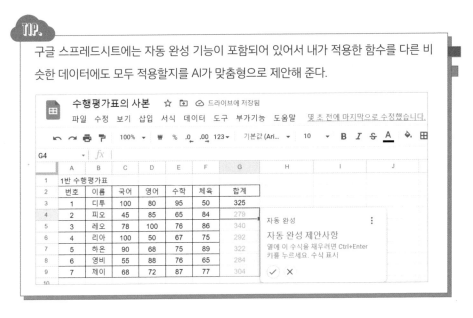

오비완 선생님은 표를 학적순으로 정렬해 두었습니다. 표를 성적순으로 다시 정렬한 후 차트를 만들어 봅시다.

❶ 표를 학생들의 성적순으로 오름차순 정렬하세요.

❷ 표를 참고하여 차트를 2개 넣으세요. 서로 다른 모양의 차트여야 합니다.

❸ 두 가지 차트 중 하나를 골라 가젯 시트로 이동시키고, 새 가젯 시트의 제목을 '수행평가 점수 현황'으로 변경하세요.

❹ 수정한 수행평가표 시트를 오비완(obi-wan@di.es.kr) 선생님이 확인하고 편집할 수 있도록 공유해 주세요.

❶ 표를 학생들의 성적순으로 오름차순 정렬하세요.

메뉴 중 '데이터'의 최상단에 있는 '정렬' 기능을 활용하는 문제다. 정렬을 크게 두 가지로 구분해 보자. 첫째, 이 문제에서처럼 다양한 정보 중 특정한 기준을 한 가지 설정한 전체 재정렬이 있을 수 있고, 둘째로는 일정 부분에 혼재되어 있는 숫자나 텍스트를 일정한 순서대로 정리하는 단순 정렬이 있다. 첫 번째 정렬은 '시트 정렬'이고 두 번째 정렬은 '범위 정렬'이다.

· 시트 정렬: 기준 삼고자 하는 데이터 열에서 정렬하고자 하는 행만큼을 드래그하여 선택 〉 메뉴 중 '데이터'의 '( )열 기준 시트 정렬' 선택(A→Z는 오름차순, Z→A는 내림차순)

· 범위 정렬: 위의 방법과 동일하게 진행하고 메뉴 중 '데이터'에서 '( )열 기준 범위 정렬'을 선택하면 된다.

만약 정렬하고자 하는 내용의 기준을 다르게 설정하고 싶다면 데이터 메뉴에서 '범위 정렬'을 선택한다. 정렬 기준이 되는 열을 선택하고 오름차순/내림차순을 선택하면 원하는 대로 기준을 설정하고 정렬할 수 있다.

(좌) 데이터 메뉴의 정렬하기, (우) 범위 정렬하기

❷ 표를 참고하여 차트를 2개 넣으세요. 서로 다른 모양의 차트여야 합니다.

차트를 넣으려면, 차트화하고자 하는 데이터 범위를 드래그하여 선택 〉 메뉴바의 가장 우측에 점 3개로 이루어진 메뉴 모음 선택 〉 '차트' 아이콘 선택의 순서를 따라도 되고, 데이터 범위를 드래그하여 선택 〉 메뉴 중 '삽입' 〉 '차트' 선택으로 진행해도 된다.

차트의 유형을 바꾸고 싶다면 우측에 열리는 '차트 편집기'에서 적합한 차트를 선택할 수 있다.

'가젯gadget 시트'란 무엇일까? 가젯식 시트라고도 하는데 데이터의 상세 내용을 다 나타내는 것이 아니라 차트만 독립적으로 간결하게 보여 주는 기능을 지닌 시트다. 가젯 시트는 차트만 떼어 공유하는 경우, 시각적으로 보이는 것이 중요한 상황 등에 활용하면 좋다. 이 기능은 엑셀에는 없기 때문에 생소하게 느끼는 사람들이 적지 않다.

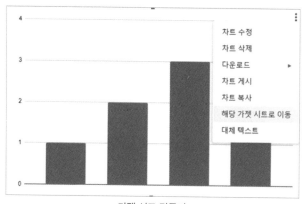

가젯 시트 만들기

가젯 시트를 만들기 위해서는 생성한 차트를 선택하고 차트의 우측 상단 점 3개 선택 〉 '해당 가젯 시트로 이동'을 선택한다. 가젯 시트가 만들어지면 하단에 '시트 1'이라는 기존 시트 오른쪽에 '차트 1'이라는 새 탭이 추가된 것을 확인할 수 있다. '차트 1' 부분을 더블클릭하고 적절한 텍스트를 입력하면 시트명이 변경되며, '차트 1' 부분을 마우스 우클릭 〉 '이름 바꾸기' 〉 적절한 텍스트 입력의 방식으로 시트명을 변경할 수도 있다.

❹ 수정한 수행평가표 시트를 오비완(obi-wan@di.es.kr) 선생님이 확인하고 편집할 수 있도록 공유해 주세요.

오비완 선생님이 이 수행평가표 시트를 공유받아 직접 편집할 수 있게 하기 위해서는, 수행평가표가 있는 시트의 우측 상단 '공유' 선택 〉 메일 계정 추가 및 우측의 세 가지 권한 종류 가운데 '편집자' 권한을 부여하는 것이다.

4. 구글 클래스룸 & 유튜브

[과제 1/1]

포스중학교의 새 학기가 시작되었습니다. 선생님들은 Google Workspace for Education을 도입하여 수업에 적용해 보면서 수업에 대한 아이디어를 서로 공유하기로 협의하였습니다.

❶ 구글 클래스룸에 새로운 수업을 만들고 제목을 ○○ 3학년 1반으로 붙이세요(○○에는 교과명 입력).

❷ 동학년 동교과 요다(yoda@di.es.kr) 선생님을 이 수업의 공동 교사로 초대하세요.

❸ '원격 수업'이라는 이름의 재생목록을 만들고, '원격 수업'과 관련된 다섯 가지의 영상을 추가하세요. 해당 재생목록은 '일부 공개'로 설정하여 링크가 있는 사용자만 볼 수 있도록 설정해 두세요.

❹ 수업에 '온라인 수업 적용하기'라는 제목의 자료를 만드세요. 첨부파일로 '원격 수업' 재생목록의 링크를 추가하여 학생들에게 배포하세요.

❺ '3행시 자기소개'라는 제목의 다음 주 금요일을 기한으로 하는 과제를 생성하세요. 과제는 각각의 학생들에게 사본으로 제공되어야 하며, 과제로 제공할 첨부파일은 '3행시 자기소개'라는 이름의 구글 문서입니다. 설명란에는 다음과 같은 내용을 추가하세요. '자신의 이름을 활용한 3행시(또는 2행시)로 자기소개를 해 봅시다. 수업 시간 전에 미리 작성해서 제출하세요.'

구글 클래스룸은 온라인상의 가상 교실이며 학생들을 관리하고 학급을 운영하는 데 있어 교사를 도와주는 강력한 도구다. 시험에서 구글 클래스룸과 관련된 문제가 많이 나오지는 않지만 세부 기능을 제대로 익혀 둔다면 실제 수업과 평가 활동에 큰 도움을 받을 것이다.

구글 클래스룸은 구글 드라이브에 연결된 것이 아니기 때문에 직접 주소를 입력해서 접속하거나(https://classroom.google.com), 포털 사이트 검색창에 구글 클래스룸을 검색하여 찾아 들어갈 수 있다. 또는 구글 홈 화면 우측 상단의 와플 (점 9개가 정사각형 모양으로 배치된 메뉴 모음)에서 '클래스룸'을 선택할 수도 있다.

수업을 만들 때는 우측 상단의 '+' 아이콘 〉 '수업 만들기'를 선택한다. 수업의 제목은 시나리오에 제시된 제목을 복사하여 붙여 넣는다. 문제에서 '○○'에는 과목명을 임의로 적어 넣으라 하였으므로 이 부분에 어떤 문구를 적어 넣든 점수에 영향을 미치지 않는다. 또한 '수업 만들기'에서는 제목, 부제, 강의실 등의 구체적인 내용을 설정할 수 있다.

수업 만들기 1

수업 만들기 2

❷ 동학년 동교과 요다(yoda@di.es.kr) 선생님을 이 수업의 공동 교사로 초대하세요.

선생님 초대 아이콘

공동 교사가 되면 수업을 함께 관리할 수 있고 과제를 내거나 학생들과 상호 교류하는 것을 함께할 수 있다. '사용자' 탭을 선택하여 교사 오른쪽에 있는 '선생님 초대' 아이콘을 선택한다.

팝업창에는 문제에 제시된 요다 선생님의 메일 주소를 복사해 붙여 넣은 다음 '초대하기'를 선택한다.

❸ '원격 수업'이라는 이름의 재생목록을 만들고, '원격 수업'과 관련된 다섯 가지의 영상을 추가하세요. 해당 재생목록은 '일부 공개'로 설정하여 링크가 있는 사용자만 볼 수 있도록 설정해 두세요.

시나리오 시험에 영상과 관련된 내용이 나오면 대부분 유튜브를 연결하는 문제다. 유튜브에 접속하고 검색창에 '원격 수업'을 입력해 검색하면 다양한 영상을 찾을 수 있다. 그중 영상 하나를 골라 '저장'을 선택한다. '새 재생목록 만들기'를 선택하면 재생목록의 이름과 공개 범위를 설정할 수 있다. 문제에서는 '링크가 있는 사용자만 볼 수 있도록 설정'하라고 하였으므로 공개 범위는 '일부 공개'를 선택해야 한다.

영상 저장하기

재생목록 만들기

TIP.

만약 재생목록이 만들어지지 않는다면 자신의 채널이 만들어져 있는지를 확인해 보자.
유튜브에서는 자신의 채널을 가지고 있어야 재생목록을 만들 수 있게 해 주기 때문이다.
시나리오 시험을 볼 때는 시험을 위한 Google Workspace for Education 계정을 새
롭게 발급받아 사용하므로 채널 생성이 되어 있지 않은 상태다.

저장하기	✕
☐ 나중에 볼 동영상 🔒	
☑ 원격 수업 🔗	
☐ 즐겨찾기 🌐	
＋ 새 재생목록 만들기	

재생목록에 영상 넣기

문제에서는 다섯 개의 영상을 재생목록에 넣
으라 하였으므로 다른 네 개의 영상을 찾아 저장
하기를 선택한 뒤, 생성되어 있는 '원격 수업' 재
생목록에 영상을 추가하면 된다. 재생목록에 다
섯 개의 영상을 넣어야 하는데, 점수에는 영상의
종류와 상관없이 이 과정을 다섯 번 반복했는지
여부가 중요하다.

④ 수업에 '온라인 수업 적용하기'라는 제목의 자료를 만드세요. 첨부파일로 '원격 수업' 재생목록의 링크를 추가하여 학생들에게 배포하세요.

수업 메뉴 중 '만들기' 〉 '자료' 선택 후 문제에 제시된 제목을 복사해 붙여 넣는다. 유튜브 재생목록 링크는 어떻게 찾아 첨부할까? 유튜브 좌측 상단의 로고 〉 첫 화면으로 이동하면 앞서 만든 '원격 수업' 재생목록이 메뉴에 있다. 재생목록 제 목 하단의 '공유' 〉 '복사'를 선택한 뒤 수업자료에 붙여 넣는다.

나의 재생목록 공유하기

재생목록 공유 주소 생성하기

구글 클래스룸 창과 유튜브 창을 오가며 시 나리오를 해결해야 하므로 번거롭게 느껴 질 수도 있다. 그럴 때는 키보드에서 '윈도 우 키+ 화살표 키'를 활용하여 모니터 화면 을 나누어 사용하면 한눈에 모든 창을 볼 수 있어서 아주 편리하다. 뿐만 아니라 필요 한 정보를 찾아 바로 붙여 넣을 수 있으니 창을 선택해 전환하는 시간이 절약되어 작 업 속도가 빨라진다.

수업으로 돌아와 자료 하단의 '추가'를 선택하면 다양한 콘텐츠를 추가할 수 있다. 우리는 재생목록의 공유 링크 주소를 알고 있으므로 '링크'를 선택해야 한다. 유튜브를 선택하면 영상 검색 창으로 이동하게 되니, 유튜브 영상 꾸러미인 재생목록을 추가하는 단계에서는 올바른 선택이 아니다.

유튜브 재생목록 주소 삽입하기

제목과 재생목록 링크를 추가했다면 학생들에게 자료를 배포한다. 이 과정을 통해 교사는 구글 클래스룸 수업에 등록되어 있는 학생들에게 링크가 포함된 자료를 배포하게 된다. 학생 계정으로 수업에 접속하면 자료의 내용을 확인할 수 있다.

재생목록이 포함된 자료

⑤ '3행시 자기소개'라는 제목의 다음 주 금요일을 기한으로 하는 과제를 생성하세요. 과제는 각각의 학생들에게 사본으로 제공되어야 하며, 과제로 제공할 첨부파일은 '3행시 자기소개'라는 이름의 구글 문서입니다. 설명란에는 다음과 같은 내용을 추가하세요. '자신의 이름을 활용한 3행시(또는 2행시)로 자기소개를 해 봅시다. 수업 시간 전에 미리 작성해서 제출하세요.'

'과제'는 학생들에게 평가를 실시하고 점수를 부여할 수 있으며, 학생들이 제출한 과제에 대한 피드백을 제공할 수 있다는 점에서 '자료'와 차이가 있다.

문제의 조건은 '다음 주 금요일까지, 제공 형태는 사본으로, 첨부파일은 구글 문서를 활용하라'는 것이다. '과제 만들기'를 선택하면 우측에서 대상, 점수, 기한, 주제 등을 설정할 수 있다. '기한'에서 다음 주 금요일 날짜를 찾아 클릭하면 과제 제출일을 설정할 수 있다.

과제 만들기

첨부파일은 '만들기'를 선택하여 '3행시 자기소개'라는 구글 문서를 생성한 후 '학생별로 사본 제공'을 선택하면 된다.

이렇게 설정해 두면 과제를 복사해서 학생들에게 일일이 나눠 주고 또 수거

하는 번거로운 중간 과정을 줄이면서도, 학생들이 제출한 파일은 교사가 구글 클래스룸에서 바로 확인할 수 있다. 참고로 '보기 권한 제공'을 선택하면 학생들이 과제를 읽을 수만 있으니 원격 수업에서 공지사항이나 안내장 등을 보낼 때 사용하면 된다. '수정 권한 제공'은 하나의 파일을 협업하여 함께 수정할 권한을 부여하는 것이므로 모둠 활동에서 활용하면 편리하다.

| 학생에게 파일 보기 권한 제공 |
| 학생에게 파일 수정 권한 제공 |
| 학생별로 사본 제공 |

첨부파일 제공 방식

5. 구글 캘린더

이번에는 구글 캘린더와 관련된 시나리오이다. 시나리오에 제시되는 내용처럼 구글 캘린더는 PC, 모바일 등 기기 간 연동이 원활하므로 학부모 상담에서 일정을 정하고 조정하는 데 유용하게 사용할 수 있다. 구글 도구의 가장 큰 장점인 공유와 협업이 캘린더에서도 빛을 발하기 때문이다.

구글 캘린더에 접속하는 방법은 주소를 입력(https://calendar.google.com)하거나 포털 사이트에서 '구글 캘린더'를 검색해서 접속할 수 있다. 또는 구글 홈 화면의 우측 상단의 와플(9개 점이 정사각형 모양으로 배치된 메뉴 모음)에서 '캘린더'를 찾아 들어갈 수 있다.

문제에서 추가하기를 요구하는 캘린더는 개인 일정과 별개라고 했으므로 학부모 상담, 학생 상담 이렇게 총 두 가지의 캘린더를 별도로 생성해야 한다.

우선 캘린더에서 사용되는 용어에 익숙해지는 게 좋다. 각 시간별로 해야 할 일을 입력한 것은 '이벤트'이고, 이런 이벤트들을 모아 둔 폴더 같은 개념은 '캘린더'이다. 따라서 문제에서 요구하는 것처럼 '새 캘린더'를 추가하는 것은 '학부모 상담'이라는 이벤트 각각을 한데 모은 폴더를 만드는 일과 같다. 캘린더의 왼쪽 메뉴 중 '다른 캘린더' 옆 + 아이콘을 선택 〉 '새 캘린더 만들기' 선택을 하면 된다.

'새 캘린더 만들기'에서 캘린더 이름을 '학부모 상담'으로 기입 〉 '캘린더 만들기' 선택을 하면 새 캘린더가 완성된다. 마찬가지 과정으로 '학생 상담'이라는 이름을 가진 캘린더도 만들 수 있다.

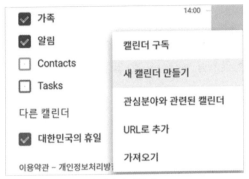

새 캘린더 만들기 1

새 캘린더 만들기 2

캘린더를 만들었다면 캘린더의 첫 화면으로 돌아가 보자. 좌측 세로 메뉴의 '내 캘린더'에 새로 생성한 캘린더가 있을 것이다. 체크박스를 선택 혹은 해제함으로써 원하는 캘린더만 우측 면에 나타나도록 설정할 수 있다. 상담과 관련된 캘린더를 이렇게 별도로 설정해 두고 원하는 내용을 필요할 때마다 확인해 본다면 상담 일정 관리와 진행을 효과적으로 할 수 있을 것이다.

학부모 상담 신청서를 확인해 보니 디투 학생의 아버지가 다음 주 중이라면 아무 요일이나 가능하다며 상담을 신청한 것을 확인하였습니다. 디투 학생은 최근 고등학교 입학 및 내신 성적과 관련하여 교사 및 학부모와 이야기를 많이 나누어 왔습니다.

❶ 학부모 상담 캘린더에서 다음 주 중 하루를 정하여 '디투 아버지 상담'이라는 이벤트를 추가하고 시간은 30분으로 설정하세요.

❷ 다른 일 때문에 잊지 않도록 하루 전 메일 알림, 1시간 전 팝업 알림을 설정해 두세요.

이벤트를 설정하는 과제다. 조건에서 지정되지 않은 임의의 내용이 나왔을 때 당황하는 경우가 많은데, 아무 요일이라고 했다면 정말 아무 요일에 지정해도 점수에는 영향이 없다는 것을 기억하자.

❶ 학부모 상담 캘린더에서 다음 주 중 하루를 정하여 '디투 아버지 상담'이라는 이벤트를 추가하고 시간은 30분으로 설정하세요.

학부모 상담 캘린더를 보면 요일과 시간이 나타난 빈 달력이 보일 것이다. 여기에서 다음 주 중 다른 이벤트가 없는 아무 요일의 시간을 정하고 캘린더 칸에서 마우스를 클릭해 보자.

구글은 직관적인 구조를 가지고 있어서 이처럼 달력의 일정 시각을 클릭하는 것이 곧 그 시간을 지정, 선택하겠다는 의미로 해석된다.

이벤트 추가하기

제목에 '디투 아버지 상담'을 입력하고 시간은 1시간이 기본값으로 설정되어 있으니 이를 클릭하여 30분으로 수정해 주어야 한다. '옵션 더 보기'를 선택하면 알림, 색상 지정, 공개 설정, 메모 등과 같은 설정을 좀 더 세부적으로 지정할 수 있다.

❷ 다른 일 때문에 잊지 않도록 하루 전 메일 알림, 1시간 전 팝업 알림을 설정해 두세요.

특히 학교 일정으로 바쁜 교사들에게 학부모 상담 30분 전 알림 같은 기능은 중요 업무를 빠뜨리지 않도록 도와주는 비서와 같은 역할을 톡톡히 수행해 준다. '옵션 더 보기'에서 이메일 알림과 팝업 알림을 설정해 보자. 리스트에서 이

알림 설정하기

메일을 선택하고 단위를 일로 선택한 다음 1일을 지정한다. '알림 추가'를 선택하여 알림을 하나 더 만들고 단위를 시간으로 선택하여 1시간을 지정한다.

당신은 학부모 상담 주간이 종료되는 바로 다음 주부터 학생 집중 상담을 계획하고 있습니다. 그래서 디투 아버지와의 상담이 끝나면 디투 학생과도 상담을 진행하려고 합니다. 학기 초에 했던 상담 내용과 나이스에 입력한 내신 성적을 토대로 상담 자료도 미리 준비해 두었습니다.

❶ 학생 상담 캘린더에 디투 아버지와의 상담 일주일 뒤 하루를 정하여 '디투 상담'이라는 이름의 30분짜리 이벤트를 작성하십시오.

❷ 구글 드라이브에서 '디투 상담 자료' 문서를 찾아 이 이벤트에 첨부하세요.

이제 배운 내용을 바탕으로 이벤트를 추가해 보자. 그런데 여기서 꼭 확인해야 할 것은 처음에 캘린더를 학생용과 학부모용으로 따로 만들어 두었고 문제에서도 캘린더를 지정해 놓았기 때문에 이벤트를 추가하기 전에 어떤 캘린더에 입력할 것인지를 분명하게 확인해야 한다는 것이다. 앞서 말했듯 캘린더는 이벤트의 상위 폴더 개념이므로 다른 캘린더에 이벤트를 작성하면 채점 시 점수를 얻지 못한다. 이벤트를 만들 때 어떤 캘린더 안에 넣을 것인지 지정이 가능하다.

캘린더 지정하기

❶ 학생 상담 캘린더에 디투 아버지와의 상담 일주일 뒤 하루를 정하여 '디투 상담'이라는 이름의 30분짜리 이벤트를 작성하십시오.

캘린더를 학생 상담으로 지정한 다음, 적절한 시간을 선택해 이벤트를 생성하고 제목에 '디투 상담'을 적어 넣는다. 문제에 제시되지 않은 기타 조건에는 시간을 들일 필요가 없다.

구글 캘린더는 구글 드라이브와 함께 활용할 수 있다. 이벤트 설정 시 '설명 또는 첨부파일 추가'를 선택하면 첨부파일을 붙여 둘 수 있는데 이를 통해 캘린 더가 구글 드라이브로 바로 연결되도록 할 수 있다. 구글 드라이브에 '디투 상담 자료'라는 이름의 문서를 미리 만들어 두면 '내 드라이브'에서 해당 자료를 선택 할 수 있다.

이처럼 일정을 생성하거나 조정하고 일정과 첨부파일을 함께 볼 수 있는 기 능은 업무의 생산성을 높이는 데 큰 도움이 된다. 처리해야 할 공문이 도착했을 때 마감 기한과 관련 자료를 한꺼번에 입력해 두었다가 적당한 때에 업무를 처

첨부파일 추가

구글 드라이브에서 자료 첨부하기

리하기에도 좋다. 이처럼 구글 캘린더는 다양한 구글 도구를 결합하여 사용할 수 있으므로 훌륭한 일정 관리 도구이자 업무 처리 도구이다.

. . .

이로써 구글 공인 교육 전문가 등급 1 시나리오 시험의 긴 여정이 마무리되었다. 책으로나마 간접적으로 응시 경험을 해 본 여러분이 시험에 대해 어떻게 느끼셨을지 궁금하다. 구글 공인 교육자 과정은 시험의 형태를 띠고 있지만 시험의 준비 과정과 시험 과정 자체에서 구글의 도구들을 자유롭게 사용할 수 있도록 충분히 연습시켜 주는 멋진 평가이자 학습 과정이다. 이제는 실전 시험에 도전해 보자!

E. 응시하기

구글 공인 교육 전문가 등급 1

1. 영어로 시험 응시하기

필기시험을 준비하고 시나리오 시험에 대한 만반의 준비를 완료했다면 이제 시험에 응시해 보자. 영어로 응시하고자 한다면 Teacher Center('교사센터'의 영어 버전)에 링크로 연결된 웹어세서webassessor 시험 사이트에서 바로 응시 가능하다.

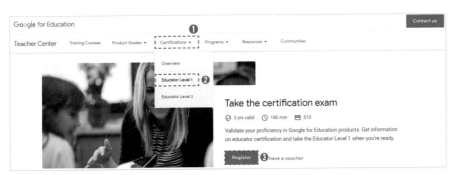

Teacher Center에서 영어로 등급 1 응시하기(❶→❷→❸)

Teacher Center 접속하기 (https://edu.google.com/teacher-center)

❶ Certification 〉 ❷ Educator Level 1 〉 ❸ Register

'Register(등록)'를 선택하면 '웹어세서(webassessor.com)' 시험 사이트로 넘어 가면서 시험 응시에 필요한 계정을 생성해야 한다. 영어로 이름, 주소 등 각종 개인정보를 입력해야 하는데 아래 예시를 참고하면 쉽게 적을 수 있을 것이다.

시험 등록 시 특히 '이름'을 정확하게 적어야 하는데, 이 이름이 인증서에 출력되기 때문이다. 한글 이름을 영어로 적는 과정에서 오타를 내는 분들이 적지 않다. 시험을 치기 전까지는 웹어세서에서 수정이 가능하나 시험 완료 후 인증서가 발급된 뒤에는 수정 절차가 번거로울 수 있다.

Login:	darthvader@di.es.kr	*	인증서를 받을 이메일 주소 (구글 계정 입력)
	Must be an email address. If you're registering for an educator exam, this must be the same email address you used in the teacher center.		
Password:	The password must be at least 8 characters long and contain at least one uppercase character, one lowercase character, one digit, and one special character: !@#$%^&*()[] (e.g. "John5mith69")		
	●●●●●●●●		암호는 8글자 이상, 대문자, 소문자,
Re-Enter Password	●●●●●●●●		특수문자, 숫자 모두 포함
Legal First Name:	vader	*	여권 이름 (성 빼고)
Legal Last Name:	darth	*	여권 이름 (성)
Work or School Email Address:	darthvader@di.es.kr	*	웹어세서 로그인할 때 사용한 구글 계정 자동 입력됨
Primary Phone:	82-10-0000-0000		82-10-xxxx-xxxx / 82-(0)10-xxxx-xxxx
Address Line 1:	Gangnam Finance Center F22	*	http://www.juso.go.kr/ 접속해서 영어사이트로 바꾼 후 본인
Address Line 2:	162, Teheran-ro		주소를 한글로 입력하면 영문주소 확인가능
City:	Seoul		
Province/State:	Seoul Teugbyeolsi [Seoul-T'ukpyolshi] ▼		국가를 먼저 선택하면 해당하는 도시 목록이 나타남
Postal Code:	06236	*	우편번호
Country:	Korea, Republic of ▼		국가
Custom Fields:			
Secondary Email Address (in case your primary email changes)	taiiijini012@gmail.com	*	보조이메일: 로그인 이메일과 다른 메일로
Primary Relationship with Google	Customer ▼	*	구글과의 관계: Customer (고객)
Your name as you would like it to appear on your certificate	DARTHVADER	*	인증서에 출력될 이름: 영어 대문자
Send me emails from the Google for Education team including professional development opportunities and our newsletter with the latest product updates, tips, stories and more.	No ▼	*	구글 교육의 알림 메일(영어) 받으려면 Yes 아니면 No
Organization (Employer or School)	Force Middle School		조직 - 학교나 직장 영문명

시험 등록을 위한 개인정보 입력하기

모든 정보를 입력한 후 'Save'를 클릭하면 다음과 같이 계정이 생성되면서 웹어세서에 로그인한 상태로 나타난다. 'REGISTER FOR AN EXAM'을 선택하면 웹어세서에서 응시할 수 있는 구글 공인 교육자 과정의 모든 시험 리스트가 나온다. 'Google Certified Educator Level 1' 선택 〉 'Buy Now' 클릭하면 결제 화면으로 넘어간다.

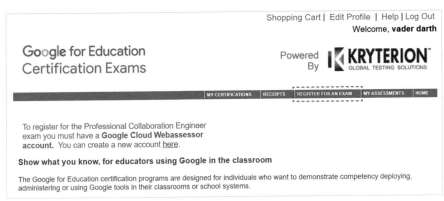

웹어세서 가입 완료 후 로그인된 화면

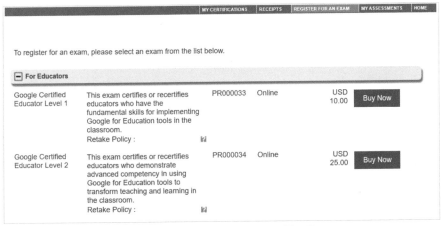

REGISTER FOR AN EXAM 화면: 시험 목록

GEG(구글 교육자 그룹) 관련 행사로 받은 바우처 코드가 있다면 'Coupon/ Voucher Code'에 일련번호를 입력한다. 유효한 바우처 코드라면 'Submit'을 클릭했을 때 결제 금액이 0으로 바뀐다. 만약 바우처가 없다면 'Check Out'을 클릭하여 카드 정보를 입력한 후 결제를 진행한다.

구글 공인 교육 전문가 등급 1 응시료 결제하기

결제가 완료되면 등록할 때 입력했던 메일로 결제 영수증 관련 안내 메일이 발송된다. 웹어세서에서도 'RECEIPTS' 메뉴에서 개인정보 입력 후 정식 영수증 을 발급할 수 있다. 만약 교원 연수비 지원 등으로 사용 가능한 예산이 있다면 이를 증빙서류로도 사용할 수 있다.

카드 결제 영수증 안내 메일

웹어세서에서 발급한 카드 결제 영수증

영수증 안내 메일을 받은 후 1~2일이 지나면 본격적인 시험 관련 정보가 포함된 중요 메일이 수신된다. 이 메일은 당일 시험에 응시할 수 있는 시험 계정을 포함하고 있으므로 라벨을 활용하여 따로 보관하거나 별표 표시를 해서 쉽게 찾을 수 있도록 미리 준비해 두기를 권한다.

Google for Education

Hi Hyojin

Your Google for Education Certification Exam is ready! You have 8 days to log into the exam. If you don't log into the exam by 30 May 05:30 UTC, you will automatically lose your registration.

Exam length = 180 minutes

Before the exam, you must:

- Update to the latest Chrome version
- Confirm you have a working webcam
- Prepare a stable internet connection
- Watch this video for helpful hints

To get started:

1. **You must sign out of all other Google accounts and Google Applications on your device, or you will be prevented from completing key parts of the exam.**
2. Open an Incognito Window and go to https://eduexams.withgoogle.com
3. Sign in with your credentials (Hint: copy and paste these to avoid typos):
   - **Email:**
   - **Password:**
4. Follow prompts to begin your exam

Exam FAQs

Please remember the exam is confidential and questions cannot be shared under any circumstances. You will be required to **accept a Non-disclosure Agreement (NDA)** on the introductory screen of the exam platform before launching the exam.

If you encounter any technical errors while taking the exam, please contact us via our Support Form with your name, email address, test taker account, a description of the issue, and any screenshots if possible. **This is not live support.**

시험 과정 안내 메일

시험은 해당 메일을 받은 이후로 8일 이내에 언제든지 응시 가능하다. 참고로 메일에 안내된 시간은 UTC(협정 세계 표준시) 기준이며, 한국 표준시(KST)는 여기에 9시간을 더해야 하므로 메일에 기재된 것보다 9시간 더 여유가 있다.

시험 응시 웹사이트 주소(https://eduexams.withgoogle.com)도 링크로 제공되는데, 절대로 연습 삼아 클릭하지 말자! 시험 계정으로 로그인하는 즉시 시험이 시작되어 버리기 때문이다. 시험에 사용할 임시 계정(~@myeducert.org)과 비밀번호가 함께 주어지며 시험 내용은 절대 외부로 유출해서는 안 된다는 NDA 규정도 확인할 수 있다. 시험 계정은 사진으로 찍어 두기보다는 메모장에 저장해 두고, 컴퓨터에서 바로 복사해서 붙여 넣을 수 있도록 해 두는 게 좋다.

시험에 응시하고 1~2일 후에는 합격 여부를 확인할 수 있는 메일을 받게 된다.

시험 합격 메일

시험 결과는 웹어세서의 'MY CERTIFICATIONS' 메뉴에서도 확인할 수 있다. 인증 유효기간은 3년(36개월)이며 인증이 만료된 후에도 자격을 유지하고 싶다면 재응시해야 한다.

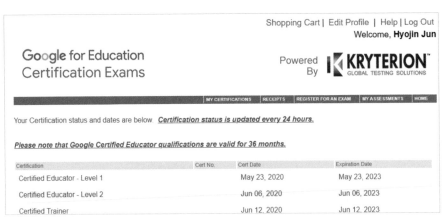

웹어세서 구글 공인 교육자 과정 취득 내역 확인

2. 한국어로 시험 응시하기

2020년 말에 구글 공인 교육 전문가 과정 등급 1, 2와 공인 트레이너 역량 평가^TSA 한글화가 모두 완료되었다. 영어의 장벽에 막혀 도전을 주저하던 분들에게는 희소식이 아닐 수 없다. 번역이 자연스럽지는 않지만 필기시험 내용을 파악하고 시나리오를 해결하는 데 큰 어려움이 있을 정도는 아니다.

다만 한국어 시험은 '교사센터'에서 시험 등록 페이지로 바로 연결되는 것이 아니라 한국어 시험 등록 전용 웹사이트를 사용해야 하므로 주의가 필요하다. 주소는 다음과 같다.

https://bit.ly/한국어시험등록

한국어 시험 등록도 웹어세서를 이용하는데, 같은 로그인 화면에서 영어 시험 등록 계정으로 로그인하면 영어 시험을, 한국어 시험 등록 계정으로 로그인 하면 한국어 시험을 결제하게 되기 때문에 더욱 헷갈릴 수 있다. 한국어 시험 등 록 사이트는 아직 번역이 덜 되어 한국어와 영어가 섞여 있으므로, 앞에 제시해 둔 영어 등록 화면 및 로그인 화면을 비교해 보면 도움이 될 것이다.

웹어세서 영어/한국어 시험 계정 등록 화면

Google for Education
Certification Exams

Powered
By

To register for the Professional Collaboration Engineer
exam you must have a **Google Cloud Webassessor
account.** You can create a new account here.

Show what you know, for educators using Google in the classroom

The Google for Education certification programs are designed for individuals who want to demonstrate competency deploying,
administering or using Google tools in their classrooms or school systems.

Exams for Educators

Google Certified Educator Level 1:
This exam certifies or recertifies educators who have the fundamental skills for implementing Google for Education tools in the
classroom.

Google Certified Educator Level 2:
This exam certifies or recertifies educators who demonstrate advanced competency in using Google for Education tools to transform
teaching and learning in the classroom.

Trainer Skills Assessment:
This exam assesses the skills necessary for trainers to deliver training on Google for Education tools. To study for the exam, please
complete the Trainer Course in the Edu Training Center.

For EDU certification exam support please contact us via our Support Form

---

Google for Education
Certification Exams

You last logged in 24 February 2021 at 12:03PM MST.

Show what you know, for educators using Google in the classroom

The Google for Education certification programs are designed for individuals who want to demonstrate competency deploying,
administering or using Google tools in their classrooms or school systems.

Exams for Educators

Google Certified Educator Level 1:
This exam certifies or recertifies educators who have the fundamental skills for implementing Google for Education tools in the
classroom.

Google Certified Educator Level 2:
This exam certifies or recertifies educators who demonstrate advanced competency in using Google for Education tools to transform
teaching and learning in the classroom.

Trainer Skills Assessment:
This exam assesses the skills necessary for trainers to deliver training on Google for Education tools. To study for the exam, please
complete the Trainer Course in the Edu Training Center.

For EDU certification exam support please contact us via our Support Form

웹어세서 영어/한국어 시험 로그인 완료 화면

'평가 등록'을 선택하면 웹어세서에서 응시할 수 있는 구글 공인 교육자 과정의 한국어 시험 정보를 확인할 수 있다. 영어 시험에서는 구글 공인 교육 전문가 과정과 트레이너 과정이 분리되어 있는데 한국어 페이지에는 세 가지 시험이 교육자 과정이라는 이름으로 함께 제시되어 있다. 영어와 우리말 번역이 섞여 있어 헷갈릴 수 있지만 각 시험의 영어 이름 마지막에 'Korean'이 기재되어 있어 한국어 시험임을 확인할 수 있다.

결제를 완료했다면 그 이후 과정에 해당하는 영수증 관리 및 시험을 위한 임시 계정 관련 메일 수신, 시험과 관련된 규정 및 방법은 앞에서 언급한 영어 시험과 모두 동일하다.

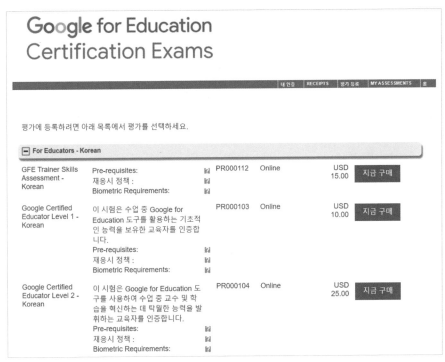

웹어세서 한국어 시험 결제하기

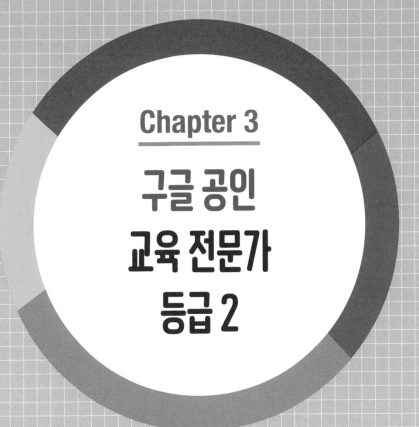

Chapter 3

구글 공인
교육 전문가
등급 2

A. 개요

구글 공인 교육 전문가 등급 2

1. 교육 전문가 등급 2란?

구글 공인 교육 전문가 등급 2는 등급 1보다 좀 더 심도 있고 전문적인 역량을 확인한다. 즉, 등급 2 과정은 등급 1에서 다루지 않았던 다양한 구글 도구의

구글 공인 교육 전문가 등급 2 시험 응시 화면

활용법과 기존 도구의 고급 기능을 숙지하는 과정

유효기간	3년
응시료	25달러
시험 시간	180분
디지털 배지	G Google for Education Certified Educator LEVEL 2

이다. 등급 1과 마찬가지로 시험 시간은 총 180분이고 인증 유효기간은 3년이다. 다만 응시료가 등급 1보다 조금 높은 25달러다.

인증을 완료하면 역시 등급 2를 인증하는 디지털 배지를 받는다. 이메일 서명이나 웹사이트, 포트폴리오나 이력서 등에 공식적으로 사용 가능하다.

등급 1, 등급 2는 다른 교육 전문가들을 이끌고 협력을 주도하는 구글 공인 이노베이터 및 트레이너가 되기 위한 교육 프로그램 참여의 기본 요건이므로 다음 단계로 나아가고자 한다면 등급 2에 꼭 도전하기를 추천한다.

2. 시험 유형

구글 공인 교육 전문가 등급 2 시험도 등급 1과 동일한 방식으로 진행된다. 객관식, 짝 맞추기, 드래그 앤 드롭 등 다양한 형식의 문제들로 구성된 필기시험과 시나리오 시험으로 진행된다.

시나리오 시험 역시 등급 1에서와 마찬가지로 학교 현장의 실제적 문제 상황을 제시하는데, 등급 2에서는 등급 1에 비해 좀 더 다양한 구글 도구를 사용할 것을 요구한다는 차이가 있다. 하나의 시나리오 안에서 두 가지 이상의 도구를 융합적으로 활용할 수 있는지, 그리고 각 도구의 고급 기능도 활용하면서 문제를 해결할 수 있는지 그 과정을 평가한다.

B. 필기시험 준비하기
: 가이드 + 예시 문제

구글 공인 교육 전문가 등급 2

1. 구글 교사센터

구글 공인 교육 전문가 등급 2를 취득할 때도 등급 1과 마찬가지로 '구글 교사센터'에 접속해야 한다. 등급 1, 2를 포함하여 어떤 구글 공인 교육 전문가 과정이든 시험 정보와 학습 과정 제공, 시험 접수 등 모든 과정이 이곳에서 이루어진다는 점을 기억하자. 구글에서 '교사센터'로 검색하거나 다음의 제시된 URL을 직접 입력하여 접속하면 된다.

https://bit.ly/교사센터

구글 교사센터 웹사이트 첫 화면

❶ 교육 과정: 등급 1, 2 취득을 위한 교육 과정 안내

❷ 제품 가이드: 구글의 각종 도구 활용법 소개

❸ 인증: 등급 1, 2 인증 시험 등록 및 응시

❹ 프로그램: 구글 공인 트레이너, 이노베이터 프로그램 안내(영문 사이트에는 코치 프로그램 안내도 있음.)

❺ 커뮤니티: 지역별 전문가 및 GEG(구글 교육자 그룹) 소개

2. 시험 준비하기

등급 2 필기시험 준비하기

교사센터에서 교육과정 메뉴를 선택하면 등급 2에 해당하는 '상급 교육을 통해 교육의 질 높이기' 항목을 확인할 수 있다. 옆에 있는 '기초 배우기'는 등급 1에 해당한다.

'학습 시작하기'를 선택하면 등급 1에서와 마찬가지로 구글의 모든 제품

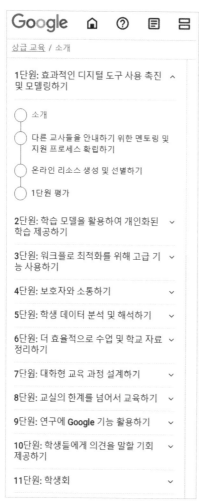

등급 2의 학습 내용인 11개 단원과
1단원 하위 소단원

에 대한 교육과정을 제공하는 '스킬샵Skillshop' 페이지[14] 내부의 해당 페이지로 연결된다. 한국어로 보기를 선택하면 페이지에 제시된 학습 내용의 목차를 한국어로 볼 수 있다. 각 목차에 걸려 있는 링크를 통해 각 소단원을 학습해 나가면 된다. 구글 계정으로 로그인한 뒤 이용하면 내 계정 정보의 '활동 기록'에서 진도 상황을 한눈에 확인할 수 있어 편리하다.

등급 2의 필기시험을 준비하는 데 필요한 학습 내용은 총 11개 단원으로 구성되어 있다. 세부 구조는 등급 1과 동일하다. 각 단원의 하위 소단원마다 한 페이지의 학습 내용이 링크되어 있다. 각 학습 내용의 마지막 부분에 5문항 정도의 간단한 형성 평가가 제공되고 정답 여부를 문항마다 바로 판정해 준다. 한 단원의 학습을 마치면 단원 평가가 제공되는데 형성 평가와 달리 문제들을 한꺼번에 풀어서 제출하면 정답 여부를 확인할 수 있다.

---

14 구글 '스킬샵'의 홈 URL은 다음과 같다. https://bit.ly/스킬샵

등급 2의 단원별 내용은 크게 네 가지 주제로 구성되어 있다. 첫째, 구글의 새로운 도구 사용하기, 둘째, 각 도구별 숨어 있는 고급 기능 사용하기, 셋째, 교실의 실제적 문제 상황 해결하기, 넷째, 교육의 주체와 소통하기가 그것이다. 주제별 하위 내용을 정리하면 다음 [표 3-1]과 같다.

1. 구글의 새로운 도구 사용하기
· 구글 크롬 확장 프로그램과 부가 기능
· 블로거(Blogger), 구글 지도/어스
· 구글 고급검색 및 맞춤형 검색 웹사이트
2. 각 도구별 숨어 있는 고급 기능 사용하기
· 지메일: 템플릿 활용하기
· 구글 캘린더: 약속 시간대 설정하기
· 구글 문서: 하이퍼독(HyperDoc) 만들기, 표로 내용 정리하기
· 구글 스프레드시트: 스파크라인, 피봇 테이블 만들기
· 구글 클래스룸: 보호자 요약 기능 사용하기
3. 교실의 실제적 문제 상황 해결하기
· 업무 부담 경감 및 각종 정보 관리, 정리하기
· 온라인 · 오프라인 블렌디드 수업하기
· 학생 개별화 교육 실시하기
4. 교육 주체와 소통하기
· 보호자와 소통하기
· 교사–학생 간, 학생 상호 간 소통 기회 확대하기
· 교사 간 협업 및 도움 주고받기

표 3-1. 등급 2 학습 내용의 주제별 구분

3. 예시 문제 살펴보기

등급 1을 마쳤다면 등급 2의 필기시험은 따로 공부하며 준비하기보다는 시나리오 시험을 먼저 준비하면서 등급 1에서 다루지 않았던 새로운 도구와 기능들을 파악하면 필기시험을 보다 효율적으로 준비할 수 있다. 시험을 치르기에 부족한 느낌이 들어 불안하다면 각 단원의 형성 평가와 단원 평가를 중심으로 살펴보되 틀린 내용만 한 번 더 점검해 보기를 권한다.

다음은 앞서 언급한 4가지 주제에 맞춰 각 단원의 단원 평가와 하위 소단원의 형성 평가[15]를 간추려 소개한 것이다.

---

15 https://bit.ly/등급2

※ 정답표는 379쪽에 있습니다.

▶ 주제 1: 구글의 새로운 도구 사용하기

1. 구글 지도는 비공개이며 다른 사용자와 공유할 수 없습니다.

  ① 거짓   ② 참

2. 크롬 앱 및 확장 프로그램은 어디에 있나요?

  ① 구글 앱 스크립트

  ② 구글 드라이브 부가기능

  ③ 구글 앱 모음

  ④ 크롬 웹 스토어

3. 다음 중 블로그 게시물에 포함할 수 있는 항목은 무엇인가요? 모두 선택해 주세요.

  ① 사진   ② 유튜브 동영상

  ③ 텍스트   ④ 웹사이트 링크

4. 제작, 공유 및 구글 드라이브 내 공동작업이 모두 가능한 유연함을 제공하는 지도 제작 도구는 무엇인가요?

  ① 구글 투어 빌더(Google Tour Builder)

  ② 구글 내 지도

  ③ 구글 지도

  ④ 구글 어스

5. '구글 드라이브에 저장' 확장 프로그램을 크롬 브라우저에 추가합니다. 설치 후 사용하도록 옵션을 선택합니다. 다음 중 어떤 파일 형식으로 웹사이트를 저장할 수 있나요? 모두 선택해 주세요.

① JPG

② PNG

③ 구글 문서

④ HTML

6. 구글 트렌드는 학생들이 무엇을 학습하는 데 도움이 되나요?

① 뉴스 매체의 최근 기사

② 주식 시장의 최근 경제 트렌드

③ 검색어를 기준으로 출판된 책

④ 전 세계에서 다른 사람들이 검색하는 주제

1. 다음 중 구글 클래스룸의 보호자 요약 기능을 올바르게 설명한 것은 무엇인가요?

　① 이 기능을 사용 설정하면 보호자가 업데이트를 자동으로 수신합니다.

　② 부모에게 알릴 프로젝트를 교사가 수동으로 선택합니다.

　③ 학생이 등록된 각 수업의 맞춤 요약이 전송됩니다.

　④ 보호자에게 예정된 기한 및 밀린 과제에 대해 알려 줍니다.

2. 학부모가 새 캘린더를 볼 수 있으려면 교사는 캘린더를 어떻게 설정해야 하나요?

　① 비공개

　② 로컬

　③ 소셜

　④ 공개

3. 다음 중 피봇 테이블(pivot table)이 적용될 수 있는 기준은 무엇인가요? 모두 선택해 주세요.

　① 공유된 공동 작업자

　② 학생 이름

　③ 과제 점수

　④ 과제 날짜

4. 약속 시간대를 사용하는 경우 사용자가 약속을 할 수 있도록 설정하려면 약속 페이지 URL을 공유해야 합니다. 약속 페이지 조회는 구글 캘린더의 일반 공개 보기와 어떻게 다른가요?

① 약속 페이지는 기본으로 월별 보기임.

② 약속 페이지는 항상 비공개임.

③ 약속 페이지를 예약할 수 있는 버튼이 있음.

④ 공개 캘린더를 보려면 구글 계정이 필요함.

5. 박영호 선생님은 매 학기가 시작되면 이메일을 통해 부모님들의 똑같은 질문에 끊임없이 답장을 보냅니다. 지메일에서 커뮤니케이션 효율을 높일 수 있는 방법은 무엇인가요?

① 구글 클래스룸에 모든 부모님을 초대

② 구글 설문지로 이메일 수집

③ 템플릿 만들기

④ 이메일을 라벨로 필터링

▶ 주제 3: 교실의 실제적 문제 상황 해결하기

1. 평가용으로 구글 클래스룸을 사용하는 경우 좋은 점은 무엇인가요?

① 가르친 내용을 학생들이 습득했는지 확인하는 시간을 줄일 수 있습니다.

② 디지털 교실이 일반 교실보다 언제나 더 좋습니다.

③ 구글 클래스룸은 지도, 평가뿐만 아니라 의견도 개인에 맞게 제시할 기회를 제공합니다.

④ 학생이 과제를 다시 제출할 수 없기 때문에 좋은 점이 거의 없거나 전혀 없습니다.

2. 더 활발한 참여를 유도하는 강의 계획서를 만들기 위해 어떤 것을 삽입할 수 있나요? 해당하는 항목을 모두 선택하세요.

① 이미지　　　　② 동영상　　　　③ 표　　　　④ 그림

3. 거꾸로 학습 모델을 통해 학생은 하루 중 언제든지 개념에 액세스할 수 있습니다.

① 참　　　　　　　　② 거짓

4. 학생 과제물의 형태는 다양할 수 있습니다. 학생들이 구글 사이트 도구 포트폴리오에 문서, 동영상 및 기타 미디어를 포함한 경우 미디어를 어디에 저장하는 것이 가장 좋을까요? 모두 선택해 주세요.

① 구글 포토　　　　② 구글 드라이브

③ 유튜브　　　　　④ 구글 사이트 도구

5. 구글 사이트 도구 URL에서 URL 단축기를 사용하는 이유는 무엇인가요?

① 학생들이 주소 표시줄에 입력하기 쉬운 단축 URL을 생성하기 위해

② 다른 사람들에게 구글 사이트의 수정 액세스 권한을 부여하기 위해

③ 구글 사이트를 더 멋지게 보이도록 하기 위해

④ 구글사이트의 도메인 이름을 구매하고 커스텀 도메인을 생성하기 위해

6. 온라인 리소스 검색과 공유를 통해 계속해서 교육과정을 업데이트하고 흥미롭게 만들 수 있습니다. 유튜브는 새로운 콘텐츠를 찾기 아주 좋은 장소입니다. 하지만 일부교사는 수업 중 동영상을 검색하면 시간이 낭비되고 부적절한 콘텐츠가 표시될 수 있어 우려를 표합니다. 이러한 우려를 해소할 수 있는 유튜브 채널과 재생목록의 좋은점을 모두 선택하세요.

① 재생목록에서 미리 선택한 동영상을 정리할 수 있으므로 수업 중 동영상을 찾느라 시간을 낭비하지 않아도 됩니다.

② 유튜브 채널에서 동영상을 정리하고 학생, 부모, 다른 교사와 재생목록을 공유할 수 있습니다.

③ 교사들이 사용하는 모든 유튜브 콘텐츠를 관리자가 사전 승인해야 하므로 부적절한 동영상이 수업 시간에 재생될까 걱정하지 않아도 됩니다.

④ 유튜브 채널은 수업에 자동으로 공유되므로 학생들이 액세스하지 못할까 걱정하지 않아도 됩니다.

▶ 주제 4: 교육 주체와 소통하기

1. 학교에 기술 위원회를 조직할 경우 어떤 측면에서 교사들에게 도움이 될까요?

① 학교 하드웨어 수리에 필요한 도움 제공

② 교사가 효과적인 기술 통합에 의견을 낼 수 있도록 기회 제공

③ 교사에게 개인 트레이닝 시간 제공

④ 학부모 커뮤니티를 배제하고 의사결정

2. 유튜브 실시간 스트리밍에 대한 올바른 설명은 무엇인가요?

① 실시간으로만 볼 수 있음.

② 양방향 질문이 허용되지 않음.

③ 1시간 길이 제한이 있음.

④ 제작자의 유튜브 채널에 저장할 수 있음.

3. 커뮤니케이션 기록 설문지 항목을 누가 제출했는지 어떻게 확인할 수 있나요?

① 학생 이름 드롭다운 입력란 사용

② '이메일 주소 수집' 설정 선택

③ 응답 시트의 변경 기록 확인

④ 누가 양식을 제출했는지 확인할 수 없음.

4. 교장이 다음 교직원 회의에서 학생 및 교사와의 공동작업을 개선하기 위한 팁을 공유해 달라고 요청했습니다. 공유할 수 있는 내용은 무엇인가요? 모두 선택해 주세요.

① 구글 문서의 파일명을 일정한 규칙으로 지정하는 방법

② 구글 사이트 생성을 위한 동영상 가이드 관련 YouTube 재생목록

③ 구글을 사용하여 고급 수업을 검색하는 방법

④ 블로거를 사용하여 뉴스레터를 만드는 방법

5. 구글 그룹스를 사용하여 보호자에게 이메일을 보낼 때의 이점은 무엇인가요? 모두 선택해 주세요.

① 지메일의 일일 전송 한도(이메일 100개)가 적용되지 않음.

② 하나의 이메일 주소로 이메일을 전송하여 모든 보호자에게 연락할 수 있음.

③ 보호자에게 자녀의 과제에 대해 맞춤화된 업데이트 보낼 수 있음.

④ 보호자가 구글 그룹스에서 이전의 수업 이메일을 모두 찾고 검색할 수 있음.

6. '원하는 프로젝트 선택하기' 활동에 구글 설문지를 사용하는 것이 처음에는 약간 복잡할 수 있습니다. 이런 유형의 활동에 사용하려면 설문지에 어떤 설정을 포함해야 하나요? 모두 선택해 주세요.

① 객관식 또는 열거형 질문 유형   ② 동영상

③ 섹션   ④ 맞춤 설정된 테마

※ 정답표는 379쪽에 있습니다.

C. 시나리오 시험 준비하기
: 구글 도구 + 기능 익히기

구글 공인 교육 전문가 등급 2

구글 공인 교육 전문가 등급 2 과정은 등급 1에서 제시하지 않았던 새로운 구글 도구들을 활용하거나, 등급 1에서 이미 다루었던 도구들의 숨어 있는 고급 기능을 이용하여 보다 복잡한 실제적 문제를 원활하게 해결하는지를 확인하는 방향으로 시험을 진행한다.

등급 2에서 새롭게 등장하는 도구로는 구글 크롬 확장 프로그램, 구글 고급검색 및 맞춤형 검색 도구, 구글 지도/어스, 구글의 블로그 서비스인 블로거 등이 있다.

이 기회에 새로운 구글 도구들을 체계적으로 익혀 보시기 바라며, 혹시 이 도구들마저 이미 능숙하게 사용하고 있다면 자신의 사용법을 한번 검토하는 기회를 가지시기 바란다.

학습을 마치고 나면 정말 다양한 구글의 도구와 그 도구들의 특별한 기능들을 제대로 쓸 줄 안다는 자신감을 가지게 될 것이다. 뿐만 아니라 필기시험과 시나리오 시험 문제도 자신 있게 해결해 나갈 수 있을 것이다.

구글 크롬 확장 프로그램(Google Chrome Extension)

구글 크롬 확장 프로그램이란 크롬 웹 브라우저(인터넷 창)에 설치하여 사용할
수 있는 프로그램 도구들이다. 크롬 웹 스토어에서 다운받는 방법은 다음과 같다.

1 https://chrome.google.com/webstore 를 직접 입력하거나 구글 검색창에서
'크롬 웹 스토어'를 검색하여 접속한다.

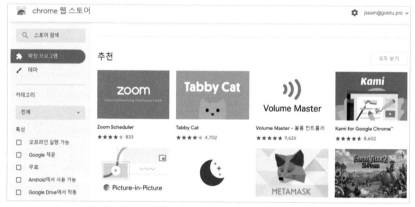

크롬 웹 스토어의 첫 화면

2 원하는 확장 프로그램을 검색한다.

크롬 웹 스토어에서 확장 프로그램인 'Google 번역'을 검색

❸ 추가하고 싶은 확장 프로그램을 선택한 후 'Chrome에 추가'를 클릭한다.

'구글 번역'을 선택 후 크롬에 추가

❹ 크롬 브라우저에 추가한 확장 프로그램은 크롬 브라우저 우측 상단 점 세 개인 크롬 맞춤설정 및 제어 메뉴에서 확인할 수 있다.

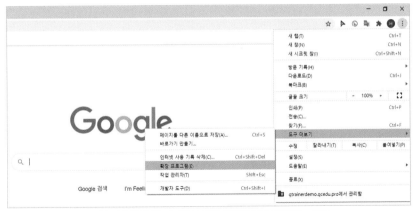

크롬 맞춤설정 및 제어에서 확장 프로그램을 확인하는 경로

크롬 브라우저에 추가된 확장 프로그램 목록

시험을 볼 때도 확장 프로그램을 적절히 사용하면 더 신속하고 정확하게 문제를 해결할 수 있다. 특히 'Google Docs 오프라인'은 시크릿 모드에서 시험을 볼 때 발생하는, 웹에서 복사한 그림이나 텍스트 붙여넣기가 되지 않는 오류를 해결해 주기 때문에 꼭 필요한 확장 프로그램이다. 이 프로그램은 기본적으로 크롬 브라우저에 자동 추가되어 있지만 실수로 삭제했거나 추가되어 있지 않은 경우라면 아래 링크에서 다운받을 수 있다.

https://bit.ly/구글문서오프라인

확장 프로그램들은 시크릿 모드에서는 사용할 수 없도록 기본 설정이 되어 있다. 시험을 볼 때 시크릿 모드를 이용하고자 한다면 사전에 확장 프로그램 세부정보에서 '시크릿 모드에서 허용'을 선택해 두어야 한다.

확장 프로그램별 세부 정보 설정

특히 높은 유용성을 인정받아 널리 알려진 확장 프로그램들이 있다. 용도와 목적을 살펴보고 크롬 브라우저에 추가하여 사용하시기를 적극 권장한다. 단, 크롬 확장 프로그램 중 일부는 아주 드물게 사용자의 정보를 갈취하는 악성코드 같은 기능을 할 수도 있다. 사용자가 많고 별점이 높으며, 리뷰가 좋은 확장 프로그램 위주로 다운받기를 추천한다.

추천 확장 프로그램	URL	용도
Google 번역	https://bit.ly/구글번역프로그램	웹페이지 전체 번역 및 특정 부분 선택 번역
Bitly	https://bit.ly/URL짧게	URL을 짧게 만들거나 원하는 한글 주소로 제작
AdBlock	https://bit.ly/광고차단	유튜브 광고 차단
Custom Cursor for Chrome	https://bit.ly/커스텀커서	크롬 브라우저에서 커서 모양 변경
Google 드라이브에 저장	https://bit.ly/드라이브에저장	웹 콘텐츠를 마우스 오른쪽 버튼 클릭으로 구글 드라이브에 손쉽게 저장
Looper for YouTube	https://bit.ly/유튜브반복	유튜브에서 원하는 부분을 반복 재생

표 3-2. 구글 크롬 확장 프로그램들

🔍 구글 고급검색 및 맞춤형 검색 웹사이트 New

    구글 고급검색은 다양한 필터를 사용하여 검색하는 기능으로, 원하는 정보를 빠르고 정확하게 찾는 데 유용하다. 물론 구글 검색창에서 검색 연산자를 입력하여 고급검색의 특정 필터 기능을 사용할 수도 있다. 구글 고급검색에는 웹페이지 및 파일 검색, 이미지 검색, 동영상 검색, 도서 검색의 네 가지 종류가 있다.

구글 고급검색	URL	특이점
웹페이지 및 파일 검색	https://google.com/advanced_search	파일 형식에 따라 검색 가능
이미지 검색	https://google.com/advanced_image_search	사용 권한에 따라 검색 가능
동영상 검색	https://google.com/advanced_video_search	언어, 화질, 자막 유무에 따라 검색 가능
도서 검색	https://google.com/advanced_book_search	https://books.google.com 검색 결과와 동일

    구글 맞춤형 검색 웹사이트란 일정한 검색 목적에 기능을 특화시킨 검색 사이트를 가리킨다. 학술검색과 번역, 뉴스 검색 및 트렌드(검색어) 분석과 같은 주제에 대해 구글에서는 맞춤형 웹사이트를 서비스하고 있다.

맞춤형 검색 웹사이트	URL	특이점
구글 학술검색	https://scholar.google.com	각종 논문 검색 및 참고문헌 표기법 제공
구글 번역	https://translate.google.com	영어와 100개 이상의 다른 언어로 단어, 구문, 웹페이지 즉시 번역
구글 뉴스	https://news.google.com	구글이 무료로 제공하는 뉴스 모음
구글 트렌드	https://trends.google.com	다양한 지역과 언어로 구글 검색의 인기 검색어 분석

특히 구글 학술검색은 기간 설정 및 날짜, 언어 등 조건에 따라 알맞은 논문을 검색하는 데 편리하고, MLA, APA 등 서로 다른 참고문헌 표기법에 따른 표기를 손쉽게 복사하는 기능이 있어서 유용하다.

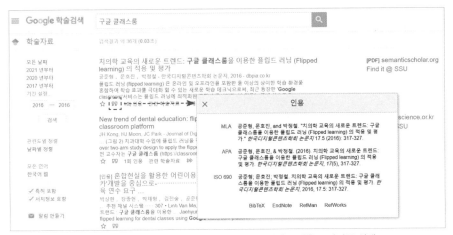

구글 학술검색 참고문헌 표기법 활용: 논문 하단의 큰따옴표 아이콘 선택

📍구글 지도 & 🌐 구글 어스 [New]

구글 지도와 구글 어스는 구글에서 제공하는 지도 서비스라는 공통점을 갖고 있다. 구글 지도는 위성 사진, 스트리트 뷰, 길 찾기 등 2차원적인 정보를 제공하는 데 비해 구글 어스는 3차원 위성 영상 지도 서비스로서 특정 지역의 자연환경이나 지형적 특징을 관찰하는 데 유용하다.

	구글 지도	구글 어스
URL	https://maps.google.com	https://earth.google.com
기능	위성 사진, 스트리트 뷰, 자동차/대중교통/도보/자전거/항공편 경로 제공	세계의 여러 지역을 볼 수 있는 3차원 위성 영상 지도 제공
교육적 활용	메뉴 〉 내 장소 〉 지도 〉 지도 만들기 학생들이 협업하여 특정 주제로 지도를 만들게 할 수 있다. ※ 참고 https://bit.ly/구글지도활용수업	프로젝트 〉 새 프로젝트 〉 프로젝트 만들기 학생들이 특정 주제로 프로젝트를 만든 뒤 협업하며 3차원 가상 여행이나 답사를 떠나 보게 할 수 있다.

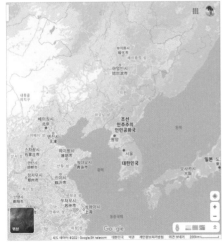 

(좌) 구글 지도, (우) 구글 어스 첫 화면

B 블로거 New

블로거는 구글이 운영하는 블로그 서비스다. 이 서비스는 1999년에 블로그 기술개발 업체인 파이라 랩스Pyra Labs에서 개발했는데 2003년 2월, 구글에 합병되었다.

구글 클래스룸이 과제를 제시하고 학생들에게 피드백을 제공하는 등 수업에 초점을 맞춘 플랫폼이라면 블로거는 학생, 학부모와 교사가 소통할 수 있는 학급 SNS로 활용도가 높다. 블로거에서 블로그를 개설하고 게시물을 작성하는 방법은 다음과 같다.

1 https://blogger.com 또는 구글 검색창에서 '블로거'를 검색한다. 내 블로그를 만들기 위해서는 로그인이 필요하다.

블로거 첫 화면

2 원하는 블로그 이름과 독자에게 표시될 이름을 입력한다. 블로그 이름은 중복이 허용된다. 즉 동일한 이름을 가진 다른 블로그가 이미 있어도 문제가 되지 않는다.

블로그 이름 및 표시 이름 선택

3 원하는 블로그 URL을 직접 입력해 만들 수 있다. URL은 중복이 허용되지 않으므로 만약 원하는 URL이 이미 존재한다면 앞서 기입한 블로그 이름 + 생년월일이나 학년/반 등을 추가해 URL을 만드는 것도 중복을 피하는 요령이다.

사용할 수 없는 URL과 사용 가능한 URL 구분

내 블로그 첫 화면

4 '+ 새 글'을 눌러 글을 쓸 수 있다. 블로그 글에는 링크, 사진, 동영상 등을 추가할 수 있고, 원하는 날짜와 시간에 게시되도록 설정 가능하다. 미리보기 기능을 통해 PC, 태블릿, 스마트폰에서 보이는 화면을 미리 확인할 수도 있다.

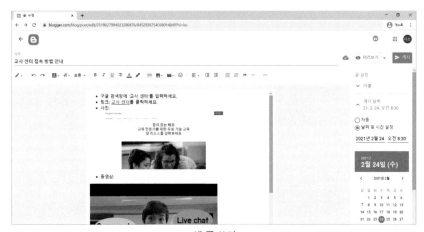

새 글 쓰기

📄 구글 문서 ^{고급}

구글 공인 교육 전문가 등급 2의 시나리오 시험에서는 앞서 소개한 새 도구 뿐만 아니라, 등급 1에서 이미 다루어 보았던 도구들의 고급 기능을 이용해 보게 하고 두 가지 이상의 도구를 혼합하여 사용하게 하는 문제를 많이 출제한다. 구글 문서의 HyperDoc과 목차 사용하기가 등급 2에서 새롭게 제시되는데 이는 하이퍼링크 기능을 활용하여 구글 문서를 보다 효과적으로 활용하도록 하는 기능이다.

• HyperDoc(하이퍼독) 만들기

HyperDoc(하이퍼독)은 하이퍼링크를 이용한 구글 문서를 가리킨다. 하이퍼링크 기능을 활용하면 구글 문서에 각종 참고 문헌이나 PDF를 연결할 수 있다. 이름에 Doc이 포함되어 있지만 구글 문서뿐만 아니라 프레젠테이션, 스프레드시트 등 하이퍼링크가 가능한 문서는 모두 HyperDoc을 만들 수 있다.

▶ 구글 스프레드시트를 활용한 HyperDoc 예시

https://bit.ly/도구별활용사례

문서의 형태이므로 구글 클래스룸에 과제나 자료 형태로 학생들에게 쉽게 배포할 수 있고 학생들도 모둠, 또는 개별로 조사한 내용들을 정리하는 보고서에 링크의 형태로 다양한 형식의 자료를 추가할 수 있다. 원하는 텍스트 선택 후 마우스 우클릭 〉 링크, 또는 단축키 Ctrl+K로 HyperDoc을 만들 수 있다.

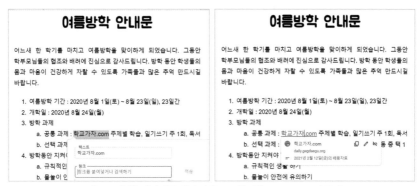

텍스트에 웹 페이지를 하이퍼링크로 연결한 HyperDoc 만들기

목차 삽입하기

보고서처럼 길이가 있는 문서를 작성하다 보면 목차를 정리하고 수정하기가 번거롭다. 구글 문서는 간단한 방법으로 목차를 추출해 넣을 수 있는데, 목차는 앞서 소개한 HyperDoc의 형태로 되어 있어서 제목을 클릭하면 해당 내용으로 즉시 이동할 수 있다. 또한 중간에 내용이 추가되어 쪽번호가 전체적으로 변경 되면 목차 업데이트 기능을 이용해 자동으로 목차의 쪽번호를 변경할 수 있다. 구글 문서에 목차를 삽입하는 방법은 다음과 같다.

1 목차 텍스트(문단)에 커서를 둠 〉 메뉴의 '서식' 〉 '단락 스타일' 〉 '제목 1' 선택한다.

제목 1 스타일 적용하기

2 메뉴의 '삽입' 〉 '목차' 〉 '페이지 번호 포함'을 선택하여 원하는 위치에 목차를 만든다.

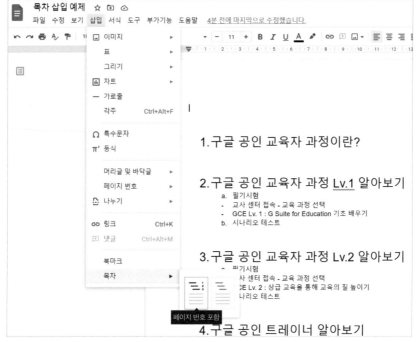

내용 및 페이지 번호가 포함된 목차 삽입하기

3 본문의 목차 텍스트나 쪽번호에 변동이 있으면 '목차 업데이트'를 눌러 변동 사항을 목차에 자동 반영한다.

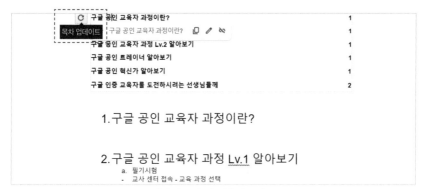

삽입된 목차 및 업데이트 메뉴

🔲 구글 스프레드시트 ^{고급}

등급 2 시험을 준비하려면 구글 스프레드시트의 고급 기능으로 '스파크라인'과 '피봇 테이블'을 사용할 수 있어야 한다. 아래 링크에 스프레드시트로 작성된 '진단평가 예시 파일'이 있으니 이 내용을 복사해 기능을 직접 활용해 보기 바란다.

▶ 진단평가 예시 파일

　https://bit.ly/진단평가결과

•스파크라인(Sparkline)

구글 스프레드시트의 고급 기능 중 하나인 스파크라인은 단일 열이나 행의 데이터로 소형 차트를 만드는 기능이다. 소형 차트를 보면서 한 항목에 대한 데이터의 누적된 변화를 한눈에 알아보기 쉽다. 함수 중 'SPARKLINE'을 사용하며 구체적인 활용 방법은 다음과 같다.

1 차트를 넣을 셀을 클릭하여 선택한다.

2 함수를 기입한다. '=SPARKLINE'

3 차트를 만들고자 하는 데이터 범위를 한 번에 드래그하여 선택 〉엔터 키를 누른다.

진단평가 ☆ 🗁 ⊘
파일 수정 보기 삽입 서식 데이터 도구 부가기능 도움말 몇 초 전에 마지막으로 수정했습니다.

J2 | =SPARKLINE(C2:G2)

	A	B	C	D	E	F	G	H	I	J
1	번호	이 름	국어	사회	수학	과학	영어	합계	평균	스파크라인
2	1	강○○	23	18	22	22	23	108	21.6	=SPARKLINE(C2:G2)
3	2	고○○	19	21	23	21	23	107	21.4	
4	3	구○○	24	19	21	22	17	103	20.6	
5	4	나○○	23	24	24	23	19	113	22.6	
6	5	남○○	24	25	24	23	25	121	24.2	
7	6	박○○	25	22	17	21	20	105	21	
8	7	방○○	24	23	24	22	25	118	23.6	
9	8	백○○	25	21	20	20	24	110	22	
10	9	사공○○	23	22	23	23	18	109	21.8	
11	10	서○○	23	17	22	20	24	106	21.2	

진단평가 ☆ 🗁 ⊘
파일 수정 보기 삽입 서식 데이터 도구 부가기능 도움말 몇 초 전에 마지막으로 수정했습니다.

L12 |

	A	B	C	D	E	F	G	H	I	J
1	번호	이 름	국어	사회	수학	과학	영어	합계	평균	스파크라인
2	1	강○○	23	18	22	22	23	108	21.6	
3	2	고○○	19	21	23	21	23	107	21.4	
4	3	구○○	24	19	21	22	17	103	20.6	
5	4	나○○	23	24	24	23	19	113	22.6	
6	5	남○○	24	25	24	23	25	121	24.2	
7	6	박○○	25	22	17	21	20	105	21	
8	7	방○○	24	23	24	22	25	118	23.6	
9	8	백○○	25	21	20	20	24	110	22	
10	9	사공○○	23	22	23	23	18	109	21.8	
11	10	서○○	23	17	22	20	24	106	21.2	

스파크라인 함수 활용 방법 및 적용 결과

피봇 테이블(Pivot table)

피봇 테이블은 큰 데이터 세트의 범위를 좁혀 내가 원하는 데이터만 손쉽게 확인할 수 있는 기능이다. 신학기가 시작되면 학생들의 진단평가를 실시하고 그 결과에 따라 부진아 지도 대책을 마련하는데, 과목별 최저점에 따라 어떤 학생들이 대상일지를 확인할 때 피봇 테이블 기능을 유용하게 활용할 수 있다. 앞서 제시한 예시 자료를 사용할 수 있으며, 피봇 테이블을 생성하고 활용하는 구체적인 방법은 다음과 같다.

1 피봇 테이블을 만들기 위해 스파크라인을 제외한 모든 원자료를 선택한다.

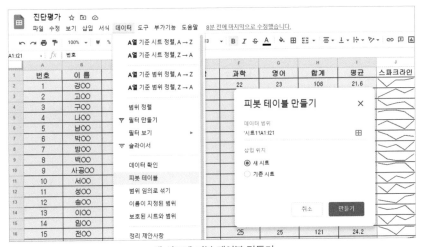

피봇 테이블 설정을 위한 원 자료 선택

2 메뉴 중 '데이터' 〉 '피봇 테이블' 〉 '새 시트' 〉 '만들기'를 선택하면 별도의 시트에 테이블이 만들어진다.

새 시트에 피봇 테이블 만들기

3 우측에 나타난 '피봇 테이블 편집기'에서 다음과 같이 설정한다.

- 행: 이름

- 열: 추가 없음

- 값: 국어

- 필터: 국어 성적이 23 미만인 학생만 필터링

피봇 테이블 편집기 설정하기

이름	국어의 SUM
고OO	19
송OO	22
이OO	21
정OO	22
차OO	21
하OO	22

피봇 테이블 결과(국어 성적이 23 미만인 학생만 보기)

🖼 구글 클래스룸 ^{고급}

구글 클래스룸은 학생들에게 과제를 배포하고 수합하는 기본적인 기능 이외에도 학급을 관리하고 평가를 효율적으로 실시하는 데 필요한 다양한 기능을 보유하고 있다. 이러한 기능을 통해 구글 클래스룸을 좀 더 효율적인 LMS[16]로 활용할 수 있다.

구글 클래스룸 첫 화면

스트림/테마 설정

구글 클래스룸 수업에 입장하면 가장 먼저 보이는 것이 수업 이름과 함께 '스

---

16 LMS는 Learning Managemant System의 줄임말로 온라인 '학습 관리 시스템'을 가리킨다. 디지털 기기를 활용해 온라인으로 학생의 진도, 성적, 출결 및 학사 전반을 관리하는 시스템을 의미하며, 넓게는 학습용 콘텐츠의 전달, 평가, 개발 등을 포괄한 교수 · 학습 전반을 통합 관리할 수 있게 하는 시스템을 의미한다.

트림'과 '테마'다. 스트림은 '공지사항 + 자유 게시판'의 역할을 한다고 볼 수 있는데, 우측 상단 톱니바퀴 아이콘의 '수업 설정' 메뉴에서 교사의 의도와 목적에 따라 사용 환경을 설정할 수 있다.

스트림 환경 설정

테마 선택 메뉴를 통해 수업 첫 화면의 메인 테마를 변경할 수 있다. 수업에 최적화된 기존 교과별 테마를 선택할 수 있고, 사진 업로드를 통해 교사가 직접 테마를 만들어 사용할 수도 있다.

테마 설정

평가 기준표(Rubric) 활용

구글 클래스룸은 수업 중 학생들에게 과제를 배포하고 이를 해결하는 과정에서 피드백을 제공하며, 과제 완료 시 그 결과를 평가하고 누적 관리하는 LMS가 효과적으로 구축되어 있다. 특히 학생들에게 평가 과제를 부여할 때 기준표를 함께 제시할 수 있는데, 기준표는 교사가 학생들의 과제를 평가할 때뿐만 아니라 학생들이 평가에 임하는 데에도 유용하다. 어떤 점에 중점을 두고 과제를 수행해야 하는지를 알 수 있기 때문이다. 구글 클래스룸을 활용하면 평가 기준표를 학생들에게 지속적으로 안내할 수 있어서 매우 효과적이다.

과제 만들기 메뉴에서
기준표 추가하기

기준표는 교사가 매 과제마다 직접 만들어도 되지만 다른 수업에서 사용했던 기준표를 가져올 수도 있고, 이전에 스프레드시트로 내보낸 기준표를 가져와서 재사용할 수도 있다.

국어시간 자기 소개하기

학생이 제출한 과제의 평가 기준뿐만 아니라 성취도 등급이나 설명을 추가할 수 있습니다. 학생은 과제와 함께 이 기준표의 사본을 받게 됩니다.

점수 사용

기준 제목(필수)
3행시로 자기 소개하기

기준 설명
3행시로 자신을 소개해봅시다.

등급 제목(필수) A	등급 제목(필수) B	등급 제목(필수) C
설명 자신의 이름 글자를 모두 사용하여 참신한 아이디어와 창의적인 내용으로 자기 소개 3행시를 쓴다.	설명 자신의 이름 글자를 모두 사용하여 맥락과 상황에 맞는 자기 소개 3행시를 쓴다.	설명 자신의 이름 글자를 모두 사용하지 않았거나 3행시에 자신을 소개하는 내용이 부족하다.

자기소개 3행시 기준표

🗒 구글 설문지 ^{고급}

구글 설문지는 코로나19로 인해 급하게 도입해야 했던 원격 수업에서 가장 많이 사용된 구글 도구 중 하나로 꼽힌다. 구글 도구를 잘 사용하지 않는 교사들도 한 번쯤은 구글 설문지를 활용하여 형성 평가를 만들어 보았을 것이다. 링크만 있으면 언제 어디서든 누구에게나 쉽게 공유할 수 있는 구글 설문지도 교사의 의도와 목적에 따라 다양하게 설정하여 활용할 수 있다.

'일반' 설정하기

구글 설문지 우측 상단 톱니바퀴 모양 아이콘의 '설정' 메뉴 중 '일반' 탭에는 Google Workspace for Education 계정에만 있는 기능이 있다. '(기관명) 및 신뢰할 수 있는 하위 조직의 사용자로 제한'이라는 기능이다.

구글 설문지는 각종 학생/학부모용 설문 조사나 형성 평가를 실시할 때 주로 사용하는데, 링크만 있으면 누구나 사용할 수 있으므로 보안에 취약하다는 단점이 있다. 체크박스를 선택하여 사용자 제한 기능을 이용하면, 학생/학부모가 학교 계정으로 로그인을 해야만 답변을 입력할 수 있기 때문에 보안 강화 및 실명 확인이 가능하다. 또한 '응답 횟수 1회로 제한' 기능을 사용하여 한 응답자가 설문에 여러 번 응답하는 일을 막을 수 있다.

구글 설문지 '설정'의 '일반' 탭

'프레젠테이션' 설정하기

'프레젠테이션' 탭에서 응답자가 볼 설문지 형식을 설정한다. 문항이 많다면 '진행률 표시하기'를, 새 응답 제출을 안내하려면 '다른 응답을 제출할 링크 표시'를 체크한다. '확인 메시지'에는 설문 제출 시 응답자에게 전송될 내용을 기입한다.

구글 설문지 '설정'의 '프레젠테이션' 탭

퀴즈로 만들기

'퀴즈' 탭에서 설문지 문항을 퀴즈로 만들 수 있다. 설문 참여자에게 피드백 및 보충 지도용 링크/동영상 설명 자료를 첨부해 보내는 등 추가 기능을 사용할 수 있으며, 설문 참여자는 설문지를 제출한 후에 점수 및 틀린 문항에 대해 안내를 받을 수 있다.

구글 설문지 '설정'의 '퀴즈' 탭

정답 및 피드백 입력, 퀴즈 완료 후 결과

M 지메일 (Gmail) ^{고급}

지메일은 그 자체로서 구글 계정의 역할을 할 뿐만 아니라 수업이나 업무에 필요한 내용을 전달하고 문서를 특정인에게 공유하거나 댓글로 할당할 때 유용하다. 등급 2에서는 지메일과 함께 쓰기에 유용한 구글 도구들과 함께 업무의 효율성을 높여 주는 고급 기능을 알아보고자 한다.

지메일 + 태스크

구글은 여러 제품을 좀 더 효과적으로 사용하기 위해 측면 패널을 이용하여 탭을 전환하지 않고도 다양한 구글 도구들을 같은 창에서 사용할 수 있도록 하였다. 이 기능은 현재 지메일, 구글 캘린더, 구글 드라이브, 구글 문서와 스프레드시트, 프레젠테이션, 드로잉에서 사용할 수 있다. 측면 패널은 구글 캘린더와 킵Keep, 태스크Tasks, 연락처(지메일에만 있음.)로 구성되어 있고, 각종 부가기능을 추가할 수 있다.

지메일에서 측면 패널 활용하여 태스크 시작하기

태스크는 할 일을 생성하고 할 일 목록을 관리하는 도구로, 지메일을 통해 전달받은 업무를 '내 할 일'로 추가할 때 유용하다. 특히 지메일을 드래그 앤 드롭으로 태스크에 바로 추가할 수 있어 함께 사용하기에 안성맞춤이다.

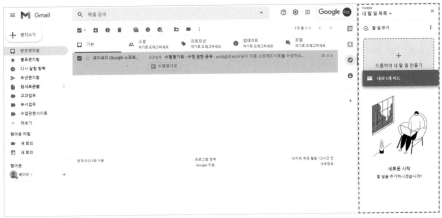

받은 메일을 '내 할 일 목록'에 추가하기

'내 할 일'의 세부정보와 날짜/시간, 하위 할 일 추가 및 완료된 모습

템플릿(template) 활용

템플릿은 자주 받는 질문이나 같은 내용의 메일을 여러 번 보낼 때 유용한 고급 기능이다. 메일을 작성한 후 템플릿으로 저장해 두면, 동일한 내용의 메일을 클릭 몇 번으로 다른 사람에게 보낼 수 있다. 템플릿은 최대 50개까지 만들 수 있다.

템플릿 기능은 '설정' 〉 '고급' 〉 '템플릿' 우측의 '사용' 선택 〉 '저장'을 하면 사용할 수 있다.

'설정'의 '고급' 탭에서 템플릿 사용 설정하기

'편지쓰기' 〉 템플릿으로 저장할 메일 내용 작성 〉 우측 하단의 점 세 개 아이콘(옵션 더 보기) 선택을 하면 '템플릿' 기능이 활성화되어 있는 것을 볼 수 있다. 이 기능을 선택해 들어가면 작성해 둔 임시보관 메일을 새 템플릿으로 저장하거나 삭제할 수 있고, 내용을 수정한 후에 덮어쓰기를 할 수도 있다. 템플릿 이름은 메일 제목으로 자동 저장된다.

임시보관 메일을 새 템플릿으로 저장하기

 저장된 템플릿은 필요할 때 '편지쓰기' 〉 우측 하단의 점 세 개 아이콘(옵션 더
보기) 〉 '템플릿'에서 다시 불러올 수 있다.

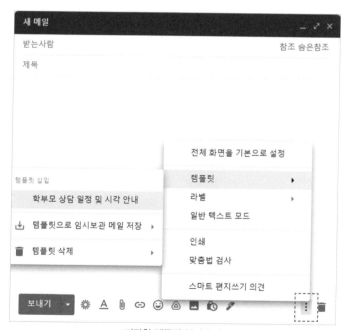

저장한 템플릿 불러오기

Google Workspace for Edu-
cation 계정으로만 쓸 수 있는 구글
캘린더의 특별한 기능이 있다. 바로
'부재중'과 '약속 시간대' 기능이다.
특히 '약속 시간대' 기능은 일정 단
위의 시간대 블록을 설정해 둔 캘린
더를 공유하고, 약속 잡기를 원하는
사람은 캘린더의 블록 가운데에서
하나를 선택하게 함으로써 캘린더의
편리성을 크게 높여 주는 기능이다.

캘린더의 '약속 시간대' 활용하기

'약속 시간대' 옵션 설정하기

캘린더의 약속 시간대 일정을 만들고 나면 해당 일정의 '이 캘린더의 약속 페이지로 이동'을 클릭한다. 이때 새 탭에 나타나는 약속 페이지의 링크 주소를 공유하면 사람들에게 약속 시간을 선택하게 할 수 있다.

새롭게 생성된 일정 및 '이 캘린더의 약속 페이지로 이동'

원하는 시간을 고를 수 있는 약속 페이지

약속이 등록된 모습

▶ 유튜브 고급

채널 생성하기

시험 계정으로 유튜브 관련 시나리오 문제를 해결할 때는 자신의 채널을 먼저 만들어야 한다. 동영상을 유튜브에 업로드하기 위해 꼭 필요한 조건이기 때문이다. 채널은 유튜브에 구글 계정으로 로그인 〉 '채널 만들기'를 선택하여 만들면 된다. 또는 '만들기' 〉 '동영상 업로드' 선택 시 채널이 없으면 채널을 만드는 단계를 밟도록 되어 있다.

유튜브 채널 만들기

영상 업로드하기

유튜브는 꼭 PC에 저장된 영상만 업로드할 수 있다. 만약 내가 가진 영상을 구글 드라이브에 저장해 두었다면 PC에 다운받아 사용해야 한다. 유튜브에 영상을 업로드하는 과정은 다음과 같다.

유튜브 첫 화면 〉 우측 상단에 있는 계정의 프로필 이미지 선택 〉'내 채널'(❶) 〉 '동영상
업로드' 〉 '파일 선택' 〉 각종 '세부정보' 지정(❷: 제목 및 설명 입력, 미리보기 이미지 선
택, 추가할 재생목록 선택, 시청자층 확인, 연령 제한 등추가 여부 선택, 각종 '세부정보'
입력) 〉 '다음' 〉 '동영상 요소' 지정(❸: 자막 추가, 최종 화면 추가, 카드 추가) 〉 저작권
문제 자동 검사 〉 '공개 상태' 지정(❹: 게시 시기 및 공개 범위 선택) 〉 동영상 게시(❺)

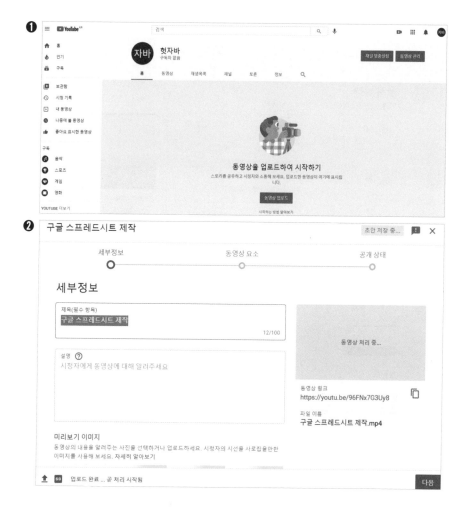

❸

❹

❺

D. 시나리오 시험 해결하기
: 기출 변형 문제 + 해설

구글 공인 교육 전문가 등급 2

등급 2의 시나리오 시험은 등급 1에서와 마찬가지로 실제적인 '상황 중심 종합 평가'로, 구글 도구의 실무 활용 능력을 평가한다.

시험이 시작되면 실무에서 맞닥뜨리는 다양한 교육 장면의 시나리오가 응시자에게 주어지고, 응시자는 다양한 구글의 도구와 기능을 적절히 선택해 사용함으로써 주어진 상황에 효과적, 효율적으로 대응하면 된다. 구글은 그 과정과 결과를 평가한다.

등급 1에서와 마찬가지로, 여기에 제시한 문제들은 구글의 NDA(Non-Disclosure Agreement, 비밀 유지 계약서) 규정을 준수하면서, 실제 시나리오 테스트에 나오는 기능들을 중심으로 창작한 문제임을 밝혀 둔다.

1. 블로거

[과제 1/1]

당신은 담임교사로서 학교와 학급의 소식이나 행사 사진 등을 게시할 학급 블로그를 만들어 학부모와의 관계를 형성해 나가고자 합니다.

❶ 블로거를 이용하여 'Force Middle School 3-1'이라는 제목의 새 블로그를 만들고 다음 문구로 첫 포스트를 작성하세요.

> 존중과 배려가 함께하는 포스중학교 3학년 1반 블로그에 오신 것을 환영합니다.

❷ 해당 블로그에 레아 선생님(leia@di.es.kr)과 요다 선생님(yoda@di.es.kr)도 함께 작업할 수 있도록 작성자로 초대하세요.

등급 2에서 새롭게 등장한 도구들은 어디에서 찾을 수 있을까? 구글 홈 화면 우측 상단에 있는, 정사각형 모양으로 배열된 점 9개 아이콘을 누르면 된다.

구글 앱 모음을 의미하는 아이콘인데, 생김새로 인해 '와플'이라고 불리는 이 아이콘을 누르면 다양한 구글 도구 아이콘들이 나온다. 그 가운데에서 블로거를 찾아 선택하자.

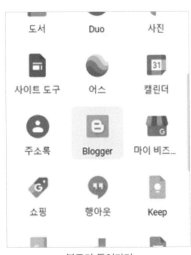

블로거 들어가기

❶ 블로거를 이용하여 'Force Middle School 3-1'이라는 제목의 새 블로그를 만들고 다음 문구로 첫 포스트를 작성하세요.

존중과 배려가 함께하는 포스중학교 3학년 1반 블로그에 오신 것을 환영합니다.

하나의 구글 계정을 만들어 두면 구글의 여러 도구를 모두 사용할 수 있다는 것은 구글의 최강점으로 꼽을 만하다. 블로거도 구글 계정만 있으면 별도 가입 절차 없이 이용할 수 있다.

블로거 접속 〉 구글 계정으로 로그인 〉 '블로그 만들기'를 선택하면 블로그 개설을 위한 팝업창이 뜬다. 블로그 이름은 오류가 발생하지 않도록 시나리오에 있는 내용을 복사하여 붙여 넣자. 블로그 URL을 포함한 그 외 사항은 시험의 점수에는 영향을 미치지 않으므로 내용을 임의로 기입하도록 하자.

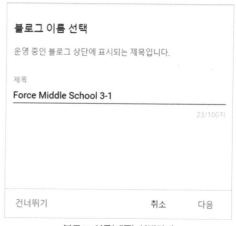

블로그 이름(제목) 선택하기

이제 Force Middle School의 3학년 1반 블로그가 생성되었다. 문항에서 블로그 첫 화면 문구를 지정해 주었으므로 왼쪽의 '+ 새 글'을 누른 뒤 문항에 제시된 문구를 그대로 복사해 붙여 넣자.

환영 메시지 포스팅하기

❷ 해당 블로그에 레아 선생님(leia@di.es.kr)과 요다 선생님(yoda@di.es.kr)도 함께 작업할 수 있도록 작성자로 초대하세요.

블로거가 여타의 블로그들과 다른 점은 바로 협업 기능이다. 블로거는 작성자를 추가하여 '보기' 또는 '작성' 권한을 부여할 수 있고, Google Workspace for Education 계정을 활용하면 우리 학교 학생들만 볼 수 있도록 권한을 설정할 수 있다는 장점을 가진다. 작성자 초대 및 권한 설정을 위해서 '설정'에 들어가 보자.

설정 메뉴 중 '더 많은 작성자를 초대하세요'를 선택하면 블로그를 공동으로 운영할 수 있도록 작성자 권한을 타인에게 부여할 수 있다. 문항에 주어진 이메일 계정 두 개를 복사해 붙여 넣어 초대장을 보내 보자. 계정을 입력할 때에는 한꺼번에 두 개를 넣으면 안 되고 하나씩 입력해야 한다.

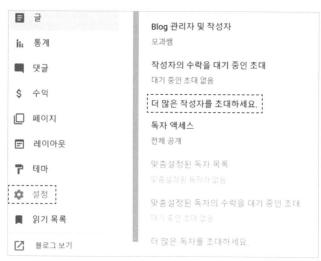

블로거 '설정' 메뉴

2. 블로거 & 구글 지도

블로거와 구글 지도를 함께 활용하는 문항을 소개한다. 구글 지도는 구글에서 제공하는 지도 서비스로 위치 표시 외에도 다양한 정보를 가지고 있다. 특히 다른 구글 도구들과 호환하여 사용하기 쉽다는 장점이 있다. 그러나 아쉽게도 구글에서 한국의 지도 서비스는 아직 완전하게는 제공하지 않는다.

멀리 여행을 가고 싶은 마음은 굴뚝같지만 책으로나마 미국으로 여행을 떠나보도록 하자. 현장체험학습 경로를 미리 확인하는 사전 교육으로 활용할 수 있고, 우리 마을의 스트리트뷰를 사회 수업에서도 활용할 수 있다. 이를 생각하면서 문항을 함께 살펴보자.

[과제 1/1]

당신은 이번 학기에 계획된 현장체험학습에 대한 사전 정보를 학급 블로그에 안내하고자 합니다.

❶ 스타워즈의 영웅들을 만나기 위해서 떠나는 LA 현장체험학습 차량의 이동 경로를 구글 지도에서 검색한 후 해당 링크를 학급 블로그에 포스팅하세요.

· 이동 경로: 유니버설 스튜디오 - 할리우드 - 디즈니랜드 파크

❷ 이외에도 학생들이 추가로 방문하고 싶은 장소를 표시할 수 있도록 '내 지도'에서 '현장체험'이라는 이름의 새 지도를 만드세요.

❸ 학생들이 지도에 원하는 지역을 자유롭게 추가할 수 있도록 students@di.es.kr을 편집자로 추가하세요.

❹ 지도 링크를 학급 블로그에 포스팅하세요.

❶ 스타워즈의 영웅들을 만나기 위해서 떠나는 LA 현장체험학습 차량의 이동 경로를 구글 지도에서 검색한 후 해당 링크를 학급 블로그에 포스팅하세요.

· 이동 경로: 유니버설 스튜디오 - 할리우드 - 디즈니랜드 파크

구글 홈 화면 우측 상단의 구글 앱 모음 아이콘(와플, 정사각형으로 배치된 아홉 개 점)을 누른 뒤 '지도'를 선택해 들어가자.

먼저 출발지를 'LA 유니버설 스튜디오'로 검색해 보자. 검색은 한글로도 이용할 수 있다. '유니버설 스튜디오 할리우드'가 검색되어 나오면 장소 정보 화면 가운데 '경로'를 선택하자. 유니버설 스튜디오를 목적지로 하는 경로 설정 화면이 나타나는데, 이곳은 목적지가 아니라 출발지로 설정해야 하므로, 목적지에

입력되어 있는 텍스트를 드래그 앤 드롭하여 출발지 위치로 옮기자. 그런 뒤 첫 번째 목적지로 할리우드를 입력한 뒤 엔터 키를 누르고, '목적지 추가'를 눌러 '디즈니랜드 파크'를 입력하고 엔터 키를 눌러 최종 목적지로 설정해 보자.

유니버설 스튜디오 경로 찾기

현장체험학습 차량 경로를 검색했다면 이를 학급 블로그에 어떻게 포스팅할 수 있을까? 좌측 상단의 가로줄 3개 메뉴 아이콘을 선택한 뒤 '지도 공유 또는 퍼가기'를 선택한다. 팝업창의 '링크 복사'를 누르

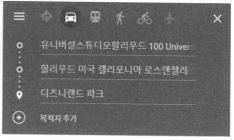

목적지 추가하여 경로 작성하기

면 설정해 둔 모든 경로가 표시된 지도의 링크가 복사되므로, 링크를 기입하고
자 하는 곳에 가서 붙여넣기 하면 된다.

구글 지도에서 현장체험학습 경
로 주소를 확인하였다면 블로그에
해당 지도를 업로드해야 한다. 블로
그로 돌아와서 새 글을 추가해 보
자. 좌측 상단의 '+ 새 글' 선택 〉 제
목 입력(예: 현장체험학습 경로) 〉 상
단 도구 표시줄 아이콘 중에서 '링
크 삽입 또는 수정' 선택 〉 하단의
'링크 붙여넣기 또는 검색' 부분에
커서를 두고 붙여넣기를 실행하면
위에서 복사해 둔 지도의 URL이

공유 메뉴에서 링크 보내기

입력될 것이다. 상단의 '표시할 텍스트'에 별도 텍스트(예: 경로가 표시된 지도 보
기)를 입력하면 복사된 링크가 긴 URL의 모습으로 노출되는 게 아니라 입력한
별도 텍스트로 깔끔하게 노출된다. 더 간단하게 작성하려면 블로그 본문의 특정
단어나 문장을 블록 선택하고 '링크 삽입 또는 수정' 아이콘을 눌러 URL을 붙여
넣을 수도 있다.

구글 지도에는 '지도 만들기' 기능이 있다. 이 기능을 사용하면 개인별로 혹은 모둠별로 특정한 주제를 정한 뒤 주제와 연관된 장소들을 표시한 특별한 지도 만들기를 할 수 있다. 이 기능에 접근하는 두 가지 방법을 아래에 안내한다.

① 구글 지도의 좌측 상단 가로줄 3개 메뉴 아이콘 〉 '내 장소'에는 나와 관련된 장소 기록들이 정리되어 있다. 분류명은 '라벨이 지정됨', '저장됨', '방문한 장소', '지도' 등으로 되어 있다. 내가 지정해 둔 장소들이 이곳에 정리되어 있으며, '지도' 탭 하단의 '지도 만들기'를 누르면 나만의 지도를 만들어 저장할 수 있다.

내 장소 메뉴

② 위의 방법보다 더욱 간편한 방법은 구글 드라이브로 접근하는 방법이다. 구글 드라이브 좌측 상단의 '새로 만들기' 〉 '더 보기' 〉 '구글 내 지도'를 선택하면 된다.

구글 드라이브에서 내 지도 만들기

'구글 내 지도'에서 '현장체험'이라는 제목의 지도를 만들어 보자. 좌측 상단의 '제목 없는 지도' 클릭 〉 '지도 제목'의 '제목 없는 지도'에 커서를 놓아 지우고 '현장체험' 입력 〉 '저장'을 선택한다.

지도 제목 및 설명 입력

❸ 학생들이 지도에 원하는 지역을 자유롭게 추가할 수 있도록 students@di.es.kr을 편집자로 추가하세요.

지도에서 좌측 상단의 '공유'를 누른 뒤 '드라이브 공유'를 누르거나, 구글 드라이브에서 지도 파일에 커서를 두고 우클릭한 뒤 '공유'를 누른다. 문항에 제시된 그룹 계정을 입력하고 우측에 있는 권한은 '편집자'로 설정한다. 직접 타이핑하지 말고 복사, 붙여넣기를 이용해 손쉽고 정확하게 입력하자. 직접 타이핑하다가 오타가 발생하면 과제를 잘 수행하고도 점수에서 불이익을 볼 수 있으니 꼭 명심하도록 하자.

이렇게 지도 '공유' 기능을 활용하면 모두가 함께 지도를 만드는 '커뮤니티 맵핑' 활동을 수업에서 진행해 볼 수도 있다. 이처럼 지도도 공유가 되니 교육자들은 구글 도구의 공유 기능이 수업활동의 가능성을

내 지도 공유하기

전에 없이 확장시키는 훌륭한 도구라는 점을 다시 한번 실감할 수 있을 것이다.

편집자 추가하기

---

④ 지도 링크를 학급 블로그에 포스팅하세요.

'지도 링크'라고 하면 이제 공유 기능이 바로 떠오를 것이다. 앞에서와 마찬가지로 지도에서 좌측 상단의 '공유'를 누른 뒤 '드라이브 공유'를 누르거나, 구글 드라이브에서 지도 파일에 커서를 두고 우클릭한 뒤 '공유'를 누른다. 팝업창 우측 하단의 '링크 복사'를 선택하면 지도의 URL이 복사되니 블로그로 이동해 붙여넣기를 하면 된다.

현재 기본 설정 상태로서 '링크 보기' 하단에 '제한됨. 추가된 사용자만 이 링크로 항목을 열 수 있음.'이라고 되어 있으므로, 이 지도 링크는 앞서 편집자 권한을 부여한 학생 그룹 계정에서만 지도를 열고 편집할 수 있도록 제한이 되어 있는 상태다. 이 기본 설정 상태를 유지하는 게 보안 강화에 효과적이다.

지도 링크 복사하기

3. 블로거 & 구글 어스

구글 지도와 구글 어스earth는 어떤 차이가 있을까? 구글 지도가 2차원의 평면 지도를 의미한다면 구글 어스는 3차원의 입체 지도다. 따라서 구글 지도는 길 찾기, 지도 공유 등의 기능을 활용할 수 있다면 구글 어스는 지구본과 같은 영상으로 세계 여러 나라의 지리적인 특징을 관찰하는 데 활용할 수 있다. 구글 어스는 특히 주제별 프로젝트들이 흥미롭게 구성되어 있어 아프리카 야생동물을 실시간 CCTV로 확인하는 등 다양한 활동이 가능하다.

[과제 1/1]

현장체험학습 일정상 유니버설 스튜디오의 모든 장소를 관람하기에는 어려움이 있습니다. 그래서 학생들이 미리 유니버설 스튜디오를 둘러보고 체험하기를 원하는 장소의 우선순위를 알아보고자 합니다.

❶ 구글 어스를 이용해서 유니버설 스튜디오를 검색하세요.

❷ 유니버설 스튜디오에서 학생들이 견학하기를 원하는 장소를 3~4개 골라 '현장체험학습'이라는 이름의 프로젝트에 추가하세요.

❸ 해당 프로젝트의 링크를 Force Middle School 3-1 블로그에 포스팅하되, 가장 가보고 싶은 장소 한 곳을 골라 댓글로 작성하라는 안내도 함께 적어 주세요.

구글 어스는 구글의 확장 도구 중 하나로서 구글 홈 화면 우측 상단의 구글 앱 모음 아이콘(와플, 정사각형으로 배치된 아홉 개 점)을 눌러서 '어스'를 찾거나 https://earth.google.com 을 입력해 바로 접속하면 된다. 구글 어스를 실행하면 첫 화면에서 입체적인 지구의 모습을 만날 수 있다.

① 구글 어스를 이용해서 유니버설 스튜디오를 검색하세요.

구글 어스에서 '유니버설 스튜디오'를 검색해 보자. 좌측의 세로 메뉴 중 돋보기 아이콘을 눌러 검색 기능을 이용하면 된다.

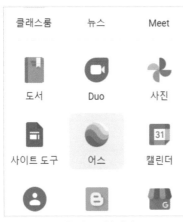

구글 어스 접속하기   유니버설 스튜디오 검색하기

② 유니버설 스튜디오에서 학생들이 견학하기를 원하는 장소를 3~4개 골라 '현장체험학습'이라는 이름의 프로젝트에 추가하세요.

검색 결과 중에서 미국의 유니버설 스튜디오를 선택하면 우측 면에 항공 사진이 나타난다. 새 프로젝트를 만드는 방법은 좌측 세로 메뉴 최상단의 가로줄 3개 메뉴 아이콘 〉'프로젝트' 〉'만들기' 〉'구글 드라이브에서 프로젝트 만들기' 〉'제목 없는 프로젝트' 우측의 연필 아이콘 선택 〉'프로젝트 제목' 하단의 '제목 없는 프로젝트'에 커서를 놓아 지우고 '현장체험학습'을 프로젝트 제목으로 입력한다.

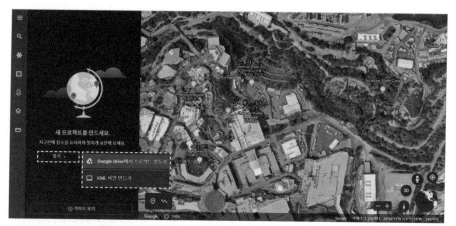

새 프로젝트 만들기

마우스 휠이나 오른쪽 아래에 있는 +/-, 마우스 오른쪽 버튼을 클릭한 채로 마우스를 왔다 갔다 하면 화면을 확대/축소할 수 있다. 지도를 이리저리 옮겨 보면서 학생들이 견학하기를 원하는 장소를 3~4개 골라 보자.

장소를 결정했다면 해당 장소를 선택한 후 '프로젝트에 추가'를 누른다. 그러면 프로젝트 안에 해당 장소가 추가된다.

장소를 프로젝트에 추가하기

해당 프로젝트의 링크를 학생들에게 공유해 보자. 상단의 사람 추가 아이콘('공유' 아이콘) 선택 〉 '계속' 〉 하단의 '링크 보기'에서 '링크가 있는 모든 사용자로 변경' 선택 〉 우측의 권한 중에서는 '뷰어'가 적당하다. 이 문제에서는 링크를 가진 학생들이 포스팅된 프로젝트를 열람하고 블로그에 선호도 댓글을 다는 활동만 하게 할 것이기 때문이다. 그리고, '링크 복사'를 누르자.

프로젝트 공유하기

이제 블로거로 돌아와서 '+ 새 글'을 눌러 포스팅을 하자. 제목은 '현장체험학습' 등으로 입력하고, 본문 상단의 도구 가운데 '링크 삽입 또는 수정'을 눌러서 표시하고자 하는 텍스트를 입력한 뒤 링크 붙여넣기를 실행하자.

링크를 넣었다면 본문 내용 중에 '여러분이 어디에 가고 싶은지 가장 가 보고 싶은 장소 한 곳을 골라 댓글로 남겨 주세요.'라는 안내글을 추가 입력하자. 그러면 학생들은 링크에 접속해 본 뒤 포스팅에 댓글로 자신이 가고 싶은 장소를 적어 교사와 상호작용을 해 나갈 수 있을 것이다.

블로거에 구글 어스 링크 업로드하기

4. 구글 캘린더

등급 1에서 구글 캘린더의 새 캘린더 만들기와 이벤트 만들기 등 기본 기능에 대해 다루었다면 등급 2에서는 구글 미트 화상 회의 추가, 약속 시간대 설정과 같은 고급 기능을 다룬다.

[과제 1/2]

포스 고등학교의 한 솔로 선생님은 다음 주 수요일에 진학 상담을 할 디투 학생의 진로와 관련하여 부모님과 먼저 상담을 한 후 필요 정보를 사전에 수집하고자 합니다.

❶ 구글 캘린더에 '학부모 상담'이라는 이름의 새 캘린더를 추가하세요.

❷ '학부모 상담' 캘린더에, '루크' 학부모(luck@di.es.kr)와 구글 미트 화상 회의 링크가 추가된 상담 일정을 다음 주 수요일 이전에 잡으세요.

구글 캘린더 접속은 주소 입력(https://calendar.google.com), 포털 사이트 검색, 구글 앱 모음 아이콘(와플)에서 찾기 등 어떤 방법을 택해도 무방하다.

❶ 구글 캘린더에 '학부모 상담'이라는 이름의 새 캘린더를 추가하세요.

캘린더의 왼쪽 메뉴 중 '다른 캘린더' 우측의 '+' 선택 〉 '새 캘린더 만들기' 〉 '이름' 부분에 '학부모 상담'을 입력한다.

새 캘린더 만들기

새 캘린더를 추가한 다음 '학부
모 상담' 캘린더에서 루크 학부모
와의 상담 일정을 잡아야 한다. 이
미 생성된 캘린더가 많다면 다른
일정과 헷갈릴 수 있으니 문항에서
사용할 캘린더의 체크박스에만 체
크 표시를 남겨 둔 뒤, 다음 일정을
만들기를 권한다.

문항에서 시간 조건은 '다음 주
수요일 이전'이라고만 하였으므로
좌측 상단의 '+ 만들기' 클릭하고

참석자 및 구글 미트 링크 추가하기

적절한 시간대 선택 혹은 우측 캘린더 면에서 적절한 날짜와 시간대 클릭 〉'참
석자 추가'에 루크 학부모 계정(luck@di.es.kr) 입력하고 '구글 미트 화상 회의 추
가'를 선택한다.

하단의 '저장'을 선택하면 구글 캘린더 참석자에게 초대하는 이메일을 보낼
것인지 여부를 확인하게 한다. '보내기'를 선택하면 루크 학부모의 계정으로 상
담 일정과 구글 미트 주소가 담긴 초대 이메일이 발송된다.

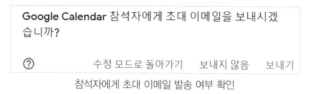

참석자에게 초대 이메일 발송 여부 확인

다음 주에 진행될 학생 진학 상담 일정을 짜기 위해 약속 시간대를 만들어 학생들이 각자 원하는 시간을 선택할 수 있도록 요청하고자 합니다.

❶ 캘린더에서 '학생 상담'이라는 이름의 새 캘린더를 추가하고, 다음 주 특정 기간 동안 30분 단위로 약속 시간대를 설정하세요.

❷ 학생(students@di.es.kr)에게 '이 캘린더의 약속 페이지' 링크를 보내세요.

구글 캘린더에서 '부재중'과 '약속 시간대'는 Google Workspace for Education 계정에서만 활성화되는 추가 기능이다.

'부재중'은 다른 일정을 할 수 없는 시간을 설정해 두는 기능으로, 부재중으로 설정해 둔 시간에는 회의를 열거나 초대를 보낼 수 없다. 특히 학생 및 학부모 상담을 위해 일정을 잡을 때 수업, 회의, 개인적 용무의 시간을 부재중으로 설정해 두면 상담 일정을 잡는 데 큰 도움이 된다.

'약속 시간대' 설정하기는 등급 2 캘린더 기능의 핵심이라 할 수 있다. 이는 캘린더에 일정한 시간 간격을 고정하여 기본 단위로 삼는 기능이다. 예를 들어 학부모 상담 주간에는 캘린더를 학부모들과 공유하여 30분 단위로 나누어진 각각의 시간대를 학부모가 선택하게 할 수 있다. 약속 시간대를 설정할 때에는 간격으로 삼을 단위 시간을 선택하고 나면 고정된 시간을 설정할 날짜와 기간을 설정하고, 몇 분 간격으로 칸을 나눌지를 정할 수 있다. 이 문제는 '약속 시간대' 기능을 설정한 새 캘린더를 만들고 링크를 보내 공유하는 기본적인 과정을 수행할 수 있는지를 확인하고자 하는 문제다.

메뉴 중 '다른 캘린더' 옆의 '+' 선택 〉 '새 캘린더 만들기' 〉 이름 칸에 '학생 상담' 입력 〉 '캘린더 만들기'를 선택한다.

캘린더 목록에서 '학생 상담' 캘린더의 체크박스에만 체크 표시를 남기고 다른 캘린더의 체크 표시를

약속 시간대 설정하기

해제 〉 좌측 상단의 '+ 만들기' 〉 '약속 시간대' 〉 상담 주간의 날짜와 시간 입력 및 '고정된 시간의 슬롯'에 시간 단위로 '30분'을 입력 〉 '저장'을 누른다.

이후 해당 캘린더의 해당 일로 가 보면 학부모 상담이 설정되어 있는 것을 확인할 수 있다. 여기에서 '이 캘린더의 약속 페이지로 이동'을 누르면, 학부모가 보게 될 예약 화면이 나타난다. 링크 주소를 공유받은 학부모들은 이 화면에서 자신이 원하는 상담 일정을 예약하고 이를 교사에게 전송할 수 있다. 마치 음식점의 사전 예약 시스템을 교실에 손쉽게 적용하는 것과 같다.

약속 시간대 설정 후 약속 페이지로 이동

❷ 학생(students@di.es.kr)에게 '이 캘린더의 약속 페이지' 링크를 보내세요

약속 페이지 링크를 전송하기 위해서는 우선 캘린더 상단의 주소 표시줄에 나타나 있는 URL을 Ctrl+C 단축키나 마우스 우클릭을 이용해 복사한다.

구글 홈 화면 우측 상단의 '지메일' 〉 좌측 상단 '+ 편지 쓰기' 〉 '받는 사람'에 학생의 메일 주소(students@di.es.kr) 입력 〉 메일 내용에는 복사해 둔 약속 페이지 URL을 붙여넣어 하단의 '보내기'를 누른다.

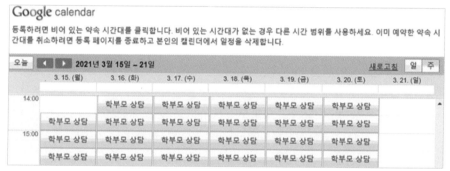

약속 페이지 화면

5. 구글 고급검색

구글링이라는 말을 들어본 적이 있을 것이다. '구글링'이란 'google'에 접미어 '-ing'가 붙은 단어로 구글에서 정보를 샅샅이 검색하는 것을 뜻하는 신어다. 이처럼 구글은 강력한 검색 엔진을 탑재하여 사용자들에게 많은 정보를 연결하는 막강한 기능을 가지고 있다. 등급 2에서는 구글의 검색 방법을 세밀하게 익혀서 교육 현장에서 활용하는 방법을 알아보자.

[과제 1/1]

당신은 스타워즈 영화의 스토리를 소개하고, 등장인물의 성격과 사건의 전개 과정을 분석하는 수업을 계획하였습니다. 이를 위해 동료 선생님들과 함께 스타워즈 안내 자료를 만들고자 하는데, 이미지 자료와 함께 학생들이 영화의 스토리를 이해할 수 있는 자료가 필요합니다.

❶ 구글 이미지 고급검색을 활용하여 스타워즈 안내 자료 표지에 들어갈 '크리에이티브 커먼스 라이센스' 권한을 가진 영화 관련 이미지 파일을 다운로드한 뒤 구글 드라이브에 업로드하세요. (힌트: 이미지 고급검색 시 사용 권한을 설정할 수 있습니다.)

❷ 구글 '웹사이트 고급검색'을 활용하여 스타워즈 영화와 관련된 PPT 파일을 다운로드한 뒤 구글 드라이브에 업로드하세요. (힌트: 고급검색 시 파일 형식을 설정할 수 있습니다.)

❸ 구글 학술검색을 활용하여 스타워즈 영화의 내용을 분석한 2016년 이후의 자료를 찾아 해당 링크를 APA 형식의 참고 문헌 표기법과 함께 레아 선생님(leia@di.es.kr)께 이메일로 공유하세요.

① 구글 이미지 고급검색을 활용하여 스타워즈 안내 자료 표지에 들어갈 '크리에이티브 커먼스 라이센스' 권한을 가진 영화 관련 이미지 파일을 다운로드한 뒤 구글 드라이브에 업로드하세요. (힌트: 이미지 고급검색 시 사용 권한을 설정할 수 있습니다.)

첫 번째 문항에 주어진 조건은 구글 이미지 검색과 관련된 내용이다. 구글은 문자 검색 이외에도 이미지 검색 기능을 제공하는데, 이때 조심해야 할 부분이 바로 저작권 문제다. 교사가 검색을 통해 얻은 자료는 교육적 목적으로 사용한다고 하더라도 저작권을 침해할 수 있으니 항상 유의해야 한다.

구글 검색창에서 스타워즈를 검색해 보면 정말 많은 스타워즈 관련 이미지가 나온다. 교육 자료로 사용할 내용이므로 이미 저작권을 위배한 이미지는 검색 결과에서 배제하고 싶을 것이다. 이때 사용할 수 있는 기능이 바로 이미지 고급 검색이다. URL(https://google.com/advanced_image_search)을 직접 입력하여 바로 접속하거나 구글 옴니박스[17]에서 '이미지 고급검색'을 검색하여 접속할 수 있다.

구글 검색

---

17 옴니박스(Omnibox)는 구글의 주소창이자 검색창을 의미한다.

이미지 고급검색 설정 중 '사용 권한'에 대해 살펴보자. '모두'는 제한 없이 모두가 사용할 수 있는 것을 의미하고, '크리에이티브 커먼즈 라이선스'는 조건이 없거나, 간단한 조건을 충족하였을 때 이미지를 무료로 사용할 수 있음을 의미한다. '상업 및 기타 라이선스'는 권한 없이 상업적인 용도의 사용이 불가능하다.

사용 권한 설정하기

이미지를 다운로드하기 위해서는 원하는 이미지에 마우스를 가져간 후 우클릭 〉 '이미지를 다른 이름으로 저장' 〉 원하는 위치에 이미지를 우선 저장한다. 그런 이후에 구글 드라이브 접속하여, '+ 새로 만들기' 〉 '파일 업로드' 하거나 앞서 저장한 이미지를 드라이브의 첫 화면에 드래그 앤 드롭 방식으로 끌어와 업로드한다.

❷ 구글 '웹사이트 고급검색'을 활용하여 스타워즈 영화와 관련된 PPT 파일을 다운로드한 뒤 구글 드라이브에 업로드하세요. (힌트: 고급검색 시 파일 형식을 설정할 수 있습니다.)

웹사이트 고급검색은 이미지 고급검색과는 달리 웹사이트나 또는 관련 파일을 검색하는 기능이다. 구글에서 스타워즈를 검색한 결과가 나타난 창에서 상단의 '설정' 〉 '고급검색'을 선택한다.

웹사이트를 검색하기 위해서는 '다음 단어 모두 포함' 란에 '스타워즈'를 입력하고, 파일 형식에서 'PPT'를 선택한 뒤 하단의 '고급검색'을 누른다. 고급검색 기능은 이렇게 검색의 조건들을 세부적으로 설정할 수 있기 때문에 수많은 정보 가운데 나에게 꼭 필요한 정보를 찾고자 할 때 아주 유용하게 쓸 수 있는 기능이다.

설정	도구
검색 환경설정	
언어 (Languages)	
선정적인 검색결과 숨기기	
결과 모두 표시	
고급검색	
검색 기록	
Google 검색에 표시되는 데이터	
검색 도움말	

웹사이트 고급검색

다음 기준으로 페이지 검색...

다음 단어 모두 포함:	스타워즈
다음 단어 또는 문구 정확하게 포함:	
다음 단어 중 아무거나 포함:	
다음 단어 제외:	
숫자 범위:	~

다음 기준으로 검색결과 좁히기...

언어:	모든 언어
지역:	모든 지역
최종 업데이트:	전체
사이트 또는 도메인	
검색어 표시 위치:	페이지 전체
세이프서치:	선정적인 검색결과 표시
파일 형식:	Microsoft Powerpoint(.ppt)
사용 권한:	라이선스로 필터링 안함

고급검색 기준 설정하기

구글 학술검색(https://scholar.google.com)에도 조건을 세부적으로 설정할 수 있는 고급검색 기능이 있다.

좌측의 가로줄 3개 메뉴 아이콘 〉'고급검색'을 선택한다. 문제의 조건에 맞도록 '다음 단어 모두 포함'에 '스타워즈'를 입력하고, '다음 기간 중 발표된 문서 검색'의 앞 상자에 '2016'을 입력하고 검색하면(돋보기를 누르면) 해당 조건을 충족하는 학술 자료만 검색된다.

학술자료 고급검색하기

검색 결과 가운데 스타워즈 영화의 내용을 분석한 연구 자료를 찾는다. 참고 문헌 표기법은 각 자료의 하단에 있는 큰따옴표 아이콘 선택 〉 팝업창에 나타나는 여러 표기법 중 문제에서 요구하는 APA를 드래그하여 복사한다. 자료 링크는 각 논문을 클릭 〉 URL 복사하여 확보한다.

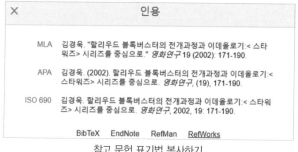

참고 문헌 표기법 복사하기

이와 같은 방법으로 자료의 링크와 참고 문헌 표기법을 확인하였다면 이제 지메일로 이동하여 레아 선생님에게 메일을 보낸다. 구글 홈 화면 우측 상단 '지메일' 〉 '+ 편지 쓰기' 〉 수신자에 레아 선생님 메일 계정 복사하여 붙여넣기 〉 메일 하단의 '링크 삽입' 〉 '어느 URL에 이 링크를 연결하시겠습니까?'에 자료 URL 붙여 넣고 '표시할 텍스트'는 임의 지정(예: 참고문헌)한다. APA 형식의 참고 문헌 표기법도 붙여 넣어 메일을 보낸다. 그 외 메일의 제목과 내용 등은 임의로 입력하면 된다.

메일에 참고 문헌 링크 삽입하기

레아 선생님
leia@di.es.kr
레아 선생님
참고문헌
김경욱. (2002). 할리우드 블록버스터의 전개과정과 이데올로기:< 스타워즈> 시리즈를 중심으로. *영화연구*, (19), 171-190.

메일 발송하기

．．．

    이것으로 구글 공인 교육 전문가 등급 2의 시나리오 시험 준비가 마무리되었다. 등급 2가 1과 다른 점은 '블로거'처럼 등급 2에만 등장하는 새롭고도 생소한 도구들이 있다는 점, 그리고 몇 가지 도구를 융합하여 사용함으로써 실제 교실 상황에서 직면하는 문제를 해결할 수 있는지를 평가하는 시나리오가 많다는 점이다. 또한 등급 1의 시나리오에서는 큰 틀에서 구글 도구의 공통된 기능을 익히는 데 초점을 맞추었다면, 등급 2의 시나리오는 구글 도구들의 숨어 있는 세부 기능을 활용하도록 하기 때문에 통합적 시각을 가지고 구체적인 부분까지 놓치지 않아야 인증 과정을 통과할 수 있을 것이다.

    하지만 이 시험을 치르는 과정에서 정말 많은 교육 노하우와 아이디어를 얻을 수 있을 거라 확신한다. 두려움 없이 도전해 보기를 다시 한번 적극 권장한다.

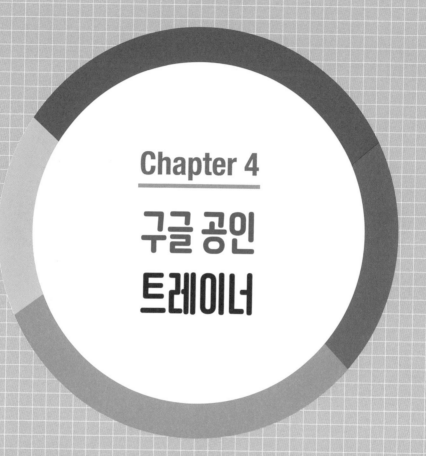

Chapter 4

구글 공인
트레이너

A. 개요

구글 공인 트레이너

1. 구글 공인 트레이너란?

공인 트레이너로서 교육 전문가들이 Google 도구를 더 잘 활용하도록 지원 해주세요

공인 트레이너는 다른 교육 전문가가 Google for Education 제품을 배우고 사용하여 더 효율적으로 수업을 진행하고, 학생들의 성취도를 높이고, 리더십 기술을 함양하도록 도와줍니다.

공인 트레이너 되기

전문성과 리더십을 활용하여 교육 전문가들이 교실에서 Google 도구를 사용하는 방식을 혁신하도록 도와주세요.

지금 신청하기

구글 공인 트레이너 메인 홈페이지

구글 공인 트레이너Google for Education Certified Trainer는 많은 선생님들이 기술로 교실을 혁신할 수 있도록 돕는 열정적이고 주도적인 교육 전문가를 뜻한다. 구글 공인 교육 전문가 등급 1, 2 과정의 목적이 학생들을 위해 수업을 효과적으로 진행할 수 있도록 돕는 데 있다면 공인 트레이너 과정은 많은 선생님을 돕기 위해 교육자를 위한 교육자, 교육자를 돕는 전문가로서의 능력을 평가하여 인증하는 과정이다. 현재 우리나라의 구글 공인 트레이너는 2021년 5월, GEG South Korea에서 매핑하고 있는 구글 지도 기준으로 110명을 넘어섰다.

구글 공인 트레이너에게는 다양한 혜택이 주어진다. 기본적으로 구글 공인 교육자들을 관리하는 에듀 디렉토리(https://edudirectory.withgoogle.com)에 등재, Google Workspace for Education 트레이너 도메인 및 유료 데모 계정 제공, 공인 트레이너 전용 그룹 참여 등의 혜택을 제공받는다. 또한 구글과 손잡은 많은 에듀테크 회사에서 구글 트레이너에게 부여하는 무료 이용권(StreamYard, Pear Deck, Screencastify, WeVideo, Nearpod 등) 혜택 또한 엄청나다.

그러나 무엇보다도 가장 큰 혜택은 전 세계의 트레이너들과 함께 더 나은 교육에 대해 심도 있게 고민하고 서로 협력할 기회를 갖게 된다는 점이다. 트레이너가 되면 전 세계의 공인 트레이너 전용 그룹에 자동 추가되는데, 이 그룹 안에서는 다른 교육자들을 가르치는 데 유익한 정보에서부터, 숨어 있는 구글의 각종 도구 활용법 등 트레이너에게 아주 유용한 정보들을 얼마든지 서로 묻고 답할 수 있다.

2. 지원 자격 및 절차

구글 공인 트레이너 지원 자격 및 인증 절차는 다음과 같다.

절차 ① 구글 공인 교육 전문가 등급 1, 2 획득

절차 ② 트레이너 역량 평가 과정 수료 및 평가 완료

절차 ③ 자기소개 영상 제작 및 트레이너 지원서 제출

트레이너 인증 절차는 시나리오 시험이 없는 대신 지원서와 소개 영상을 제작해야 한다. 오디션에 참가하는 것 같아서 생소하게 느껴질 수도 있겠다. 하지만 다른 트레이너들의 사례를 살펴보고 공부하면서, 나만의 계획을 서술하고 촬영하다 보면 한층 더 성장한 자신을 발견하게 될 것이다.

트레이너 지원 영상의 예

B. 역량 평가 준비하기

구글 공인 트레이너

1. 소개

트레이너 역량 평가는 Trainer Skills Assessment의 줄임말인 'TSA'로 통용된다. 등급 1, 2는 교사가 교육자의 입장에서 학생들을 대상으로 구글 도구를 활용하는 방법에 대한 것이었던 것과 달리 TSA는 그런 교사들에게 어떤 도움을 줄 것인지를 고민하는 트레이너의 과제에 대한 내용으로 평가가 구성되어 있다. 시험은 90분 동안 진행되며 모든 문제는 선다형, 드래그 앤 드롭 등 객관식 검사 문항이다. 한국어 시험은 19개 문항, 영어 시험은 25개 문항이 제시된다.

교사센터(https://bit.ly/교사센터)에 한글 번역이 업데이트되면서, 이제는 TSA 준비 및 시험 응시가 모두 한국어로 가능해졌다. 교사 센터 〉 '프로그램' 〉 '공인 트레이너 프로그램'에서 확인할 수 있다.

트레이너 프로그램 안내 페이지

TSA 준비하기

TSA 응시하기

단, 교사센터는 아직 한국어 시험 등록 사이트로 바로 연결되지 않으므로 아래의 별도 시험 등록 사이트를 이용해 한국어로 시험 등록을 하자.

https://bit.ly/한국어시험등록

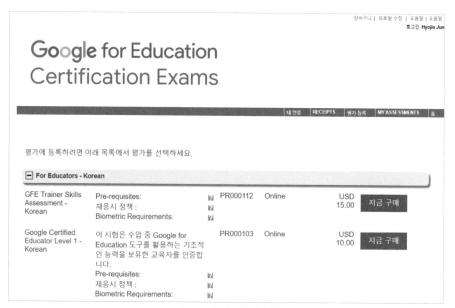

TSA 한국어 버전 시험 응시하기

2. 예시 문제 살펴보기

TSA 대비 공인 트레이너 교육 과정은 총 7개의 단원으로 구성되어 있다. 등급 1, 2와 달리 TSA 준비 과정에서는 단원 평가를 별도로 제공하지 않고, 매 단원 학습 시 관련 내용을 확인할 수 있는 형성 평가만 제공한다.

▶ 1단원: 조직의 변화에 영향력 발휘하기

---

1. 변화를 불러일으키기 위해 트레이너에게 있어야 하는 자질은 무엇인가요? 해당하는
   항목을 모두 선택해 주세요.

   ① 학교 리더와 교사들과의 명확한 소통 전략을 보여 줍니다.

   ② 커뮤니티 요구사항을 파악합니다.

   ③ 기술 통합을 위한 점진적 목표를 결정합니다.

   ④ 일반 성인을 위한 전문성 개발 과정을 설계합니다.

2. 이해 관계자가 조직의 공통 비전을 이해하거나 이에 동의하도록 하는 효과적인 방법
   은 무엇인가요? 해당하는 항목을 모두 선택해 주세요.

   ① 구글 양식을 사용하여 이해관계자를 대상으로 설문조사를 실시합니다.

   ② 조직의 구글 그룹을 만들어 최신 정보를 공유하고 이야기를 나눕니다.

   ③ Blogger를 사용하여 학교의 최신 정보와 혁신적인 사례를 공유합니다.

   ④ 학교의 비전 성명서 사본을 직원 편지함에 비치하고 교사들에게 읽어 보
      도록 요청합니다.

1. 교사가 동기 및 비동기식으로 녹화된 자료에 액세스할 수 있는 전문성 개발 교육 방법은 무엇인가요? 모두 선택해 주세요.

① 대면 교육

② 혼합형 학습

③ 구글 미트

④ 유튜브 실시간 스트리밍 이벤트

2. 학습자의 능력과 지식, 조직에서 사용 가능한 리소스를 어떻게 평가할 수 있을까요? 해당하는 항목을 모두 선택해 주세요.

① Google Workspace for Education 교육 활동과 보고서를 검토합니다.

② 한 교사에게 동료들에 관해 묻습니다.

③ 구글 설문지를 사용하여 간단한 설문조사를 공유합니다.

④ 관리 콘솔 보고서를 요청합니다.

3. 수행에 필요한 기간은 교육 계획을 세울 때 고려해야 할 요인입니다.

① 참. 수행을 완료하기까지 수년이 걸릴 수 있으므로 교육 계획에 필요한 기간을 예측해야 합니다.

② 거짓. 성공 기준과 교육 내용을 점검할 시기만 계획하면 됩니다.

1. 다음 중 성인 학습자의 특징은 무엇인가요? 모두 선택해 주세요.

① 성인 학습자는 쉽고 빠르게 통합할 수 있는 정보를 원합니다.

② 성인 학습자는 문제 중심의 학습에 집중하는 걸 선호합니다.

③ 성인 학습자는 주로 보상으로 동기를 부여합니다.

④ 성인 학습자는 교육에서 이전의 경험과 전문 지식을 연계할 수 있을 때 만족도가 높아집니다.

2. 시연 수업의 권장 사항에 해당하는 것은 무엇인가요? 모두 선택해 주세요.

① 수업 전에 교사와 만나 목표를 확인합니다.

② 학생의 반응과 수업 조정 사항을 실시간으로 논의합니다.

③ 수업 후 요약을 제공합니다.

④ 향후 시연 수업을 위한 타당하고 현실적인 후속 단계를 설정합니다.

3. 유튜브는 실제 교실에서 진행되는 수업 데모 및 실시간 예시를 보여 주기에 효과적이지 않은 플랫폼입니다.

① 참

② 거짓

1. 의견을 수집하는 방법은 무엇인가요? 해당하는 항목을 모두 선택하세요.

　① 교육 대상을 관찰합니다.

　② 교사와 대화합니다.

　③ 의견을 수집하는 기술 도구를 활용합니다.

　④ 질문이 있는 경우 교육 세션이 끝날 때까지 기다려달라고 요청합니다.

2. 비자발적인 교사의 교육 세션 참여도를 높일 수 있는 예시는 무엇일까요? 해당하는 항목을 모두 선택하세요.

　① 교사와 관계를 구축하는 데 시간을 투자합니다.

　② 학생에 관해 대화합니다.

　③ 교육 세션에 참석하면 더 좋은 교사가 될 것이라고 말합니다.

　④ 수업 현장에서 의미가 있는 현실적인 활동을 구상합니다.

3. 타게팅하는 학급과 학교의 구체적인 접근성 및 형평성 요구를 충족하도록 교육을 차별화해야 합니다.

　① 참. 차별화는 교육을 교육 대상의 학습 목표와 연계함으로써 대상의 구체적인 요구와 관심사를 충족하는 데 도움을 줍니다.

　② 거짓. 모두가 정확히 동일한 교육을 받도록 해야 합니다.

1. 다음 중 훌륭한 강연 기술을 보여 주는 행동은 무엇인가요? 해당하는 항목을 모두 선택해 주세요.

   ① 청중과 시선을 마주칩니다.

   ② 긍정적인 에너지와 움직임을 보여 줍니다.

   ③ 다양한 억양을 활용하고 적절한 속도로 말합니다.

   ④ 목소리가 앞으로 뻗어 나가도록 말합니다.

2. 시각적으로 멋진 교육 자료를 만들려면 어떻게 해야 할까요? 해당하는 항목을 모두 선택하세요.

   ① 간결하게 핵심만 표시합니다. 간단할수록 좋습니다.

   ② 슬라이드가 개성 있어 보이도록 10개가 넘는 색상을 사용합니다.

   ③ 대비되는 색상을 사용합니다. 밝은 색 배경에 어두운 색 텍스트를 사용하거나 어두운 색 배경에 밝은 색 텍스트를 사용하세요.

   ④ 이미지가 텍스트와 충돌하지 않도록 합니다.

3. 교육이 진행되는 동안 학생들이 궁금한 점을 질문하고 교육 리소스에 액세스하도록 지원하려면 어떤 구글 앱을 사용해야 하나요?

   ① 지메일   ② 유튜브 오디오 보관함

   ③ 구글 캘린더   ④ 구글 클래스룸

1. 교사가 구글 스프레드시트 및 설문지를 사용하여 할 수 있는 작업을 모두 선택하세요.

   ① 학생 성장을 측정하고 분석합니다.

   ② 학생들에게 퀴즈를 전달합니다.

   ③ 학생들에게 상호작용형 프레젠테이션을 공유합니다.

   ④ 학생들의 의견을 수집합니다.

2. 상훈 선생님은 학교에 소속된 교사들이 교실에서 자유롭게 기술을 사용하도록 지원하고자 합니다. 이를 실현하기 위해 활용할 수 있는 지원 모델에는 무엇이 있나요?

   ① 선별된 전문가 자기 계발 리소스

   ② 직원 자기 계발 워크숍

   ③ 학생 주도 지원

   ④ 파견 교육 코치

1. 다음 중 Google Workspace for Education의 핵심 서비스로 간주되는 것은? 해당하는 항목을 모두 선택해 주세요.

① 유튜브

② 지메일

③ 구글 문서

④ 블로거

2. Google Workspace for Education을 사용할 때 준수해야 하는 항목을 모두 선택하세요.[†]

① IMDB

② FERPA

③ COPPA

④ CIPA

---

† Google Workspace for Education 사용과 관련된 개인정보 보호 및 보안 사항은 아래 웹사이트에서 더 자세히 확인할 수 있다. 국내 사정과는 다소 맞지 않는 부분들이지만 시험에는 출제될 수 있다.

https://bit.ly/구글보안

※ 정답표는 379쪽에 있습니다.

C. 지원 영상 만들기

구글 공인 트레이너

1. 영상 구성

트레이너 지원 영상은 등급 1~2, TSA 인증서와 함께 트레이너 지원서에 포함되어야 할 필수 요소다. 링크 형태로 첨부해야 하므로 대부분 구글 드라이브나 유튜브에 일부 공개로 업로드함으로써 URL을 만든다. 트레이너 지원 영상은 총 3분 이내로 구성되어야 하며 세부 내용은 다음과 같다.

- 자기소개(1분 이내): 간단한 자기소개, 트레이너가 되고 싶은 이유, 자신만의 특별하고 '구글리(Googley)'한 점
- 구글 도구 활용법(2분 이내): 구글 제품군 중 한 가지 소개, 학교 현장에서 이를 혁신적으로 사용하는 방법 안내

2. 영상 제작

●시나리오 작성하기

트레이너 지원 영상을 제작할 때는 가급적 영어를 사용하는 것이 좋다. 물론 트레이너 지원서는 각 나라 언어별로 구분하여 받지만, 정작 트레이너 지원 영상을 보고 적절성 여부를 판단하는 심사위원들은 영어권 국가 출신이 많다. 또한 트레이너 자격을 얻은 뒤에는 전 세계 트레이너들과 교류하며 소통할 기회가 자연스럽게 많아지니, 이번 기회에 구글 번역이나 크롬 확장 프로그램을 사용하여 언어의 장벽을 넘어 보는 것도 좋을 것이다. 만약 영어 말하기가 부담스럽다면 한국어로 촬영하되 영어 자막을 추가하는 것도 좋은 방법이다.

자기소개는 1분 이내로 말할 수 있는 분량이어야 하므로 핵심 내용만으로 구성하되, 나와 구글의 관계 또는 구글을 처음 사용한 계기, 지금까지 내가 어떻게 구글리Googley하게 변화해 왔는지 등 구글과 관련된 자신의 경험을 소개하는 것이 좋다.

:: 자기소개 예시

>>> 교육자로서 자신의 경력과 관심 분야 소개

Hi!
My name is ○○○ and I'm an elementary school teacher in South Korea.
I've been teaching English for 15 years and I'm enjoying using technology in my class.

안녕하세요!
제 이름은 ○○○이고 한국의 초등학교 선생님입니다.
지난 15년간 영어를 가르쳤고 수업에서 다양한 에듀테크 도구를 사용하는 것을 좋아합니다.

>>> 현재 닥친 교육 현장의 위기 상황 설명

With COVID-19, Korean education has been experiencing a lot of changes this year. I have to teach English online and my students need to study at home.

코로나19로 인해 올해(2020년) 한국의 교육에 많은 변화가 있었습니다. 저는 온라인으로 영어 수업을 해야 했고, 학생들은 집에서 공부를 해야 했습니다.

>>> 문제 해결 과정과 트레이너 지원 동기 연결

At the moment, I communicate with Google Educator Group South Korea a lot and we worked together making 'gogo school.com' with Google Sites, which is an online platform not only for students but also for teachers. I met a lot of Google Certified educators, trainers and innovators and I saw the new possibilities of education from them. That's where my dream as a trainer began. I also want to be an inspiring teacher and trainer who presents a new perspective on future education.

그 시기에 저는 GEG South Korea와 많은 교류를 했고, '학교가자.com'이라는 구글 사이트 기반의 온라인 학습 플랫폼 구축에 동참하였습니다. 그 과정에서 많은 구글 공인 교육자들과 트레이너, 이노베이터들을 만났고 교육의 새로운 가능성을 엿보았습니다. 그것이 바로 트레이너로서의 제 꿈이 시작된 이유이기도 합니다. 저 또한 그들처럼 미래 교육에 대한 새로운 관점을 보여 줄 수 있는 영향력 있는 교사가 되고 싶습니다.

구글 도구 활용법은 평소에 내가 자주 사용하는 구글 도구를 중심으로 수업에 유용한 한두 가지 기능과 그 사용법을 중심으로 소개하는 것이 좋다. 물론 나만 아는 창의적이고 혁신적인 구글 사용법을 소개하는 것도 좋지만, 본 영상 제작의 취지와 목적은 트레이너로서 구글 사용법을 교육자들에게 알려줄 수 있는지 확인하는 것이므로 큰 부담을 갖지 않아도 된다. 다음에 제시된 예시는 코로나19로 원격 수업을 진행해야 하는 상황에서, 주 1회 원어민 교사와 함께 하는 유튜브 실시간 스트리밍 수업을 하면서 알게 된 실시간 채팅 및 댓글 보안 작업 방법을 소개한 것이다.

:: 구글 도구 활용법 예시

>>> 소개할 구글 도구 안내

I started teaching English using YouTube live streaming service in April. If you want to try it, I can tell you about good functions in live chat and comments.

저는 지난 4월부터 유튜브 실시간 스트리밍 영어 수업을 하게 되었습니다. 만약 여러분도 관심 있으시다면 실시간 채팅과 댓글에 관련된 좋은 기능을 소개해 드리겠습니다.

>>> 구글 도구를 사용하게 된 배경 및 문제점

When I tried my first class on YouTube, I worried a lot about using live chat during the class. I had to quit my class if they used inappropriate or bad words on it. I searched YouTube help center and I found good solutions for my concern.

유튜브로 첫 수업을 준비하면서 수업 중 실시간 채팅 사용과 관련된 걱정이 많았습니다. 만약 수업 중 학생들이 부적절한 용어나 비속어 등을 사용한다면 수업을 더 이상 진행할 수 없을 테니까요. 이런 우려를 해결할 수 있는 좋은 방법을 유튜브 고객센터에서 찾았습니다.

>>> 문제 해결을 위해 사용한 기능 및 사용 방법

There are two ways that you can control live chat and comments.
First, in your YouTube Studio – settings – Community, you can add your co-teachers as a moderator so they can monitor students' live chat and moderate it.
You can also set "blocked words" in advance so inappropriate live chat will be blocked.
Second, in CREATE – Go live – Manage, you can set slow mode for Live Chat. It helps my students think about what they want to write carefully and means no one can fill the chat window by themselves.

실시간 채팅과 댓글 보안 작업은 두 가지로 나눌 수 있습니다.
첫째, 유튜브 스튜디오 〉 설정 〉 커뮤니티 탭에서 동료 교사를 운영자로 추가하여 실시간 채팅과 댓글을 검토하고 필요 시 삭제하게 할 수 있습니다.
또한 '차단된 단어'를 미리 입력해 두어 해당 단어가 포함된 실시간 채팅이나 댓글이 자동으로 차단되도록 할 수 있습니다.
둘째, 만들기 〉 실시간 스트리밍 시작 〉 관리 탭에서 실시간 채팅 저속 모드를 사용하도록 설정할 수 있습니다. 이러한 기능은 학생들이 실시간 채팅 참여 시 좀 더 신중하게 내용을 작성하도록 하며, 한 학생이 특정 내용으로 도배글을 작성하는 것을 방지합니다.

If you have any questions, please contact me. Thank you for watching my video.	궁금한 점은 메일로 문의 주세요. 시청해 주셔서 감사합니다.

영상 촬영 및 편집하기

트레이너 지원 영상을 제작하는 방법은 무수히 많다. 어떤 콘셉트로 어떤 내용을 구성하느냐에 따라서 편집의 난이도별로 선택할 수 있는 영상 촬영 및 편집용 유·무료 프로그램이 무궁무진하게 많기 때문이다. 여기서는 앞서 제시했던 시나리오를 바탕으로 실제 영상을 제작한 과정과 그 결과를 소개하고자 한다.

- 자기소개: 셀카봉이나 거치대를 활용하여 휴대폰을 설치한 후 셀카 모드로 영상을 촬영하였다. 요즘 셀카봉은 블루투스 리모컨으로 영상 촬영 및 정지가 가능하고 갤럭시 노트9 이상에서는 S펜으로도 리모컨을 대신할 수 있다.
- 구글 도구 활용법: 윈도우 10 화면 녹화(윈도우 키+G) 기능으로 컴퓨터 화면을 영상으로 캡처하였다. 화면만 녹화할 수도 있고 목소리를 포함하여 녹화할 수도 있다.
- 영상 편집: Movavi 비디오 편집 프로그램을 활용하여 자기소개 및 구글 도구 활용법 영상 합치기, 화면 전환 및 말풍선 등의 효과를 추가하였다.(www.movavi.com에서 무료로 다운로드 가능)
- 완성된 영상: https://bit.ly/트레이너영상

이밖에도 트레이너 영상을 손쉽게 만들 수 있는 방법은 다음과 같다.

- 파워포인트로 발표 자료 제작 + 슬라이드 쇼 녹화
- 구글 프레젠테이션으로 발표 자료 제작 + Loom 화면 녹화
- 구글 미트(Google Meet)나 줌(Zoom)에서 발표 자료 화면 공유 후 회의 녹화

D. 지원서 작성하기

구글 공인 트레이너

1. 트레이너 지원 포털 살펴보기

트레이너 영상 제작을 완료하였다면 이제 트레이너 인증을 위한 지원서를 작성해야 한다. 지원서를 작성하는 사이트도 교사센터(https://bit.ly/교사센터)에서 확인할 수 있다.

교사센터에서 트레이너 지원서 작성하기

트레이너 지원서는 트레이너 지원 포털에서 구글 계정으로 로그인한 후 작성할 수 있다. 이때 구글 계정은 공인 교육 전문가 등급 1~2를 취득했던 계정을 입력하는 게 좋다.

트레이너 지원 포털은 교사센터 〉'프로그램' 〉'공인 트레이너 프로그램' 〉 하단의 '④ 동영상 제작 및 트레이너 지원서 제출' 〉 텍스트 가운데에 링크가 걸려 있는 '제출'을 클릭하면 접속된다. 아래 URL을 직접 입력하여 접속해도 된다.

https://bit.ly/지원서제출

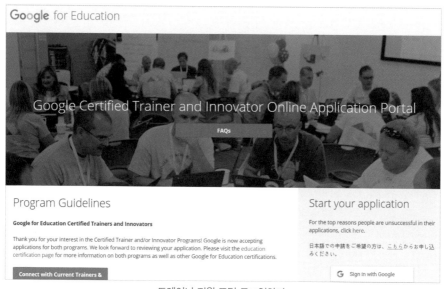

트레이너 지원 포털 로그인하기

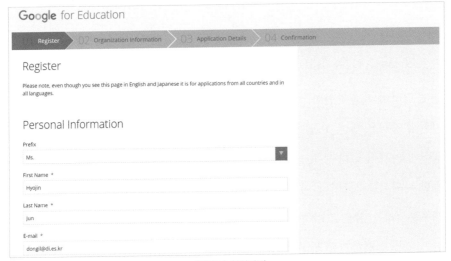

Google for Education

Let's get started

If you are here for the first time, or have not logged into your account since 2016, then you are in the right place!

If you have **logged in since 2016**, please double **check your current Google Account** and be sure to login with the account you used previously to access the system. If you need help determining which Google Account you used, please contact gfe-trainer-program@google.com.

If you have **an existing account**, but **have not logged in since 2016**, please proceed to the **Existing Applicants** section below.

New Applicants

If this is your **first time applying** for a Google Certified Trainer certification, please **click Start a New Application**.

Start a New Application

트레이너 지원서 작성 시작하기

Google for Education

01 Register　02 Organization Information　03 Application Details　04 Confirmation

Register

Please note, even though you see this page in English and Japanese it is for applications from all countries and in all languages.

Personal Information

Prefix
Ms.

First Name *
Hyojin

Last Name *
Jun

E-mail *
dongil@di.es.kr

개인정보 입력하기

Contact Information

Country *

SOUTH KOREA ▼

Address *

Address 2

Suseong-gu

City

Daegu

State/Province

Postal Code

* Required Fields

Submit   Reset

연락처 입력하기

구글 계정으로 로그인 〉 개인정보와 연락처 등 정보 입력 〉 하단의 'Submit'을 클릭하여 제출하면 이제 지원서 작성을 시작할 수 있다. 구글 공인 트레이너 지원서 양식은 영어, 비영어, 한국어를 포함한 총 8가지 중에서 선택할 수 있다. 영어에 자신이 없다면 'Korean' 선택 후 한글로 작성하면 된다. 단, 비영어로 제출한 지원서는 심사위원이 구글 번역을 이용해 영어로 내용을 확인하는 경우가 대부분이라는 점을 고려하여 작성하기 바라며, 각자의 언어 능통성에 따라 적절한 언어를 선택하기를 권한다.

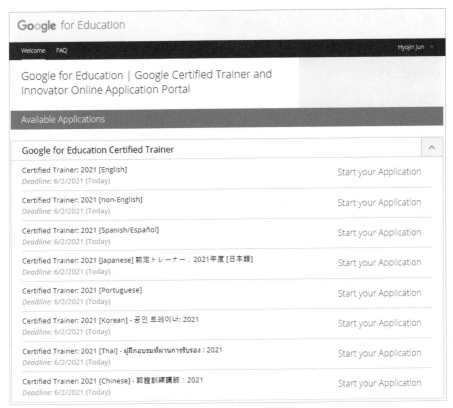

지원서 양식 선택하기

2. 지원서 작성 예시 살펴보기

다음은 영어로 작성한 트레이너 지원서의 예시다. 한국어 지원서의 경우 번역 과정에서 문항 내용은 조금씩 다를 수 있으나 영어 지원서와 같은 정보를 요구하고 있으므로 참고 가능하다. 관련 정보를 꼼꼼하게 확인한 후 자신의 지원서 작성에 활용해 보자.

ORGANIZATION INFORMATION

Name of School or Organization	Dongil Elementary School	학교/조직명
G Suite Domain Name	di.es.kr	기관 G Suite 도메인
Job Title	Elementary School Teacher	직업명
School / Organization Web Site	http://www.di.es.kr	학교/조직 홈페이지
Country	SOUTH KOREA	국적
Address 1	311 Deulanro	주소 1
Address 2	Suseong-gu	주소 2
City	Daegu	도시
State/Province	-	주/도
Postal Code	42123	우편번호

기관 정보 입력하기

ADDITIONAL INFORMATION

Education **최종 학력**	Master of Arts in Education (Daegu National University of Education)
Classroom teaching experience **교직 경력**	15 years
Coaching or training experience **코치/트레이너 경력**	3 years
Google-specific trainings **구글 관련 연수**	1. Google Classroom for Interactive learning and Classroom management (2020. 3. 31.) 2. Starting Online Class with Google Classroom and Meet (2020. 4. 7.) 3. Consulting for G-suite in Daegok Elementary School (2020. 5. 22.) 4. Interactive Online Training Course using Future Technology (2020. 5. 27.~6. 24.) 5. The Smartest School Life with EduTech (2020. 5. 28.)
Certified Trainer Name: **추천 공인 트레이너 이름**	JeongJoon, Kim
Certified Trainer E-mail Address: **추천 공인 트레이너 메일**	jeongjoon.kim@g4e.kr
Did you work with a Google for Education Partner organization in preparation for this application? If so, please indicate name of organization below.	GEG South Korea **협업한 구글 파트너 조직**
Did you attend a Google for Education Certified Trainers Workshop?	No **트레이너 워크숍 참석 여부**

추가 정보 입력하기 1: 각종 경력 등

구글 공인 트레이너 지원서에는 직접 진행했던 '구글 관련 연수trainings'를 최소 5가지 기재해야 한다. 구글은 트레이너의 역할을 이제 한번 수행해 보라는 의미로 공인 트레이너 자격을 부여하는 게 아니라 지원하기 전에 이미 트레이너 경험을 가지고 있으면서 자신의 교육 경험을 돌아보고 스스로 발전시켜 나갈 사람에게 자격을 준다. '구글 관련 연수'라고 해서 부트캠프나 스파크 세션처럼 거창할 필요는 없다. 옆 반 선생님에게 유튜브 광고 차단을 위한 크롬 확장 프로그램에 대해 알려 준 일이라든가, 구글 문서를 사용하여 수업 준비와 업무를 효율적으로 할 수 있는 방법을 동학년, 동교과 선생님들에게 가르쳐 주었다는 등의 작은 도움도 구글 트레이너 지원서에서 말하는 '구글 관련 연수'에 해당한다.

Recertification as a Google Certified Trainer requires at least 12 trainings each year. Please state your training and coaching goals to meet or exceed this expectation (100 word limit). 트레이닝/코칭 목표	Consulting teachers who have problems with conducting online classes due to COVID19, Conducting training on how to set up Google Classroom and use G-suite tools in my school, Assisting the first-year teachers to creat their own website to manage their own career, Teaching how to use YouTube in making their own teacher portfolio
Google Certified Educator Level 1 Certificate 구글 공인 교육 전문가 Lv. 1 인증서	View uploaded file
Google Certified Educator Level 2 Certificate 구글 공인 교육 전문가 Lv. 2 인증서	View uploaded file
Trainer Skills Assessment Certificate 트레이너 역량 평가 인증서	View uploaded file
Other Certifications	.

추가 정보 입력하기 2: 각종 인증서 등

구글 공인 트레이너가 되면 매년 최소 12회 이상의 연수training 실적이 필요하다. 지원서에서는 앞으로 트레이너로서 진행하고자 하는 연수에 대한 목표 진술을 요구한다. 최대 100단어 이하로 작성해야 하며 목표의 예시는 다음과 같다.

· 코로나19로 인해 원격 수업을 실시하는 데 어려움을 느끼는 교사들을 대상으로 컨설팅 실시
· 학교에서 구글 클래스룸을 도입하고 Google Workspace for Education 도구들을 활용하는 방법 연수
· 스스로의 경력을 관리하기 위한 신규 교사들의 구글 사이트 제작 연수
· 교사 포트폴리오 제작을 위한 유튜브 활용 연수

또한 트레이너가 되기 위한 필수적 기본 조건인 구글 공인 교육 전문가 등급 1~2의 인증서 및 트레이너 역량 평가 인증서를 이미지 파일로 첨부해야 한다. 첨부하는 인증서는 각 시험을 통과했을 때 구글에서 메일로 보낸 파일이어야 하며 성명이 제대로 기재되어 있어야 한다.

제출 필요 인증서 3종
: 구글 공인 교육 전문가 등급 1, 2 인증서 및 트레이너 역량 평가 인증서

Please describe the single training for your case study. How did you demonstrate how to use the tool? How did you show attendees effective and efficient ways of integrating this tool into the classroom? **효과적인 연수 방법**	[Interactive Online Training Course using Future Technology (2020. 5. 27.~6. 24.)] 1. I set up Google Classroom for them and let the trainees join my class before starting the course. 2. I used Google Meet to discuss with them and showed how to make tasks and do assessments during the first session. 3. I also made tasks and let them have done it during each sessions. I combined the useful tools for teaching (e.g. Google Art & Culture, YouTube, etc.) and the tasks so that they had to learn how to use them in order to finish their tasks. 4. I sometimes used Chrome extensions in my sessions to let them know there're a lot of extensions useful for the class. (e.g. bit.ly, Read & Write, YouTube Adblock, etc.)
[Case Study continued] What actions did you take to engage the adult learners in this training? How did you differentiate the training for the different ability levels in the room? **동기부여 및 개별화 교육 방법**	First, I asked the higher-level learners to demonstrate their work to others in the session. I don't want to teach everything to them. If they learn new functions or tools, it might be the best way for them to USE it and SHARE the results to others as reinforcement. When I taught them the YouTube function of adding cards and an end screen, for example, I asked the learner who finished her working first to share her screen and show how to add cards and an end screen. I hope it reinforces not only the learner herself but also the other learners, because they might see that it's not that difficult and that everyone can easily do it. Second, I made groups of 3 so that they cooperated with each other while doing their work. Sometimes they shared learning ideas and evaluation methods, and sometimes if one of the learners didn't understand the process of using a tool, they taught how to use it by themselves, allowing lower-level learners to also finish their tasks. It took more time than if I taught them directly, but lower-level learners felt more comfortable when their co-learners helped them.

추가 정보 입력하기 3: 연수 방법 등

구글 공인 트레이너는 구글 도구의 사용법을 효과적으로 제시하고 연수를 효율적으로 진행하기 위한 방법을 모색해야 한다. 또한 도구 사용 능력이 천차만별인 교육자들의 참여를 유도하는 개별화된 교육 방안 또한 마련해야 한다. 트레이너 지원서에는 이러한 가능성을 엿보기 위해 앞서 제시했던 5가지 '구글 관련 연수' 가운데 하나를 골라, 그 과정과 방법을 구체적으로 분석해 적도록 하고 있다. 각 문항은 200단어 이하로 작성해야 하며 예시 내용은 다음과 같다.

- 연수명: 미래 플랫폼 활용 쌍방향 화상 멘토링 직무연수
- 효과적인 연수 방법: 구글 클래스룸을 활용한 연수 진행, 구글 미트를 활용하여 첫 시간 과제 제시 및 평가 방법 안내, 매 차시 구글 아트 앤 컬처나 유튜브 등을 활용한 과제 제시 및 과제 해결 과정을 통한 구글 도구 활용법 실습
- 동기 부여 및 개별화 교육 방법: 도구 활용 능력이 높은 선생님의 과제 해결 과정 시연 및 모둠 활동을 통한 상호 교수법 적극 활용

트레이너 지원서에 기재하는 내용들은 트레이너 자신의 연수 과정과 결과에 대한 자기 평가서에 가깝다. 특히 앞서 자세히 적은 1개의 연수에 대해서는 연수에서 사용했던 자료나 참여한 교육자들의 피드백 등을 정리하고 이를 토대로 앞으로의 연수 개선 방안을 마련하게 하고 있으므로, 트레이너 지원서를 작성하는 과정에 참여하는 것만으로도 트레이너로서의 성장 기반이 튼튼해진다.

[Case Study continued] Provide links to at least ne training material that you created and used for this training. **연수 자료 탑재**	https://docs.google.com/presentation/d/1jNQS8wWWsVvVx9m6gaQAI_ET1nfGdj5mmQG_ja54Ep9w/edit?usp=sharing https://docs.google.com/presentation/d/1xPe2-FnIT0-y--FEt0ZawBtyUwmtBKHv6FI17O3LVRs/edit?usp=sharing
[Case Study continued] Link to feedback you received after this training. **연수 피드백 탑재**	[Survey] https://forms.gle/Gjh8Bn3tru95bXtR8 [Responses] https://docs.google.com/spreadsheets/d/1r0JjcE-IXN8m2SOV14LiPaT1VyFNMOonY5zTNrtn4Zs/edit?usp=sharing
[Case Study continued] After reviewing the feedback from the attendees of this training, how would you improve the training? What would you have done differently? **향후 연수 개선 방안**	First, I should make my training course shorter. It went on for 6 weeks and my trainees felt burdened because they should attend the training course every Wednesday during the work week. I could make some of my lessons into flipped learning so they don't need to attend my lesson every week. That way, they can learn more when they are no busy. Second, I will suggest good lessons on YouTube to them. They're interested in making good PPTs or videos because they still teach their students online. However, they have problems using specific fonts, pictures and videos due to copyright issues. There are a lot of good lessons on YouTube on how to make good PPTs or use pictures without worrying about copyright, so I should make a playlist of these and share it with my trainees.
Trainer Video **트레이너 영상 링크**	https://youtu.be/x70Ko-hvWaQ

추가 정보 입력하기 4: 연수 피드백 등

모든 연수 자료와 피드백 내용은 링크 형태로 첨부해야 한다. 구글 공인 트레이너인 만큼 구글 문서나 스프레드시트, 설문지 등을 활용하는 것이 좋은데, 링크를 복사할 때는 꼭 '공유' 〉 하단의 '링크 보기' 항목을 '링크가 있는 모든 사용자에게 공개'로 설정해야 한다. 만약 기본설정인 '제한됨. 추가된 사용자만 이 링크로 항목을 열 수 있음.'이 유지되어 있다면 심사위원이 링크로 접근했을 때 문서가 열리지 않아 심사를 할 수 없으므로 탈락될 수 있다.

연수 개선 방안, 연수 자료 및 피드백의 예시는 다음과 같다.

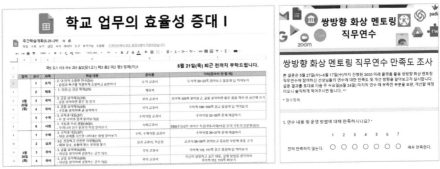

연수 자료 및 피드백

· 향후 연수 개선 방안의 예: 거꾸로 교실 등을 활용한 실제 연수 시간 줄이기, 유튜브 재생목록을 활용한 자기 주도 연수 실시

구글 공인 트레이너에 재응시하는 경우에는 해당 문항에 체크하고 지난 번에 비해 향상된 점을 작성해야 한다. 관련 내용을 모두 작성한 후 이용 약관을 확인하고 서명하면 지원서를 제출할 수 있다. 지원서의 내용이 방대하여 한 번에 적을 수 없다면 'Save for later' 기능을 활용하여 일부 내용을 임시 저장해 둔 뒤 이후에 추가·수정하면 편리하다.

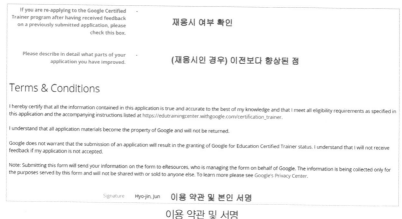

If you are re-applying to the Google Certified Trainer program after having received feedback on a previously submitted application, please check this box.

재응시 여부 확인

Please describe in detail what parts of your application you have improved.

(재응시인 경우) 이전보다 향상된 점

Terms & Conditions

I hereby certify that all the information contained in this application is true and accurate to the best of my knowledge and that I meet all eligibility requirements as specified in this application and the accompanying instructions listed at https://edutrainingcenter.withgoogle.com/certification_trainer.

I understand that all application materials become the property of Google and will not be returned.

Google does not warrant that the submission of an application will result in the granting of Google for Education Certified Trainer status. I understand that I will not receive feedback if my application is not accepted.

Note: Submitting this form will send your information on the form to eResources, who is managing the form on behalf of Google. The information is being collected only for the purposes served by this form and will not be shared with or sold to anyone else. To learn more please see Google's Privacy Center.

Signature   Hyo-jin, Jun   이용 약관 및 본인 서명

이용 약관 및 서명

트레이너 지원서를 제출한 후에는 트레이너 지원 포털에서 자신의 지원서를 언제든지 확인할 수 있으며, 심사가 끝난 후에는 트레이너 인증서도 이곳에서 다운로드할 수 있다.

Certified Trainer: 2020 [English]		ACCEPTED	
01 School / Organization Details		Submitted	✓
02 Application Questions		Completed	✓
03 Confirm Application		Confirmed	✓
04 Acceptance		Passed Due	
05 Confirmation Details			
06 Generate Certificate		View Certificate	✓

트레이너 지원서 제출 완료

3. 결과 발표

구글 공인 트레이너 지원 결과 발표는 지원서 제출 마감일로부터 2주 정도 후에 이루어진다. 필자(전효진)의 경우 2020년 6월 22일 지원서 마감 후, 합격 메일은 7월 7일에 받았다.

Congratulations! You've been selected to be a Google for Education Certified Trainer!

보은편지함 × 구글 인증 교육자과정 ×

Edu Application Portal <certifiedtrainers@eresources.com>
나에게 ▾

2020. 7. 7. 오전 6:25

On behalf of Google, it is my pleasure to welcome you to the Google For Education Certified Trainer Program! After reviewing your application, we believe that you have the experience and passion necessary to positively impact education by helping teachers transform teaching and learning with technology.

구글 공인 트레이너 합격 메일

이때 합격 메일보다 먼저 발견한 것은 영어로 발송된 수많은 메일들이었다. 처음에는 구글 계정이 해킹당했거나 개인정보 유출로 인한 스팸 메일일 것이라 생각했다. 그런데 알고 보니 구글 공인 트레이너에 합격하면서 자동으로 추가된 트레이너 그룹에서 온 새 글 알림 메일이었다. 한 달에 한 번, 같은 날에 트레이너 합격자 발표가 공지되다 보니 신규 트레이너들에게 공지하는 안내글부터 세계 각국 트레이너들의 축하 및 소감 글까지 메일함이 매일 들썩들썩했다. 트레이너 인증을 받으면 그날부터 구글 공인 트레이너로서 전 세계 트레이너들과 연결되고, 언제 어디서든 이렇게 전 지구적으로 소통할 수 있게 되는 것이다.

☆	Dodie Ainslie	**Re: Training Center: Changing Login** - I believe there is no way to do that--you can add a secondary email I believe, but cha...		20. 7. 8.
☆	mmhadley, Eric 2	**Hello from Utah** - Hello, I am a fifth grade teacher in Utah. In addition to my teaching duties, I also assist teachers with goo...		20. 7. 8.
☆	Igersten .. Sarah 8	**out of the classroom uses for slides** - Can we brainstorm and think of a way we can use slides OUT OF THE CLASSROOM. ...		20. 7. 8.
☆	mgalvan	**Google Trainer & Confirm Details** - Hey everyone! My name is Michele and I am from the Rio Grande Valley in deep South T...		20. 7. 8.
☆	Sarah, jwmcgowan 3	**Re: Form Publisher Issue** - I had this issue with Form Notifications last week as well - I uninstalled & reinstalled several tim...		20. 7. 8.
☆	Muhammad, 'May 2	**Re: Having issue while signing up demo account** - Any update Samson? Please I need this up and running. Regards Umar ...		20. 7. 8.
☆	mlombardo	**Re: Google Training Domain** - I too am having this issue. I followed the videos that were made by a fellow trainer and all se...		20. 7. 8.
☆	Sara .. Lowe, Pilar 10	**Re: Setting up a Trainer Domain - Step by Step Training** - Did this ever happen? I'm new (yesterday!) and need to get my pa...		20. 7. 8.
☆	ajparker25., Christy 2	**Hello from Texas** - Hello! I am excited to join the Google Trainer tribe!! I am from Texas and am currently an Instructional T...		20. 7. 8.
☆	Tim, Nicole 2	**Re: Looking for recommendations for Professional Development Management Systems** - Eric, thanks for posting this que...		20. 7. 8.
☆	cris.ro.. Aubreya. 3	**New Trainer Introduction** - Hello everybody, I'm Chris from Italy, I've been teaching maths for 14 years at middle school, hig...		20. 7. 8.
☆	karenchichester	**Re: Is it legal?** - Yes it is. Your rates depend on your location. On Friday, June 26, 2020 at 6:59:02 PM UTC-4, Shahinaz wrot...		20. 7. 8.
☆	Jay Strumwasser	**Autocrat email issue** - I am trying to create a digital receipt based on cells in a spreadsheet that can send an automatic em...		20. 7. 8.
☆	karenchichester	**Re: May: (Product Resource) Learn about Pear Deck - 7/16 @10am CDT** - Love Pear Deck. Glad this is available. On Friday,...		20. 7. 8.
☆	Igersten	**Please clarify- Training status in the remote new world** - What constitutes a training?. If I give a live remote session to 15 ...		20. 7. 8.

구글 공인 트레이너 그룹 알림 메일

4. 시행착오 & 실패담

많은 분들이 여기에 책을 쓰는 사람들은 모두 한 번에 트레이너 합격을 했을 것이라 생각하고 있을 것이다. 하지만 필자(신민철)는 무려 트레이너 지원에서 두 번이나 떨어진 아픈 경험이 있다. 그래서 독자 여러분의 걱정도 덜고, 여러분은 필자가 했던 실수들을 하지 않도록 돕고자 하는 마음에서 실패담과 함께 다섯 가지 팁을 공유한다.

첫째, 영어에 자신이 없다면 자신있게 'Korean'을 선택하자.

필자는 처음에 당당하게 'English' 지원서를 선택해서 지원했다. 별다른 문법 검토나 맞춤법 검토 없이 바로 제출했는데 결과를 받아보니 불합격이었다.

코로나19 팬데믹 이후로 구글 도구의 교육적 사용에 대한 관심이 높아지면서 최근 비영어권 국가에 대한 지원서가 각 나라별 언어로 서비스되기 시작하였다. 그렇다면 영어로 지원을 하는 사람은 영어권 국가에서 트레이너로 활동할 사람이라고 여겨지므로 아주 유창한 수준의 영어 실력을 요구할 수 있다고 생각한다. 그리고 제출된 영어 지원서는 영어권 심사위원이 심사할 가능성이 높으므로 언어의 유창성 기준이 상당히 높을 수 있다. 그러니 영어에 대한 자신감이 충분하지 않다면 한국어 지원서를 선택하기를 추천한다.

둘째, 내가 '구글 도구를 잘 쓴다'는 것을 자랑하기보다는 '이 도구를 더 잘 알려 줄 수 있다'는 점에 초점을 맞추자.

가끔 트레이너에 지원했다가 떨어졌는데 어떤 이유인지 잘 모르겠다는 문의를 받는 경우가 있다. 그분들의 지원서를 살펴보면 대부분 '내가 구글 도구를 정말 잘 쓴다!'는 점을 어필하는 경우가 꽤 많았다. 트레이너가 되기 위해선 물론 도구를 잘 사용하는 것도 중요하지만, 더 중요한 것은 누군가를 효과적으로 가르칠 수 있는 역량이다. 그러니 구글 도구 사용의 탁월성보다는 상대방에게 어떤 도움을 어떤 방식으로 제공하고 피드백함으로써 상대를 성장시킬 수 있는지를 강조하는 게 중요하다. 지원서 각 항목을 살펴보면 이런 내용을 중점적으로 묻고 있다는 사실을 파악할 수 있을 것이다. 제시된 각 질문의 요구에 충실한 답을 적는 게 중요하다.

셋째, 영상 편집 단계에서 영어 자막을 넣자.

트레이너 영상 제작 시 영어 자막을 함께 제시할 것을 적극 추천한다. 필자가 트레이너 선발 심사에 들어간 적이 있는데, 비영어권 트레이너 지원서들을 국가 상관 없이 무작위로 심사하게 되었다.

이 중 영상 속 음성이 영어로 되어 있다든가, 음성은 영어가 아니더라도 자막을 영어로 제시한 경우에는 그 지원자에 대한 이해도가 확연히 높아졌다. 반면, 중국어나 베트남어와 같은 자신의 모국어 음성으로만 설명을 하는 지원 영상은 이미지 자료에 대한 의존도가 높아졌고, 이로 인해 지원자가 훌륭한 트레이너의 역량을 갖추었는지 여부를 제대로 판단하기 어려워 많이 답답했다. 영어로 촬영한 영상에도 영어 자막을 넣는 것이 좋은데, 트레이너로서 영상 편집 능력을 보여 줄 수 있을 뿐만 아니라 소리를 들을 수 없는 상황인 사람들까지 배려할 수 있다는 장점이 있다.

넷째, 영상 공개 설정을 꼭! 확인하자.

이건 필자가 직접 겪은 일이다. 필자가 트레이너 지원서에서 한 번 고배를 마신 후, 다시 심기일전하여 지원을 했는데 또 떨어졌다는 메일을 받았다. 그래서 '도대체 내가 무엇을 잘못했을까?'라는 생각으로 지원서 피드백 메일을 확인하니, 영상 공개 설정이 비공개여서 심사위원이 영상을 보지 못했다는 것이었다. 그런 실수를 하면 안 된다고 수많은 사람들에게 조언을 해 왔는데 정작 본인은 이 부분에서 실수를 하여 낙방하게 되다니 허탈했다. 그러니 겸손한 마음으로 영상의 공개 설정을 다시 한번, 분명히 확인하고 탑재하도록 하자.

다섯째, 등급 1과 2 인증서를 잘 확인하자.

등급 1과 2 인증서 업로드 관련 실수를 주변에서 두 번 보았다. 한번은 등급 1 인증서 자리에 등급 2 인증서를 업로드해 버린 실수였다. 결과적으로 등급 2 인증서만 두 번을 업로드한 것이었다. 다른 한번은 등급 1 인증서의 유효기간이 지나 버린 경우였다. 인증서 유효 기간을 정확히 확인하고 트레이너 지원을 준비하자.

이상으로 트레이너 지원 과정에서의 시행착오와 실패담을 살펴보았다. 원숭이도 나무에서 떨어질 때가 있듯이 필자들도 다양한 실패의 경험을 가지고 있다. 이를 꼭 참고하여 여러분들은 트레이너 과정을 한 번에 합격할 수 있기를 기원한다.

E. 공인 이후에 알아 둘 것들

구글 공인 트레이너

1. 구글 공인 트레이너 커뮤니티

구글 공인 트레이너는 과연 전 세계에 얼마나 많이 있을까? 구글의 집계에 따르면 2021년 2월 기준 94개국에 6천여 명의 구글 공인 트레이너가 있는데 66%가 북미 지역에, 13%가 아시아 태평양 지역에, 12%가 중동 지역에, 9%가 남미 지역에 있다고 한다. 구글이 미국 기업임을 고려한다면 다수가 북미 지역에 포진한 것은 쉽사리 이해가 되지만, 그 다음으로 많은 지역이 아시아 태평양인 것은 놀라운 사실이다.

인구 수는 대단히 많은데 국가 안에서 IT 서비스를 주도적으로 제공하는 기업이 확고하지 않은 국가들이 적지 않은 탓이라 생각한다. 우리나라의 경우 네이버라는 거대한 온라인 기업이 압도적으로 시장을 주도하고 있기에 구글의 필요가 절박한 수준은 아니었다고 말할 수 있지만 국가 내에 주도적인 IT 기업이 없는 많은 국가들의 경우에는 구글이 아니고서는 학교에서 발생하는 자료를 수집, 공유하고 이를 보관, 관리할 다른 대안이 거의 없는 듯하다. 특히 구글의 도구들은 무료로 제공되어 비용 부담도 야기하지 않으니 이 국가들에서는 구글이 더더욱 각광을 받고 있는 게 아닐까? 코로나19로 인해 제대로 촉발된 이 트렌드는 사그러들지 않고 계속될 것 같다.

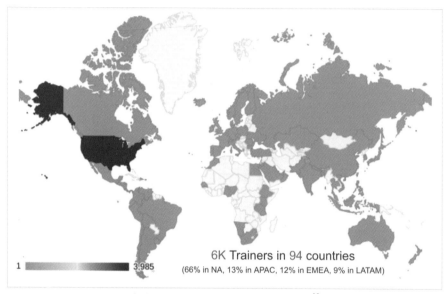

6K Trainers in 94 countries
(66% in NA, 13% in APAC, 12% in EMEA, 9% in LATAM)

전 세계에 퍼져 있는 구글 공인 트레이너 현황[18]

이렇게 많은 구글 공인 트레이너를 내 주변에서 어떻게 찾아서 도움을 주고받을 수 있을까? 이를 위한 창구가 있다. 바로 에듀 디렉토리https://edudirectory.withgoogle.com다. 이곳에서는 마치 전화번호부를 찾듯이 내 주변에 있는 구글 파트너, 구글 참조 학교, 구글 트레이너와 이노베이터를 찾을 수 있다. 이외에

---

18 'Impact On Schools: Responsibilities of a Trainer(Google for Education)', "Google for Education Certified Trainer Program", 2021.01., https://bit.ly/3vQA25T

도 온라인에서 즉각적으로 도움을 받을 필요가 있다면 페이스북 GEG South Korea https://www.facebook.com/groups/gegsouthkorea 에 접속하여 글을 올려 보자. 이 창구를 통하면 국내의 많은 GEG로 연결될 수 있고, 다양한 경험자들의 조언을 구할수도 있다.

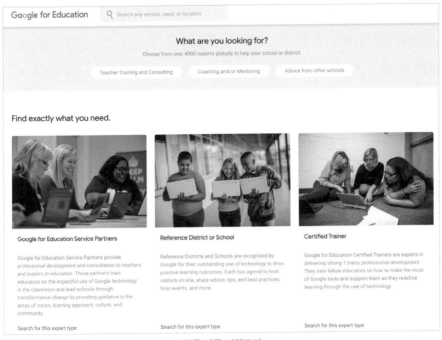

구글 에듀 디렉토리

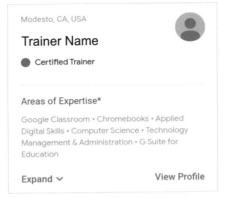

구글 에듀 디렉토리에서 찾을 수 있는 트레이너의 예시

에듀 디렉토리를 통해 강의 요청이나 컨설팅이 들어오는 경우가 국내에는 아직 거의 없지만, 미국에서는 에듀 디렉토리를 통해 다양한 활동이 펼쳐진다고 한다. 또한 구글 내부적으로는 이 디렉토리에 트레이너의 이름이 많아지고 실제 활동 기록 로그가 풍성하게 남겨질수록 구글의 정책 결정자들이 이러한 데이터를 기반으로 하여 구글 교육팀에 더 많은 지원을 결정할 수 있다고 한다. 따라서 에듀 디렉토리 활동에 적극적으로 참여하는 것은 구글의 교육 도구 지원에 도움이 될 뿐만 아니라, 우리나라 교육자들에게 더욱 많은 혜택이 돌아오게 하는 방법이라는 것을 기억하도록 하자.

2. 트레이너의 혜택

앞서 이야기한 것처럼 구글 공인 트레이너가 되면 다양한 교육 경험을 갖게 된다. 이외에 구체적인 혜택에는 어떤 것이 있을까? 구글 공인 교육 전문가 등급 1, 2에서 도전을 멈추지 않고, 시간과 노력을 들여 트레이너까지 도전했을 때 얻게 되는 이득은 무엇일까?

필자(박정철)는 구글 공인 트레이너 제도가 생긴 지 얼마 되지 않았던 때 인증을 취득했는데 그 당시에는 구글 트레이너에게 '캠타지아camtasia'라는 애플리케이션을 무료로 쓸 수 있는 혜택을 주었다. 이 앱은 가격이 20만 원대였기에 이것 하나만으로도 트레이너가 되길 잘했다 싶었다. 그 이후에 공인 트레이너와 관련된 정책들이 바뀌면서 몇 가지 변화가 생겼다.

그중에서 가장 놀라운 혜택은 트레이너에게 Google Workspace for Education 도메인을 제공해 주는 것이다. 무려 100개의 계정을 생성할 수 있고 각자가 거의 무한 용량의 드라이브를 누릴 수 있는 엄청난 혜택이다. 예를 들어 전문 학습 공동체 A의 초청으로 구글 도구 활용 교육을 하러 간다고 생각해 보자. 20여 명의 교사들이 참여하는 교육인데 참가자들은 단순 강의보다 직접 실습해 보기를 원하는 상황이다. 구글 도구의 공동 협업 환경을 체험하게 하려면 아무래도 참가자들의 개인 이메일을 수집하고 이들을 초대하여 공유 및 협업을 위한 권한을 부여하는 과정을 시연해야 한다. 짧은 시간 안에 이 모든 과정을 수행하여 연수를 진행하고, 교육이 끝난 후 수집한 개인정보를 삭제하는 일련의 과정은 결코 쉬운 일이 아니다. 어쩌면 연수 준비 과정 중 가장 시간이 오래 걸리는 일이 될 수도 있다. 게다가 참가자의 수가 많아지기라도 하면 도무지 혼자 힘으로는 할 수 없는 상황이 벌어질 수도 있다. 이때 트레이너가 보유한 구글 도메인을 통해 'Kim 1, Kim 2, Kim 3' 등으로 계정을 일괄 생성한 뒤 교육 당일에는 임시 비밀번호를 발급해 로그인하도록 한다면, 그날 하루만큼은 참가자들이 하나의 도메인에 속한 구성원으로서 구글의 다양한 도구를 마음껏 체험하게 할 수 있다. 교육 후에는 계정을 일괄 삭제하면 되니 편리하다. 이러한 이유로 구글 트레이너에게 도메인을 제공하는 혜택은 쉽게 없어지기 어려우니, 마음 놓고 자유롭게 활용하며 즐겁게 교육하자.

Valuable Google for Education Certified Trainer perks:

Exclusive Trainer PD

Trainers receive top quality professional development on topics ranging from remote learning and assessments to meaningful ways to conduct in-person and virtual trainings for educators.

FREE Product Licenses

15+ educational technology companies have graciously and exclusively granted Trainers complimentary licenses for their products.

Google Partnerships

Trainers receive early Google product and event announcements and are also provided with opportunities to be spotlighted front & center.

FREE Accounts

Trainers receive complimentary Google for Education Trainer domains and access to Enterprise accounts, including all the enhanced collaboration tools to elevate teaching and learning.

구글 공인 트레이너에게 제공되는 혜택

구글 공인 트레이너 과정이 엄청난 기세로 활성화된 건 2020년부터다. 트레이너들에게 매달 구글에서 Monthly Update를 제공하는데 본사 담당자가 직접 자신과 식구들의 모습까지 스스럼 없이 담은 영상을 찍어 올리며 소통의 깊이를 선도한다. 이뿐만 아니라 트레이너들의 다양한 요청에도 헌신적이며 트레이너들을 돕는 것이 구글의 소임이라는 점을 분명히 전한다. 또한 트레이너들의 활동을 데이터화하기 시작하면서 트레이너들의 규모와 활동이 협상력이 되어 Adobe, Loom, Kami, Wakelet, SMART 등 유명 에듀테크 프로그램들이 짧게는 6개월, 길게는 1년의 무상 지원되기 시작됐다. 또한 프로그램 개발 회사에서 진행되는 웨비나에 무료 등록 기회를 제공받을 수 있으니 트레이너의 자기 개발도 지원되는 셈이다.

구글에서 트레이너들에게 이렇게 많은 혜택을 제공하고 지금처럼 적극적으로 소통하며 트레이너들을 직접 관리한다면, 앞으로도 구글 공인 트레이너 커뮤니티가 발전해 나갈 것이 분명하다. 그리고 구글의 적극적인 지원 아래 트레이너 각자가 활발한 활동을 이어 나간다면 트레이너의 혜택은 더욱 커질 것이라 예상한다.

사실 이 대부분은 2020년 코로나19 팬데믹의 시작과 함께 구글 본사의 공인 트레이너 담당자를 맡은 'May Jue'가 이뤄 낸 일이다. 트레이너들과의 활발한 소통을 즐기고 구글의 정책을 항상 투명하게 공유해 주는 그에게 저자들은 전 세계 트레이너의 한 사람으로서 감사하고 있다는 점을 여기에 밝혀 둔다.

현재 구글 공인 트레이너에게 혜택을 제공하는 다양한 에듀테크 브랜드

3. 트레이너의 의무

앞서 이야기한 구글 공인 트레이너의 혜택은 일정한 책임과 의무에 따른 것이라는 점을 잊어선 안 된다. 트레이너의 가장 중요한 의무는 1년에 12번 이상의 연수를 진행하고 그 결과를 구글 에듀 액티비티 앱https://eduactivityapp.withgoogle.com에 기록해야 한다는 것이다. 이 데이터는 향후 구글 도구의 개발 및 지원에 매우 중요하게 사용된다.

하지만 미리 부담 가질 필요는 없다. 여기서 언급한 연수는 1 대 1로 진행하는 코칭부터 1대 다수의 오프라인 교육, 또는 유튜브에 강의를 올리는 것까지 모든 형태를 너그럽게 포함하기 때문이다. 코로나19가 세계를 강타했던 2020년에는 아예 1년을 유예해 주기까지 하였다.

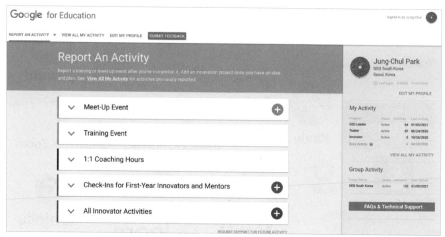

구글 에듀 액티비티 앱

트레이너는 1년에 1번 자격 갱신을 해야 한다. 갱신을 하기 위해서는 연간 12회의 트레이닝을 에듀 액티비티 앱에 보고하고, 1년 동안 변화된 구글 도구에 대해 학습해야 한다. 구글 교육팀에서는 트레이너들이 스스로 공부할 수 있도록 구글 프레젠테이션 형태로 자료를 제공하는데 이를 숙지한 뒤(이미 알고 있는 내용이 대부분일 것이다) 구글 설문지 형식의 10점 만점 시험에서 7점 이상을 획득하면 된다.

구글 교육팀이 제공하는 구글 도구 업데이트 자료

Trainer Recertification for 2020: Product Update Exam

As part of the Trainer Recertification process for 2020, you will need to pass this exam with a score of 7/10. You will receive your score upon submission, so if you did not pass, please retake immediately.

[IMPORTANT] Please use the same email address as the one you use to log into EDU Activity App.

* 필수항목

이메일 주소 *

이메일 주소

First Name *

내 답변

Last Name *

내 답변

Trainer ID# (found in EDU Activity App) *

You can find this trainer ID (5 digits if you joined before September 2019 and 18 digits if you joined after September 2019) under "Edit My Profile" in Activity App.

구글 공인 트레이너 자격 갱신 시험. 구글 설문지로 간편하게 진행된다.

구글에서는 트레이너를 구글 교육의 꽃으로 여긴다. 많은 활동을 하는 존재이기 때문이다. 구글 공인 트레이너가 가져야 할 마음가짐이 구글의 트레이너 과정 소개 문서에 도식화되어 있는데 영문을 해석하면 다음과 같다.

트레이너는,

1. 교육자다. 그렇기에 학생들을 가르치는 것이 우선이지만 때로 그 대상은 학생이 아닌 동료 교사로 바뀐다. 그들이 어려움에 처해 있을 때 소매를 걷어 붙이고 뛰어들어 함께 고민하고 해결하며, 교육이 필요한 팀에게는 언제나 최신 정보와 검증된 노하우를 전해 주는 역할을 해야 한다.

2. 지역 활동가다. 트레이너의 활동 영역은 전국 단위로 확장될 수 있지만 가장 중요한 활동지는 지역이다. 지역 교육청과 긴밀히 협조하고 지역 내의 많은 학교와 전문 학습 공동체를 방문하여 이들에게 동기를 부여하며, 다양한 교육으로 도움을 제공하는 역할을 한다.

3. 연수 개발자다. 직접적으로 학교와 교사들을 찾아다니는 일 외에도 유튜브나 블로그 등을 통하여 교육 사례를 나누고 도움이 될 만한 이야기를 전한다. 또한 연구 프로그램을 기획하고 이를 공유함으로써 다양한 형태의 연수를 제공할 수 있다.

4. 트레이너는 전문 학습 공동체 그 자체다. 트레이너는 끊임없이 학습하는 자이며, 지역을 넘어서 다른 트레이너들과 교류하며 새로운 것을 습득하고 디지털 도구를 활용한 교육 노하우를 지속적으로 배워 나가는 존재다.

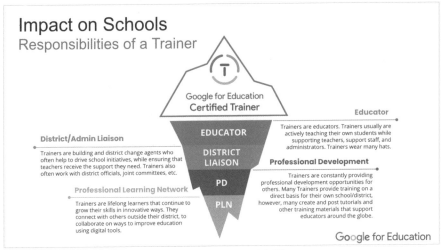

구글 공인 트레이너의 책임감[19]

교육자로서 본업을 가지고 바쁘게 살아가고 있겠지만 여러분이 구글 공인 트레이너가 되는 순간, 장담컨대 교육자로 살아가는 삶 속에서 경험할 수 있는 새로운 보람과 즐거움의 문이 활짝 열리는 것을 실감하실 것이다. 이전엔 그저 벽일 뿐 문이 있는지도 몰랐는데 어느 순간 우연히 반가운 문 하나를 열게 되면서 새로운 소통과 연결의 기쁨을 만끽할 것이다. 동료 교사들이 나의 이름을 불러주고 내가 그들에게로 가서 꽃이 되는 경험을 쌓아 나가게 될 것이다.

트레이너 인증을 받는 것은 하나의 정해진 과정을 따르면 되지만 인증을 마무리하는 순간은 영화의 '오픈 엔딩'과 같다. 인증 이후에는 정해진 여정이 없다. 과연 어떤 여정을 걸어 나가야 할까? 어떤 활동을 해 나가는 게 좋을까?

구글 교육팀에서 제공하는 건 구글 트레이너 커뮤니티 내부에서 계속적으로 성장을 도모할 기회다. 여기에는 협력이 있고 함께 학습하는 배움의 기회가 존

---

19 'Impact On Schools: Responsibilities of a Trainer(Google for Education)', "Google for Education Certified Trainer Program", 2021.01., https://bit.ly/3vQA25T

재한다. 다양한 형태로 개최되는 행사와 그 준비 과정을 보며 아이디어를 얻을 수 있고, 무엇보다도 비슷한 에너지를 지닌 트레이너들과 교류하며 큰 위안을 얻을 수도 있다.

트레이너 커뮤니티는 구글 교육자 모임인 GEG의 형태일 수도 있고, 트레이너들의 별도 모임일 수도 있다. 서로 다른 지역, 학교에서 서로 다른 생각을 가지고 활동해 나가는 트레이너들과 소통하고 교류하며 원하는 만큼 꾸준히 성장해 나가기를 응원한다.

필자(박정철)가 추천하는 또 하나의 방식은 해외에서 개최되는 행사에 적극적으로 참여해 보라는 것이다. 물론 국내에서도 교육 박람회가 여러 차례 개최되지만 참석해 보면 결국 다양한 부스들에서 무료 책자나 경품만 받고 돌아오는 경우가 적지 않아 아쉽다. 그런데 해외 행사는 국내와 느낌이 다르다. 무엇보다 구글이라는 회사의 이미지처럼 미국식의 쾌활하고 격식 없는 문화와 새로운 환경을 접함으로써 교실 현장을 바꾸기 위한 여러 아이디어를 접할 수 있다. 사실 필자가 구글의 교육자 프로그램에 처음 참여하게 된 것도 Edtechteam이라는 단체에서 주최한 국내 교육 행사를 통해서였다. GEG South Korea 행사의 특징이 된, 자신의 명함을 직접 펜과 스티커로 꾸미는 것도 이 행사를 통해 배운 것이었다. 이후 GEG APAC Summit(아시아 태평양 지역 리더들의 모임)에 참석하면서 '구글리(Googley)'한 문화에 좀 더 친숙해지기 시작했다. 해외에서 갖게 되는 이런 독특한 체험들은 확실히 고정된 사고의 폭을 넓혀 주며 새로운 도전을 그치지 않고 이어 나갈 쾌활한 에너지가 된다.

대표적인 해외 교육 행사로 세 가지를 추천하고자 한다. 미국의 ISTE와 SXSW, 영국의 BETT인데 이 세 행사는 전 세계의 많은 교육자들이 참가하는 행사이며 매년 다양하고 신선한 에듀테크 관련 교육을 제공한다. 하나 더 추가하자면, 구글 교육팀 자체에서 제공하는 행사가 있다. Learning with Google이라는 이름으로 간헐적으로 개최되는 웨비나인데, 기존에 발표한 내용들도 다시 보기가 가능하니 참고하면 좋을 듯하다.

▲ 미국에서 주최하는 ISTE[20], SXSW[21] 행사 사이트
◀ 영국에서 주최하는 BETT[22] 행사 사이트

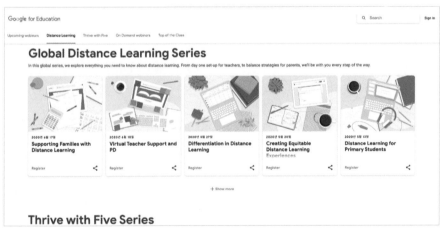

구글에서 제공하는 교육: Learning with Google[23]

---

20 https://www.iste.org
21 https://www.sxswedu.com
22 https://www.bettshow.com
23 https://educationonair.withgoogle.com

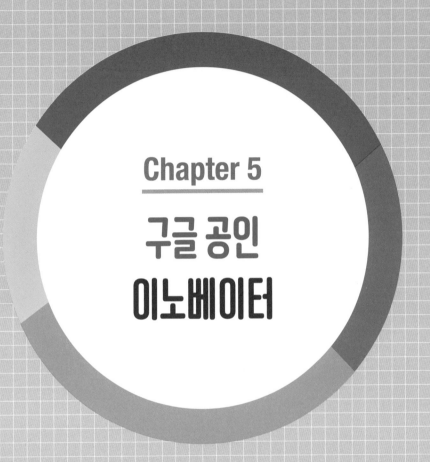

Chapter 5

구글 공인
이노베이터

A. 개요

구글 공인 이노베이터

　　이제 구글 공인 교육자 프로그램의 끝판 대장이라고 할 수 있는 구글 공인 혁신가(이하 이노베이터) 과정에 대해 알아보자. 구글 이노베이터 프로그램은 현존하는, 그리고 현존하지 않는 에듀테크 도구들을 활용하여 교육의 의미있는 변화를 만들어 낼 교육자를 양성하고 커뮤니티를 만들기 위한 프로그램이라 할 수 있다. 구글 공인 이노베이터의 역할과 혜택, 지원 자격 및 절차에 대해 알아보고 이노베이터 아카데미를 소개하려 한다.

1. 구글 공인 이노베이터^{혁신가}란?

구글 공인 이노베이터의 역할은 크게 네 가지로 설명할 수 있다.

첫째, 당신이 열정을 갖고 있는 프로젝트를 통해서 자기 자신과 학교의 변화를 이끌어내야 한다. 변화는 혁신적인 이노베이터로부터 시작된다. 변화의 씨앗이 학교에서 싹틀 수 있도록 하는 것이 이노베이터의 역할이다.

둘째, 주변에 열정을 나누고 전파하는 사람이 되어야 한다. 이노베이터는 좋은 도구를 활용할 수 있는 다양한 사람들과 함께 변화를 일으킬 수 있는 사람이 되어야 한다.

셋째, 이노베이터는 리더십을 갖추어야 한다. 구글 공인 이노베이터 과정은 교육자 과정의 마지막 단계로서 리더가 되는 과정이다. 따라서 깊이 있는 통찰을 통해 주변 사람들에게 동기부여를 해 주는 역량을 길러야 한다.

넷째, 끊임없이 배우고 성장할 수 있도록 멘토링을 받아야 한다. 이노베이터 또한 다른 교사에게 배우기도 하고 용기를 북돋는 멘토링 프로그램에 참여하여 계속 성장해 나가야 한다.

많은 사람들이 이노베이터라고 하면 구글 도구를 잘 다루며 고급 코딩 기술을 가지고 있는 사람을 떠올린다고 한다. 하지만 사실 이노베이터에게 있어서 도구는 그렇게 중요하지 않다. 구글에서 제공하는 이노베이터 과정은 단순한 기술을 넘어 다양한 에듀테크 도구를 활용한 혁신 교육을 실시하고 커뮤니티를 구성하여 서로 소통하게 한다. 그럼으로써 교육의 본질을 상기하고 문제를 발견한 뒤 이를 과감하게 해결하는 도전 정신을 갖도록 하는 과정이다.

만화 영화나 광고 등에서 훌륭한 아이디어가 갑자기 번뜩 떠올랐을 때 전구에 반짝 하고 불이 들어오는 이미지를 사용하는데, 이는 구글 이노베이터의 아이콘이기도 하다. 이처럼 구글에서 이노베이터는 구글 안팎의 도구를 활용하여 혁신적 아이디어를 만들어 내는 사람을 가리킨다. 현재 전 세계에는 구글 이노베이터 역할을 하는 교사 2,500여 명이 활약하고 있다. 이들은 각자가 처해 있는 교육 상황에서 구글 도구를 익히고 학생들에게 적용하는 방법을 연구하고 있는 사람들이다. 그리고 이들은 온라인 커뮤니티를 통해서 좋은 정보를 나누고 서로를 격려하는 동료로서 활약하고 있다.

Transform education with a project you are passionate about as a Certified Innovator

구글 공인 이노베이터(혁신가) 아이콘

2. 혜택

구글 공인 이노베이터가 되면 어떤 혜택이 있을까? 경제적 혜택이 있는 것은 아니다. 구글 이노베이터들은 모두 자발적으로 이 과정에 지원하였고 보수를 원해서 활동하고 있는 것은 아니다. 이노베이터가 되었을 때 누리는 혜택은 비물질적이며 다른 의미에서 가치 있는 것들이다.

이노베이터들은 이 타이틀을 가지게 되기까지 다양한 테스트를 거치고, 많은 이벤트를 통해 가르치고 배우며 서로를 돕는 과정에서 자신도 모르는 사이에 구글 도구의 달인이 되어 있다. 그리고 무엇보다도 끊임없이 배우는 태도를 갖고 있다. 이노베이터들은 이 두 가지를 역량의 두 축으로 삼아 구글 도구를 수업에서 단순히 사용하는 것을 넘어 창의적으로 활용할 자질을 갖추게 된다. 교실에 발생하는 크고 작은 문제 상황에 있어서 어떻게 하면 구글 도구를 활용해 효율적, 혁신적으로 개선할 수 있을지에 대해 탁월한 문제 해결력을 갖게 되는 것이다.

이노베이터가 누리는 또 한 가지 혜택으로는 전 세계 구글 이노베이터 커뮤니티에 참여하게 된다는 것이다. 이노베이터가 되는 순간부터 이노베이터 사이의 '이너 서클inner circle'이 생기는데 다양한 교육 분야 스타트업의 프로그램 베타테스터로 참여하거나 NDANon-disclosure Agreement로 묶여 있는 구글의 비밀 프로젝트에 관한 고급 정보를 누구보다 먼저 확인하는 등 최신 트렌드를 아주 빠르게 접할 수 있다.

이런 혜택을 누리며 이노베이터들은 다른 교육자들에게 영감을 줄 수 있는 역할을 수행하게 된다.

3. 지원 자격 및 절차

구글 공인 이노베이터 지원 자격은 구글 공인 교육 전문가 등급 2를 가지고 있어야 한다. 등급 1은 없어도 된다.

이노베이터에 지원할 때는 내가 이렇게 도구를 잘 다루고 교육을 잘하는 사람이라는 것을 내세우는 게 아니라 '학교에서 맞닥뜨리는 어려움을 혁신적으로 해결하는 방법에는 어떤 것이 있는가?'에 초점을 맞추어야 한다. 지원서뿐만 아니라 자기소개 영상에도 이에 관한 철학을 담는 게 좋다.

이노베이터 지원서가 통과되면 3일의 일정으로 진행되는 오프라인 연수에 참여해야 한다. 이는 전 세계 이노베이터들이 모이는 자리로 우리나라의 경우에는 이 기간이 학기와 겹칠 때가 대부분이어서 날짜를 맞춰 참석하기가 쉽지 않다. 게다가 이 3일의 연수는 항공료, 숙박비를 모두 자비로 부담해야 하는 연수이다 보니 정말 구글 이노베이터가 되고자 하는 뜻을 지닌 교사들만 지원하게 된다. 그래서인지 오프라인 연수에 참가한 교사들의 열정은 상상을 초월할 정도다. 빡빡한 프로그램을 따라가다 보면 머리가 뜨겁게 달아오를 정도로 3일의 짧은 연수 기간 동안 수많은 교육이 진행된다.

코로나19 팬데믹 이후 이 연수는 온라인 연수로 진행되기도 하였다. 온라인 연수는 화상으로 진행되기 때문에 시차를 감안해야 하고, 직접 만나 소통하고 교감하는 활동을 진행하기 어렵다. 그리고 각 프로그램의 시작 시간을 잘 챙겨서 화상으로 참석해야 한다. 그러나 장거리 이동에 드는 에너지가 절약되어 교육 내용이 더 집중할 수 있고, 사실 팬데믹 상황의 유일한 대안이기도 하여 앞으로도 점차 확대될 듯하다.

B. 지원서 작성하기

─────────────────────

구글 공인 이노베이터

1. 아카데미 일정 확인하기

필자(신민철)는 2019년, 구글 APAC(아시아 태평양) 본부가 있는 싱가포르에서 열린 구글 공인 이노베이터 아카데미에 참여하였다. 이 오프라인 아카데미는 각 대륙별 코호트(Cohort) 형태로 열린다. 하지만 우리나라 기준으로 학기 중에 진행되는 경우가 많아서 현직 교사가 참여하기란 쉽지 않다. 이노베이터 아카데미 일정표는 보통 그해 1~2월에 나온다.

필자가 참여했던 2019년에도 아카데미 일정이 학기 중으로 발표되었는데 다행히 추석 명절과 겹쳐 있어서 지원할 수 있었다.

2019 Cohorts

APPLY NOW

Location	Academy Dates	Application Deadline
Sydney, Australia (English language only)	May 1 - 3 2019	March 1
London, United Kingdom (English language only)	July 10 - 12 2019	April 26
Tokyo, Japan (Japanese language only)	August 7 - 9 2019	May 31
Singapore (English language only)	September 11 - 13 2019	July 5
New York, United States (English language only)	October 2 - 4 2019	August 2
Stockholm, Sweden (English language only)	November 6 - 8 2019	September 6
São Paulo, Brazil (Portuguese language only)	December 5 - 7 2019	September 27

2019년 구글 공인 이노베이터 아카데미 일정

Certified Innovator: Southeast Asia (Singapore) 2019 [English]		IN REVIEW	
01	School / Organization Details	Submitted	✓
02	Application Questions	Completed	✓
03	Confirm Application	Confirmed	✓

SEA19 지원 카테고리. 하나씩 채워 나가면 어느새 지원 완료!

2020년 1월에는 미국에서 열릴 아카데미 일정이 우리나라의 여름방학 중으로 발표되었는데, 코로나19의 전 세계적 확산으로 오프라인 아카데미는 취소되고 Virtual Innovator Academy 2020[#VIA 20]이라는 온라인 이노베이터 아카데미가 열렸다. 아마도 구글 캠퍼스의 구글 식당에서 구글 밥을 먹으며 교육받는 '구글리[Googley]'한 이노베이터 아카데미를 기대하셨던 분들은 실망이 컸을 것이다.

2. 지원서 작성하기

구글 이노베이터 아카데미 일정을 확인하고 온라인 지원 사이트(https://bit.ly/지원서제출)에 접속하여 원서를 작성한다.

원서 작성은 크게 학교/기관 정보 입력, 지원서 서류 작성, 지원 확인으로 이루어진다. 이 가운데 핵심은 지원서 서류 작성이다.

다음은 합격 지원서 작성 예시 2개를 그대로 소개한다. '지원서 작성 예시 ①'은 필자 신민철이 2019년에 작성한 지원서이고, '지원서 작성 예시 ②'는 2017년에 필자 박정철이 작성한 지원서다.

①과 ②는 시간 차이가 있는 만큼 문항에도 차이가 있지만, 두 지원서의 문항을 비교해 보면 구글이 이노베이터에게 어떤 자질과 역량을 갖길 원하는지를 추측하는 데 큰 도움이 될 것이다. 이노베이터를 취득하기 원하는 분들께 조금이라도 합격의 기운을 나누는 마음으로 공개하니 부디 유용하게 활용되기를 바란다.

>>> 지원서 작성 예시 ①

Organization Information 학교 정보	
School/Organization Name 학교 이름	Habin Elementary School
Job Title 직급	Teacher
School/Organization Website 학교 홈페이지	https://www.habin.es.kr
Country 국가	South Korea
Address 주소	Habinro 391-1, Habinmyeon, Daegu, South Korea
City 도시	Daegu
조직 정보에서는 주로 근무지에 대한 정보를 입력하게 된다. 특별한 노하우는 없으며 자신의 근무지를 영어로 정확하게 작성하면 된다.	

Additional Information 부가 정보

Please share the email that you registered with to take the Google for Education Level 2 Certification exam. 구글 공인 교육 전문가 등급 2에서 사용한 메일을 입력하라.	minchul@gogo.school (이 메일은 앞으로 계속 써야 하는 주소이므로 현재 학교의 이메일을 쓰는 것보다는 개인 메일을 쓰는 것이 편리하다.)
How did you hear about the program? 이 프로그램에 대해 어떻게 알게 되었는가?	Google for Education Teacher Center, A friend or colleague, From a GEG (Google Educator Group)
Type of organization 기관의 유형	Primary(Elementary) School, Public School
Number of teachers and / or staff at your organization: 학교 내 교사/직원의 수	15
Number of students at your organization? 학교 내 학생 수	62
Job Title or Role: Choose the one that best describes your role. 직업	Classroom Teacher
Years of experience in education 교육 경력	4
추가 정보 입력란에는 구글 공인 교육자 과정 자격을 취득한 메일 주소와 함께 몸담고 있는 교육 조직에 대한 보다 세밀한 정보를 요구하고 있다.	

앞선 내용보다는 이제부터 작성할 내용이 지원서에서 아주 중요하다. 첫 번째는 구글 이노베이터로서 나의 사회적 영향력을 검증하는 과정인데, 아무래도 다른 교육자들에게 영향을 미치는 역할이다 보니 SNS와 대외 활동을 많이 하는 지원자를 선발할 가능성이 높지 않을까 생각한다. 특히 미국은 우리나라와 달리 트위터와 링크드인을 많이 쓰고 있으므로 이번 기회에 시작해 보는 것도 좋을 것이다.

Social Impact Power 사회적 영향력	
Twitter Profile Link 트위터	https://www.twitter.com/minchul0582
LinkedIn Profile Link 링크드인	https://www.linkedin.com/in/min-chul-shin-78b32415a/
Website or Blog Link 웹사이트나 블로그	https://blog.naver.com/james1920
Share another link to show your online presence 온라인 활동을 확인할 수 있는 다른 링크	https://sites.google.com/view/gegsouthkorea/organizer?authuser=0
Total online reach 온라인 영향력	Blog: more than 200 Daily(Power blogger at Naver Education) , Facebook: 1533, GEG South Korea Group: 2359
Please explain 상세 설명	I'm running my own blog about Education with ICT. Main categories are Google Classroom, Microsoft Innovative Educator Expert, and Khan Academy. According to the Database of my Blog, when I post about my class case with G Suite, at least 200 people a day are visiting my blog to read my content. I want to share my class activities based on G Suite, and let other teachers see how Cloud based education can change students and education. (https://blog.naver.com/james1920) With my blog, I could get a chance to share my opinion about future education at TV Program and in this show, I showed them how to adjust G Suite tools in the classroom. (https://youtu.be/qCwNfJ3ZX-5A?t=1292) Also, As a fellow of GEG South Korea and GCT, I'm trying to share Google For Education news and class cases via Facebook page and GEG South Korea homepage. In our group, 2400 people are reading my class case and new updates on Google for education, and i'm trying my best to give them new information and answer their questions. Lastly, I'm running YouTube Channel to share my activities based on G Suite for Education. (https://www.youtube.com/channel/UCAFB7HJBXEoF-PJTskmuCV1A) In my channel, there are videos about how i adjust g suite tools in the classroom and great tips to how to adjust in the classroom for beginners. There are a lot of videos about introducing Google Classroom but not many videos about how to adjust in a real classroom. So via YouTube, I could give them useful information online.

Link to a piece of content you've created that you think has inspired other educators. 다른 교육자에게 영향을 주었다고 생각되는 콘텐츠	https://www.youtube.com/watch?v=QH-VX0sYV98c, https://www.youtube.com/watch?v=OnMBHXBPiD4, https://www.youtube.com/watch?v=HpJyeFd0NiY, https://www.youtube.com/watch?v=u_rEu6-499E, https://blog.naver.com/james1920/221574555768
Which conferences have you attended or presented at in the last year? 작년 한 해 참석한 학회 수	1. 29 JUNE 2019 Google Art and Culture for Education conference (Google Korea) 2. 12 JUNE 2019 YouTube for Education Academy (Central HRD center Ministry of Education, Korea) 3. 14 MAY 2019 Future Education Plus Tv Show (Education Broadcasting System Korea) 5. 1-6 APRIL 2019 Microsoft Education Exchange Paris 2019 (Paris, France) 6. 9 MARCH 2019 Google Geo Day (Google Korea) 7. 23 FEB 2019 Smart Education Festival (Seoul National Univ. of Education) 8. 14 DEC 2018 Gamification Education TV Show (Korea Broadcasting System) 9. 9 OCT 2018 YouTube Teacher Academy Learning Project (Google Korea) 10. 8 AUG 2018 Khan Academy Advocate Meeting (Khan Lab School) 11. 2 AUG 2018 YouTube Teacher Academy Seminar (Google Campus Seoul) 12. 14 JUL 2018 Google Edu Day In Daegu City 13. 14-18 MAY 2018 KERIS Solar School Cloud learning ODA Project (Uganda Makerere Univ.)
Share a specific example of how you have helped build a culture of innovation in your school or organization. 학교나 조직 내에서 혁신의 경험 공유	Our School is one of the smallest school in Daegu city. And 3years ago, Our school was almost closed because many students were moved to bigger and newest schools nearby us. When I came to this school, I found our school has great possibility to do future education with ICT. So i started G Suite for Education in my school and showed students' dynamic growth in their 4C Competence for future. To spread G Suite tools in our school and other school, I decided to do 'Open Class' (Video: https://youtu.be/xw4MFyUshYo), After Open class, our school members, including principal, want to have teachers' g suite training every month and every grade in our school uses G Suite tools well in our school. Not only training, Every teacher in our school does the open class at least one time per one semester. After then we have meetings about the last class and how to improve our Cloud Based Teaching.

Chapter 5_ 구글 공인 이노베이터 **289**

1) I thought just only one teacher can't change the school, but together. If we learn together, they can get great motivation to be a changemaker. 2) I made a project called "LT teachers" which means "Learning together, Leading together" So 2 times in a month, we are getting together and sharing their ideas about how to teach with ICT. And then, they adjust in their classroom and share their ideas and tips. 3) At first, they were so worried about the new type of teaching method, but after seeing the students' change and teacher's growth of their teaching skills, they were satisfied. 4) I think it is a great outcome because whole school members are trying together to teach better in a self-directed way. In looking back, I want to make a monthly leader to take turns leading experience.

구글 이노베이터는 혁신 교육 프로젝트를 널리 알릴 수 있어야 한다. 그러므로 구글에서는 이노베이터를 선발할 때 이 사람이 얼마나 교육적인 방면에서 사회적으로 영향력을 미칠 수 있는지를 살펴본다. 따라서 SNS나 블로그, 웹사이트 등 자신의 교육 활동을 널리 펼칠 수 있는 채널을 소개하고, 이와 더불어 자신이 얼마나 영향력이 있는 사람인지를 스스로 어필해야 한다.

또한 다른 교육자들에게 영감을 주었던 콘텐츠나 학회에서의 발표 내용도 묻는데, 이노베이터에게는 혁신 교육의 개인적 실천 역량을 넘어 이 실천을 다른 사람들에게 알리고 확산하는 역량이 핵심임을 다시금 확인할 수 있다. 필자는 이노베이터 선발 과정에 참여하여 심사를 한 경험이 있는데, 지원서를 열어 보면 성실하게 교육 활동을 쌓아 온 사람의 지원서와 이노베이터 지원을 위해 급하게 준비한 사람의 지원서는 차이가 아주 확연하다. 따라서 이노베이터에 지원하고자 한다면 자신의 교육 활동을 꾸준히 아카이빙해 두는 것이 중요하다.

Google Certified Innovator Application 구글 공인 이노베이터 지원서	
Why do you want to become a Google Certified Innovator? 왜 구글 공인 이노베이터를 지원하는가?	This year is 50 years since mankind went to the moon. Even though there were a lot of suspicions, Team Apollo made its success 'the Eagle on the Moon'. I think the key to success was Innovative mind. I really enjoy challenging something that looks impossible and trying my best to explore new ways of teaching. Like 'Moonshot Thinking', Innovative ideas and solutions are coming from challenges and new trials. During 3 years of working with GEG South Korea, I had a lot of chances to do new creative education projects with our fellows and Google Korea team. Especially while preparing and running the YouTube Learning project 'YouTeacher Academy Korea' with the YouTube team, i could know the joy of making projects with people who are enthusiastic to try something new. So I want to become a Google Certified Innovator and want to make new changes in education with creative challenges.
Describe the challenge that you're currently experiencing in education and why it matters. 교육에서 현재 당면한 도전 과제와 그 중요성을 설명하라.	Our environment is in serious crisis and it affects the education area also. First, Because of environmental problems, Students' school activities are under restrictions. For example, because of the micro-dust issue, the Ministry of Education requested to reduce PE class and Outside activities for students' health. And instead of doing PE Class and Outside Activities, they offered us to stay in the classroom or use an indoor gym. But those directions from MOE couldn't be a fundamental solution for not only in the environment but also in education. Second, School's Environment class just ended in school, not expanding to society. Environment Issue is one of the closest issues for students and it has great potential to let students do various projects with society. So if we bring this topic easily to our classroom, It will give a great opportunity to our students to participate in our society as a local environment guide.
Interview one person impacted by your challenge and try to understand the problem from their perspective. 도전에 의해 영향을 받은 사람을 한 명 인터뷰하고 그들의 관점에서 문제를 이해해 보라.	Jihae is a student who is concerned a lot about micro-dust problems but doesn't know what he can do to solve it.

Share a bit more about what you learned in your interview with this person below 인터뷰를 통해 배운 것을 공유하라.	1. Students feel sad about their PE class being canceled because of a micro—dust problem. 2. Students want to know the exact data of micro—dust because the measuring instrument which decides the level of air quality is far from our school. So some students don't trust the micro—dust warning sign. 3. Students know how to keep our environment but rarely had a chance to make it come true in their life. 4. Students are interested in Up—cycling which they can easily do but useful and practical. 5. Students have a lot of concerns about our environment because of News Media and experiences in their life. 6. Students are interested in community mapping activity in which they can be an active participant to solve their community's problem. 7. Students want to make a map of environment centers near us which can help us while doing projects.
Frame your challenge with a 'how might we' statement which will prepare you to start researching solutions once accepted into the Academy. 만일 아카데미에 합격하여 연구를 시작한다면 어떻게 도전을 시작할 것인지를 '어떻게 하면 우리가…할 수 있을까?'라는 문장으로 만들어 보아라.	How might we make environmental problem's solutions with community mapping by Geo Tools?
Is there already an existing solution for this? What is it about that solution that isn't meeting your needs? 이미 이 문제에 대한 해법이 있는가? 이것이 당신의 요구를 충족시키지 않는 이유는 무엇인가?	There are air—quality geo maps in South Korea but not for school activities. And there is a map that gathers the environment center nearby us but there is no information about 'Is there any program for students?', 'What activities can students participate in?' etc.
Which element does your challenge most resonate with? 당신의 도전 요소 중 어떤 것이 가장 마음을 울리는가?	Community and Engagement
60—Second Video Public or Unlisted YouTube Link 1분 영상 링크	https://youtu.be/WJ0JvG14nGE

구글 이노베이터 지원서의 문항들을 살펴보자. 이노베이터 과정에 지원하게 된 이유와, 교육 현장에서 찾은 문제점 및 해결을 위한 자기만의 도전 과제를 작성하도록 되어 있다. 이 과정에서 한 사람을 인터뷰하여 도전 과제에 대한 초점화 작업을 하고, 'How Might We'라는 키워드를 바탕으로 어떻게 해결 방안을 이끌어 갈 것인지를 적도록 하고 있다.

여기서 'How Might We'는 구글 이노베이터 과정의 핵심으로, 자신의 프로젝트가 본질에 본질을 향하도록 방향을 잡아 주는 핵심 질문이다. 그렇기 때문에 타당한 과제를 선정하는 것이 중요하다. 또한 이노베이터의 해결법은 '혁신적'이어야 하기 때문에 기존에 존재하는 해결 방안과는 차이점이 있는 색다른 접근이어야 한다.

지원서를 작성하고 나면 60초 분량의 영상을 제작해야 하는데 이 영상에는 지원 동기와 자신의 프로젝트에 대한 설명이 들어가 있어야 한다. 모든 것을 1분 안에 전달해야 하기 때문에 미리 스토리 보드를 짜서 짧은 시간을 잘 활용하는 것이 중요하다. 단, 60초는 너무 짧다는 의견이 있어서 최근에는 영상 분량이 90초 정도로 길어졌다. 과제의 세부 사항은 달라질 수 있으니 매년 분명히 직접 확인하도록 하자.

>>> 지원서 작성 예시 ②

About You 개인 정보	
Name 이름	Jung-Chul Park
If someone were to direct a film about your life, what would it be called? 만일 당신의 삶에 대한 영화가 나온다면 제목은 무엇이라고 지을 것인가?	Joy of Creating and Pioneering
Your Preferred Email Address 이메일 주소	jcp@dent.dku.edu

Your G Suite for Education Account G Suite for Education 계정	jcp@dent.dku.edu
Gender 성별	Male
How did you hear about the Certified Innovator program? 이 프로그램을 어떻게 알게 되었는가?	Google for Education Training Center, Facebook, From a GEG (Google Educator Group)

About Your Organisation 기관/학교 정보

Name of School or Organisation 학교 이름	Dankook University College of Dentistry
Type of Organisation 기관의 유형	Higher Education Institution
Job Title or Role 직업	Higher Education Faculty
School / Organisation Website 학교 홈페이지	https://dudh.dankook.ac.kr/
Country of Residence 국가	South Korea
Organisation Address 학교 주소	119 Dandaero Anseodong Dongnamgu
City 도시	Cheonansi
County/State/Province/Territory 주/도	Chungchunnamdo
Postcode 우편번호	31116

Where Can We Find You Online? 온라인 활동 정보

Twitter Profile (if applicable) 트위터	
Google+ Profile (if applicable) 구글 플러스	(구글 플러스는 현재 종료된 서비스이다.)
Website or Blog (if applicable) 홈페이지나 블로그	www.facebook.com/yonseimagic

Education Experience 교육 경험

Your Subject Matter or Expertise 전문 분야/과목	Science, Physical Education/Health Education

294

Grade level of students you work with most often 주로 가르치는 학년	Higher Education
Years of experience in education 교육 경력	10–14
Number of teachers and/or staff at your organisation 학교 내 교사/직원의 수	10–99
Number of students at your organisation 학교 내 학생 수	100 – 999
Link to Required Level 2 Certification 레벨 2 인증서 링크	https://drive.google.com/open?id=0B48VWBleYDU8T2xfajRFWERaeFU
Additional Qualifications, Awards, and Recognition 추가 인증, 수상 내역 등	Flipped learning trainer certificate (flglobal.com), Andre Schroeder award 2013

Program Values 프로그램의 가치

Transform: Share a specific example about how you are fostering a thriving innovative culture within your own classroom, school, or organisation. 변화시키기: 학교 내, 교실 내, 기관 내에서 혁신의 문화를 어떻게 조성하고 있는지 사례를 쓰시오.	I am the first professor who has started a Flipped classroom in dental college in South Korea. Also, I am the first educator who adopted G Suite for Education in dental college and based on the experiences from this I have published a book 'Googling the future of classroom, Google Classroom' in 2016, which was sold more than 700 copies so far. As the leader of GEG South Korea, I have hosted two big events in 2016 at Google Campus Seoul and more than 300 participants attended.
Advocate: Link to a piece of content you've created that you think has inspired other educators. 대표하기: 다른 교육자에게 영향을 주었다고 생각되는 콘텐츠를 제시하시오.	https://korea.googleblog.com/2017/04/google-edu-festival.html
Grow: If you could become an expert in something that you aren't already good at, what would it be and why? 성장하기: 잘하지 못하는 일에 전문가가 될 수 있다면 그것은 무슨 일이며 왜 그렇게 생각하는가?	I want to choose 'Robotics.' As a dental school professor, I believe that Robotics can of course benefit the surgical treatments, but also substantially increase the quality of dental education. The advanced robotic technology can provide an excellent practice environment where the students can repeatedly practice their communication and treatment skills at their own pace.

Project 프로젝트	
Title 제목	Virtual Dental Clinic Simulation System
Brief Description 개요	Pilots spend hundreds of hours in their simulators until they fly with the passengers. The virtual dental simulation system will exactly do the same things.
Possible Solutions 가능한 해결 방안	The virtual dental anatomy will be developed using 3D imaging. The dental instruments will be introduced to the students using hand held controllers, and the students can virtually practice on the simulated models wearing head mount unit or screens. The haptic feedback will be given to the students from the controllers, so that they can manipulate the instruments.
Link to your public deck. 공개 슬라이드 링크	https://docs.google.com/presentation/d/1mlUYUNE9vLNOR-d5-kvPhyvO_ssY-Cr8lsucdvW5yLW4/edit?usp=sharing
Project Video 프로젝트 영상 링크	https://youtu.be/trcPQ0ZCUaY
Imagine you are able to have coffee with one person (currently living) who would help support your vision. Who would you pick and why? 당신의 비전을 지지할 인물과 커피를 마실 수 있다면 누구를 선택하겠으며 왜 그렇게 생각하는가?	Ray Kurzweil. As an innovator in dental research and education, I personally want to meet Ray Kurzweil and ask for his ideas on the future of dentistry. The future of healthcare depends a lot on the information and communication technology (ICT), and there is little, if any, experts on ICT among dental healthcare providers. With the rapid development of AI and robots, the students should be fully prepared to acquire the required skills.

심사 위원이 공개하는 지원서 꿀팁

필자 신민철이 심사 위원으로 참여하며 깨닫게 된 지원서 꿀팁을 공유한다. 이노베이터 지원서 심사는 전 세계 이노베이터들을 대상으로 심사 위원을 모집한 후, 심사를 위한 온라인 사이트에서 심사 위원들에게 지원자들을 무작위로 배정한 뒤 주어진 항목에 맞춰 심사하게 하고 그 결과의 평균을 비교하는 방식으로 진행된다. 심사를 하며 느낀 점이지만 보는 사람들의 눈은 크게 다르지 않다는 것을 알 수 있었다.

우선 원서를 쓸 때는 사람들의 이목을 한 번에 끌 수 있는 포인트가 중요하다. 가장 중요한 것은 '진정성'이다.

구글 이노베이터 지원서의 앞부분에는 교육 현장에서 어떤 문제점을 찾았고 그것을 왜 해결해야 하는지에 대해 기술해야 한다. 여기서 단지 이노베이터가 되기 위해서 지원한 사람과 정말 이 문제를 해결해 보고 싶어서 이노베이터를 지원한 사람의 차이가 극명하게 나타난다.

필자가 심사한 인도의 한 교장 선생님은 당신의 학교 학생들이 학교를 오기 위해 3시간이 되는 길을 걸어야 하는 환경에 놓여 있다고 했다. 그리고 네트워크나 디바이스 인프라가 많이 부족한 현실이라 현재 자신이 많은 부분을 해결하고 있지만, 학습 영역에서 도움을 줄 수 있는 게 많지 않아 어려움이 있다고 하였다. 또한 코로나19로 인해 학교에 오지 못하는 상황까지 겹치면서 학생들의 학업이 더 어려워지고 있다는 상황을 제시하였다. 교장 선생님은 구글 사이트 도구를 활용하여 학교 온라인 사이트를 구축하고, 학생들이 사양이 뛰어나지 않은 스마트폰으로도 학습을 할 수 있는 학습의 장을 만들어 보고자 하였다.

이 부분은 구글 이노베이터 지원 영상에서도 고스란히 드러났는데, 모두들 이 부분에 높은 점수를 준 것을 보았을 때 실제로 많은 사람들의 마음을 움직였다고 볼 수 있었다. 이처럼 진정성이 담긴 지원서 작성은 매우 중요한 요소다.

두 번째는 참신함이다. 원서를 읽어 보며 대부분의 사람들이 자신이 얼마나 교육 현장에서 구글 도구를 잘 사용하고 있는지에 대해 적는 경우가 많았다. 하지만 이노베이터 채점 기준에는 구글 도구 사용 방법보다는 교육에서 어떤 문제를 찾았고 그것을 어떻게 혁신적인 방법으로 해결하려고 하는지에 대한 기준이 있을 뿐이다. 구글 도구는 이 문제점을 해결하는 과정에서 도구적인 수단으로 자연스럽게 녹아들어가는 것이 중요하다. 또한 이 문제를 해결할 수 있는 기존의 방법들이 충분히 존재하거나, 또는 해결 방법이 누구나 생각할 수 있는 과제라면 높은 점수를 받기 힘들다.

실제로 지원서를 읽어 보았을 때 대부분의 지원자들은 누구나 충분히 예상 가능한 아이디어를 제시하고 있었다. 하지만 높은 점수와 낮은 점수를 받은 지원자들의 결정적 차이는 작은 부분에 있었다.

예를 들면 학습 사이트를 만든다는 건 누구나 생각할 수 있지만, 학생들을 위해 유튜브 라이브 코너를 추가한다든지 구글 포토를 활용하여 서로의 결과물을 공유할 수 있도록 하는 등 작지만 기발한 아이디어들이 이목을 끌었다. 따라서 지원서를 쓸 때는 이런 작은 '참신한 요소들'을 추가하는 것이 중요하다.

따끈따끈 2020 합격자의 지원서 꿀팁

김현주 선생님[24]

1. 구글 이노베이터 지원에 사용할 구글 계정은 합격한 후에 수정할 수 있다. 나는 Google Workspace for Education 학교 계정을 썼다가 구글 이노베이터에 합격한 후, 개인 계정으로 바꾸었다.

2. 지원서는 언제든지 쓸 수 있다. 한번 쓰기 시작한 지원서는 저장해 두고 마감일까지 몇 개월에 걸쳐서 쓸 수 있다. 나는 3주에 걸쳐 수시로 시간이 날 때마다 지원서를 썼다.

3. 나는 구글 공인 트레이너 과정을 마치지 않은 상태에서 구글 공인 교육 전문가 과정 등급 2까지만 가지고 구글 이노베이터에 합격했다. 2020년 4월 구글 공인 교육 전문가 과정 등급 1에, 5월에 등급 2에, 그리고 7월에 이노베이터에 합격했다. 트레이너는 8월에 합격하였다. 트레이너를 거치지 않고 구글 이노베이터가 될 수 있는 것을 보면, 구글 이노베이터 자격이 단지 기술적인 부분에 초점을 집중적으로 맞추는 과정은 아니라는 것을 알 수 있다. 나는 2020년 3월에 처음 구글 클래스룸을 사용해 보고 그로부터 4개월 후에 이노베이터가 되었으니, 기술적인 부분에서는 그렇게 뛰어나다고 할 수 없다. 세계 최고의 검색 능력을 가진 구글이 이 사실을 모를 리가 없다. 이를 통해 유추해 보면 이노베이터는 지원자의 교육 철학과 사상, 대외활동 등이 기술 못지 않게 중요하게 여겨진다고 생각한다. 나는 이노베이터 지원서를 쓰던 3주 간 정말 행복했다. 구글 이노베이터의 정신에 완전히 매료되었기 때문이다. 사실 처음에는 구글 이노베이터에 대해 잘 알지 못했으나, 지원서를 써 나가면서 구글이 이노베이터에게 원하는 바가 내가 가진 점과 일치하는 부분이 많

---

24 김현주 선생님은 현재 이사벨중학교 영어 교사이자 구글 이노베이터, 유튜브 열정김선생 TV, 부산시 미래교육연수원 수업평가지원단으로 활동하고 있다. 2020년 이노베이터 지원서 팁과 온라인 아카데미 후기를 이 책에 제공해 주셨다.

다는 것을 발견하게 되었다. 지원서에 썼던 미래에 대한 비전과 나로부터 학생, 학부모로 뻗어 나가는 관점의 확장, 지역 사회에 대한 봉사 등은 나의 관심분야였다. 나를 알아봐 주고 인정해 주는 이 아카데미가 정말 반가웠다. 그래서 신나게 썼다. 나의 일상이었기에 거짓말하거나 부풀릴 필요가 없었다.

4. 진정성이 있어야 한다. 자신의 진심이 담겨 있어야 한다. 절대로 거짓말해서는 안 된다. 나는 2019년 한 학기 동안 영어 교사 대상 심화연수를 다녀왔고, 그중 1개월은 캐나다의 현지 학교 견학의 기회가 있었다. 그곳에서 처음으로 구글 클래스룸과 크롬북을 보았고, 그 유용성이 마음에 들었다. 2학기 때 학교로 돌아온 후 혼자 힘들게 구글 클래스룸 학교 계정 신청 방법을 공부했고, 2020년 2월에 드디어 Google Workspace for Education 신청에 성공했다. 2020년 봄, 코로나19로 인해 온라인 개학이 되었을 때 내 업무는 아니지만 국민의 세금으로 다녀온 심화연수의 경험을 사회에 환원하고 싶었고, 후배 교사들에게도 좀 더 좋은 연수의 기회를 주고자 본이 되고 싶은 마음에 아무것도 모르는 상태에서 구글 클래스룸 최고 관리자에 지원했다. 그리고 이 이야기를 지원서에 썼다. 나의 개인적인 발전은 당연하고 학생, 학부모, 동료 교사, 지역 사회에까지 영향을 미치는 그런 프로젝트를 써야 한다.

5. 희소성이 있어야 한다. 프로젝트는 흔한 것이어서는 안 된다. 그러기 위해서는 구체적으로 작성해야 한다. 지원서 내용에 다음과 같은 질문이 있다.

'Market Research: Do a quick Google search on your challenge. What solutions already exist out there, and why aren't they currently meeting the needs of your challenge?'
시장 조사: 프로젝트에 대해 잠시 구글 검색을 해 보세요. 이미 어떤 솔루션이 존재하며 왜 현재 당신의 요구 사항을 충족하지 못하고 있습니까?

구글 검색을 통해서 나의 프로젝트 주제를 찾아보았다. 나의 프로젝트는 선배 교사들이 온라인에서도 전문성을 이어 가도록 돕는 것이었다. 선배 교사들이라는 점과 온라인 학습에서의 전문성이라는 두 개의 주제를 하나로 연구한 프로젝트는 전무했다.

6. 지원서는 영어로 써야 한다. 영어에 자신이 없는 지원자라면, 구글 번역기를 사용해도 된다. 위에서 언급했듯이 영어 능력이 뛰어나지 않더라도 프로젝트가 뛰어나다면 뽑힐 수 있으니 너무 염려하지 말자.

7. 지원서에 포함하는 자기소개 영상은 구글이 실시하는 간접적인 면접이라고 할 수 있다. 성공적인 영상 제작을 위해 다른 사람들의 영상을 참조하는 것이 좋다. 유튜브에서 'Google Innovator application video'라는 검색어로 검색해 보자. 상당히 많은 자료들이 나온다. 이 비디오들을 보면 내 영상을 어떻게 찍어야 할지 윤곽이 나온다. 재미있는 점은, 영상을 보다 보면 이 지원자의 합격 유무를 추측할 수 있다. 편집은 화려하지만 아이디어가 좋지 않은 경우도 있고, 편집은 거의 없지만 아이디어가 참신한 경우도 있다. 영상 제목이나 설명에 #VIA20이나 #SEA19, #SWE17 등의 이노베이터 아카데미의 코호트 이름이 붙어 있다면 합격한 영상일 가능성이 크다.

8. 영상에 개인적인 이야기나 자기소개는 가급적 피하고 자신의 프로젝트에 집중해야 한다. 자기소개는 프로젝트와 관련된 직업과 무슨 일을 하는지 정도로만 짧게 하면 된다. 나는 교사, 구글 클래스룸 슈퍼 관리자, 유튜브 채널 운영자라고만 짧게 소개했다. 자신의 개인적 스토리나 역사보다는 프로젝트의 필요성과 나의 열정을 어필하자.

9. SNS 활동을 꾸준히 하는 것이 좋다. 지원서에 페이스북 친구, 블로그 방문자 수 등을 쓰는 문항이 있다. 이 사람의 영향력과 디지털 소통 능력을 보는 것이다. 나는 유튜브와 인스타그램에서 각각 구글 클래스룸과 환경 관련 채널이 있었기에 해당 정보를 활용하였다. 꼭 구글 이노베이터 과정 때문만이 아니더라도 SNS는 좋은 아이디어와 도움을 주고받기에 더없이 좋은 소통의 장이므로 적극 활용하고 나를 드러내자.

C. 결과 발표 + 사전 준비 과제 하기

구글 공인 이노베이터

구글 공인 이노베이터 지원서 제출 후 결과 발표 및 사전 준비 과제 제작 과정에 대한 필자 신민철의 경험을 공유하고자 한다. 해마다 상황이나 제도가 조금씩 달라질 수 있겠지만 독자 여러분이 이 과정을 진행하고자 하는 데 있어서 실제 과정을 상세하게 간접 경험해 보는 것만큼 요긴한 정보는 없을 것이다.

1. 결과 발표

2019년의 합격자 발표는 7월 17일로 예정되어 있었다. 하지만 이 날짜에는 아무런 통지가 없어 낙담하였는데 다음날인 7월 18일에 이메일을 받았다. 메일 목록에 노출된 제목이 'Congratulations from the Google'로 시작되고 있었기 때문에 합격했음을 단번에 알 수 있었다. 메일을 열어 보니 합격에 대한 축하 메

시지와 함께, 지원서에 작성해 제출했던 혁신 아이디어에 대한 감사 메시지가
담겨 있었다.

이노베이터 합격 메일

이노베이터 합격 메일 내용

그리고 오프라인 코호트 방식으로 열릴 구글 이노베이터 아카데미 초대장이
와 있었다. 이 아카데미에 참석하지 않으면 이노베이터 과정은 이수하지 못하게
된다. 아카데미 참석 여부를 반드시 알려야 하는데, 만약 참석하지 못하면 다른
후보자에게 등록 기회가 돌아간다.

You're Invited: Google Certified Innovator Academy #SEA19

Google Singapore, 70 Pasir Panjang Rd, #03-71, Singapore 117371

Wednesday 11th to Friday 13th September 2019
9am - 8pm SGT (GMT+8)

RSVP to the Program by Monday 22nd July

We have a full year of programming in store for you beginning next week. But first, we need your commitment to joining the program. Please ACCEPT or DECLINE your invitation as soon as possible. If we don't hear back from you by Monday 22nd July at 11:59pm SGT (GMT+8), we will need to give your spot to another candidate. Please take time to review the requirements to ensure that you will have enough time this year to participate.

이노베이터 아카데미 등록 안내 메일

합격 메일에는 웰컴 가이드가 연결되어 있으며, 그와 더불어 이노베이터 과정을 함께 이수하게 될 이노베이터 멤버들이 모여 있는 채팅방, 그리고 합격의 기쁨을 보여 주는 셀피를 찍어 올리는 구글 포토 링크가 연결되어 있다.

Review the Welcome Guide

Join our Chat to Say Hi

Share your reaction selfie to our Album here!

Welcome again! Please don't hesitate to reach out if you have any questions after reviewing the Welcome Guide.

The Google for Education Certified Innovator Program Team
Dan Stratford, Google for Education Senior Program Manager
Aileen Apolo, Google for Education, Asia Pacific
Wendy Gorton, Program Manager

이노베이터 프로그램 웰컴 가이드, 채팅방, 셀피 챌린지

웰컴 가이드에는 프로그램에 대한 전반적인 안내와 더불어 참가자들의 항공편, 숙소를 기입하는 칸이 있고 룸메이트를 구하거나 이동편을 공유할 수 있도록 되어 있다.

'셀피Selfie 챌린지'가 인상적이었는데 합격의 기쁨을 가장 잘 나타내는 사진을 올린 사람에게 선물을 증정하고 있었다. 합격의 기쁨을 표현하고 공유하도록 자연스럽게 유도하면서도 다른 어떤 사람들이 이노베이터 과정에 함께하고 있는지에 대한 정보와 친근감 모두를 자연스럽게 제공하고 있었다. 게이미피케이션 성격을 띤 셀피 이벤트로부터, 유쾌하면서도 유의미한 '구글리'한 인상을 시작부터 강하게 받았다.

구글 이노베이터 아카데미를 학기 중에 참석하고자 하는 등 소속 기관의 협조가 필요한 상황에 대응하기 위해 구글에서는 이노베이터 아카데미 참가 협조문서를 보내 준다. 만약 공무 외 국외 여행이나 학교장의 동의가 필요한 경우, 이 공식 문서를 증빙 자료로 활용하면 된다. 국내에서 보편적으로 사용되는 형식의 공문은 발송받을 수 없다.

셀피 챌린지

To whom it may concern,

The Google for Education Team would like to take this opportunity to celebrate one of your educators, Minchul Shin, who was recently accepted into the Google for Education Certified Innovator program in a highly competitive process.

The Certified Innovator program is a 12-month professional development experience including mentorship, online learning activities, and a face-to-face Innovation Academy focused on helping new Innovators launch a transformative project related to a challenge or opportunity they see in education. Minchul Shin will come back to your schools with fresh ideas and skills for leading innovation in education.

The Innovation Academy will be held in Singapore between Wednesday 11th and Friday 13th September 2019. We hope that you will support Minchul Shin in attending this academy however possible and that you will find opportunities to work together to deepen the culture of innovation within your schools.

Congratulations!

Dan Stratford
Senior Program Manager, Google for Education

이노베이터 참가 협조 문서

아카데미에 참석할 준비를 하다 보면 여행을 가는 듯한 기대감에 부풀 수 있다. 하지만 구글 이노베이터 아카데미는 절대 놀러 갈 수가 없는 곳이다. 아카데미를 준비하는 때부터 아카데미의 마지막 프로그램이 종료될 때까지 학습 일정이 아주 빡빡하게 짜여 있다. 일단 아카데미가 열리기 전에 해결해야 하는 다이나믹한 사전 과제가 있다.

SEA19 참여자를 위해 만들어진 구글 클래스룸

구글 이노베이터 아카데미 사전 과제

2. 사전 준비 과제

이노베이터 아카데미의 사전 과제 안내 및 각종 자료는 구글 교육 프로그램의 최상위 과정답게 '구글 클래스룸'을 활용하여 제공된다. 2019년 이노베이터 아카데미의 사전 과제는 크게 다음의 세 가지였다.

① EDU Activity App에 자신의 프로필을 등록하고 이노베이터 배지를 받는 것

② The 5 Why's Challenge

③ 수행하고자 하는 프로젝트에 대한 후속 인터뷰 활동

세 가지 가운데 가장 어려운 과제는 두 번째 과제인 'The 5 why's Challenge' 였는데, 자신의 이노베이터 프로젝트 아이디어에 대해 지속적으로 고민하는 것 과 더불어 1:1로 매칭된 파트너에게 서로 질문을 하며 핵심 문제 설정을 다시금 초점화하는 과정으로 진행해야 했다. 아카데미가 시작도 되기 전부터 머리 아픈 고민을 제대로 해야 했다. 구글의 최상위 교육과정은 확실히 다른 교육과정과 수준이 다르다는 생각이 절로 들었다.

이 두 번째 과제의 핵심은 자신이 해결하고자 하는 문제의 본질을 다시금 제 대로 확인하고 근본적인 해결 방안을 탐색하는 데 있다. 문제의 본질에 좀 더 가 까이 다가가도록 반복적으로 'Why?'라는 질문을 던지게 하는 것이다. 이 과정 은 이노베이터로서 해결하고자 하는 문제를 보다 명확하게 드러내 준다. 방향성 이 구체화되기도 하고 이전과 달라지기도 한다. 아카데미에 참석하기 전에 이미 변화의 싹을 틔워 두는 셈이다. 두 번째 과제를 해결해 나가는 과정을 좀 더 자 세히 안내해 보겠다.

우선 이노베이터 클래스룸에서 슬라이드를 만들어 자신이 설정한 해결 문제, 즉 자신의 챌린지를 소개하고 문제점의 핵심과 해결책에 대한 생각을 정리한다. 그리고 문제의 근본 원인을 찾는 'Root Cause' 활동을 수행한다.

그런 뒤에는 각자에게 배정된 파트너(Buddy)의 슬라이드를 확인하고, 그의 슬라이드에 '5 Why 활동'을 수행한다. '5 Why 활동'이란 파트너의 슬라이드에 'Why?'라는 질문을 던지는 것이다.

이 활동을 거치고 나면 서로의 이노베이터 프로젝트가 더 명확해지고 구체화 되는 걸 실감하게 된다. 서로에게 댓글을 달고 답변하는 과정에서 자신이 해결 하고자 하는 문제점을 보다 명확히 초점화하게 되며, 보다 창의적인 해결 방안 을 생각하게 된다.

파트너와 함께 하는 5 Why 과제: (좌) 근본 원인 찾기, (우) 피드백 활동

세 번째 과제는 인터뷰 활동이다. 한 사람을 대상자로 정하고, 그가 어떤 문제점 을 느끼고 있는지, 어떤 점이 필요한지, 나의 이노베이터 프로젝트가 어떤 점에서 유용할지, 어떤 부분을 다루면 좋을지 등에 대해 인터뷰를 진행함으로써 수요자의 요구를 탐색하는 활동이다.

이 활동은 실제 인터뷰를 진행한 뒤 그 결과를 기록하도록 하는데, 인터뷰 녹음 파일이나 사진 등의 증빙 자료를 업로드해야 한다.

예시 질문들을 살펴보면 인터뷰를 매우 구체적으로 진행해야 한다는 사실을 알 수 있다. 그렇기 때문에 인터뷰 내용을 사전에 마련하고 조직화해 두는 것이 좋다.

인터뷰 결과 확인을 위한 질문 예시

모든 인터뷰를 마치고 나면 인터뷰 지도를 작성해야 하는데 대화의 시작, 래포rapport 형성, 대화 심화, 반성의 과정을 기록하게 되어 있다. 일련의 성찰을 통해 앞으로 수행할 이노베이터 프로젝트 활동에서 필요한 부분과 지향해야 할 포인트를 구체적으로 파악할 수 있다.

구글 이노베이터 사전 과제 전체 가운데 하이라이트가 있다면 바로 'How Might We' 과제라고 볼 수 있다. 앞서 수행한 까다로운 사전 과제들을 마무리했다면 마지막으로 이 'HMW How Might We Question'를 통해 이노베이터 과정에서 수행하고자 하는 프로젝트 학습을 초점화하는 것이다.

이 HMW는 오프라인으로 진행될 이노베이터 아카데미의 초석이 되므로 많은 노력과 정성을 기울일 필요가 있다. HMW 과제를 사전에 수행해 두지 않으면 오프라인 아카데미에서 실제로 많은 어려움에 부딪히게 된다. 그러니 미리 충분한 고민을 가지고 작성해 두는 게 좋다.

이제까지 소개한 사전 과제들은 꽤 난도가 있다는 걸 짐작하고 계실 것이다. 부담을 느끼고 계실지도 모르겠다. 하지만 이러한 일련의 과정에 공을 들여 두

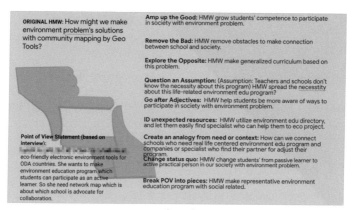

ORIGINAL HMW: How might we make environment problem's solutions with community mapping by Geo Tools?

Point of View Statement (based on interview): ██████████████████████ eco-friendly electronic environment tools for ODA countries. She wants to make environment education program which students can participate as an active learner. So she need network map which is about which school is advocate for collaboration.

Amp up the Good: HMW grow students' competence to participate in society with environment problem.

Remove the Bad: HMW remove obstacles to make connection between school and society.

Explore the Opposite: HMW make generalized curriculum based on this problem.

Question an Assumption: (Assumption: Teachers and schools don't know the necessity about this program) HMW spread the necesstity about this life-related environment edu program?

Go after Adjectives: HMW help students be more aware of ways to participate in society with environment problem.

ID unexpected resources: HMW utilize environment edu directory, and let them easily find specialist who can help them to eco project.

Create an analogy from need or context: How can we connect schools who need real life centered environment edu program and companies or specialist who find their partner for adjust their program.

Change status quo: HMW change students' from passive learner to active practical person in our society with environment problem.

Break POV into pieces: HMW make representative environment education program with social related.

How Might We(HMW) 질문하기

면 이어지는 오프라인 아카데미에서 제대로 된 학습의 재미가 보장되니 꼭 한 번 성실하게 수행해 보시기를 권한다.

지금까지의 과정을 보면 아무리 최상위 과정인 이노베이터 과정이라도 하더라도 구글답지 않게 '재미' 요소가 별로 없어 보인다고 느끼셨을 수도 있겠다. 하지만 재미있는 학습 경험을 결코 포기하지 않는 구글이 신입 이노베이터들에게 보내주는 게이미피케이션 상자가 있다! 이름은 'Breakout Edu Box'다.

Breakout Edu Box

어느 날 구글로부터 택배 상자가 하나 도착했다. 열어 보니 말로만 듣던 'Breakout Edu Box'가 담겨 있었다.

Breakout Edu Box는 다섯 자리의 암호로 이루어진 자물쇠로 굳게 잠겨 있었다. 무게도 약 1.5kg 정도로 묵직했는데 흔들어 봐도 아무 소리가 나지 않아 무엇이 들어 있는지 추측할 수가 없었다. 대신 암호의 단서가 적혀 있는 종이가 택배 상자에 동봉되어 있었다.

이 상자를 받음과 동시에 이노베이터 과정 Google Chat에 엄청난 양의 메시지가 들어오기 시작했다. 전 세계의 신입 이노베이터들이 각자가 받은 상자의 인증샷을 남기며 자물쇠 암호를 풀기 위한 단서를 함께 모으기 시작한 것이었다.

올라온 사진들을 보니 각자 가진 색깔과 단서들이 달랐고, 같은 색깔의 사람들끼리 정보를 모으기 시작했다. 이렇게 단서들을 모으며 함께 문제를 해결하여 결국 다섯 개의 숫자를 뽑아 냈고, 그것은 정말 자물쇠의 다섯 자리 비밀번호가 맞았다.

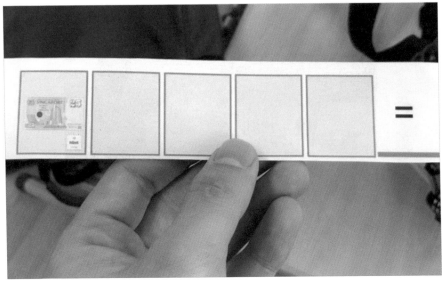

Breakout Edu Box를 풀기 위한 단서

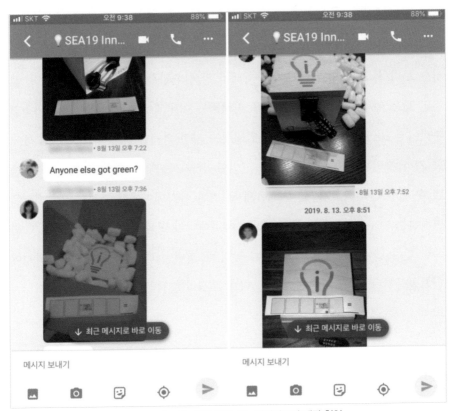

Breakout Edu Box를 풀기 위한 이노베이터들의 채팅 협업

이 과정에서 신입 이노베이터들은 자연스럽게 '아이스 브레이킹'을 했고, 어느새 첫 협업도 이미 경험해 버렸다. 교육의 혁신이란 결코 혼자 이뤄 낼 수 없는 법이라면, 같이 일하고 고민하는 방법을 아는 이가 진정한 혁신가가 아닐까?

이 중요한 깨달음을 머릿속에 떠올려 준 대단한 학습이 바로 이 재미있는 Breakout Edu Box로 일어난 것이었다.

여러분들이 재미를 직접 느껴 보시도록, Breakout Edu Box를 풀어 나간 상세한 과정과 상자 속 물건의 정체는 이곳에 공개하지 않으려 한다. 모두 직접 경험해 보시길 다시 한번 권한다.

이렇게 다양한 미션을 모두 해결하고 나서야 아카데미 참석을 위한 짐을 꾸리기 시작했다. 사실 이 사전 과제를 모두 완성하지 못하고 오는 사람들도 있던 것으로 봐서, 과제 완료 여부가 아카데미 참석의 필수 요건은 아닌 것 같다. 하지만 짧은 일정에 많은 프로그램을 진행하는 이노베이터 아카데미라는 귀중한 자리에서 200% 배우고 돌아오기 위해서는 사전 과제를 충실히 해 갈수록 유익할 거라 장담한다. 많이 생각하고 고민한 만큼 아카데미에서 뛰어난 결과물을 낼 수 있을 뿐더러, 준비를 부족하게 해 가면 아카데미에서 자신의 프로젝트를 변경하는 일도 있기 때문이다. 그러면 아카데미의 교육 프로그램을 스스로가 만족할 만큼 흡수하지 못할 가능성이 높다. 그러니 여러분은 이노베이터 과정에 합격한다면 꼭 사전 과제에 최선을 다해 보시기를 적극 권하는 바이다.

D. 이노베이터 아카데미 후기

구글 공인 이노베이터

    구글 공인 이노베이터 지원자들은 지원서 합격 이후에 인증 과정의 일부로 진행되는 아카데미에 참여해야 한다. 이노베이터 아카데미는 전 세계의 신입 이노베이터들이 모여서 함께하는 강력한 학습과 교류의 장이다.

    이노베이터 아카데미는 오프라인 방식으로 진행되어 왔는데 2020년에는 코로나19로 인해 온라인 방식으로 진행되었다. 아카데미의 생생한 후기가 예비 이노베이터 분들께 유익한 정보 제공 및 동기부여 효과가 있을 것이라 기대한다. 2019, 2017 오프라인 아카데미 후기는 필자 신민철, 박정철의 경험담으로 공유하며, 2020년 온라인 아카데미 후기는 김현주 선생님에게 받아 소개한다.

1. 2019 오프라인 아카데미 #SEA19 (신민철, 싱가포르)

추석 연휴 전날 비행기를 타고 바로 싱가포르에 도착하여 쉴 틈도 없이 구글 APAC 오피스로 향했다. 아침 일찍부터 시작했기 때문에 서둘러서 나왔지만 첫날부터 10분 정도 지각을 하였다. 이리저리 헤매다 보니 멀리 반갑게 Google For Education이란 문구가 적힌 티셔

싱가포르 구글 APAC 오피스 입구

츠를 입은 구글러가 나와 필자(신민철)를 에스코트 해 주었다.

SEA19의 이노베이터 명찰

간단한 등록 절차를 마치고 구글 이노베이터 명찰을 받은 순간, 드디어 내가 이노베이터 아카데미에 참여하게 되었다는 것이 실감났다. 어제 아침에는 반에서 아이들을 가르치다가 오늘 아침에는 전 세계 사람들이 모인 구글 오피스에 있으니 꿈을 꾸고 있는 듯한 느낌이 들었지만 이내 끊임없이 들려오는 영어에 이것이 현실임을 깨달았다.

가장 먼저 한 일은 함께 프로젝트 활동을 수행할 팀원들과의 만남이었다. 인사를 나눈 뒤, 각자의 Breakout Edu Box

SEA19 이노베이터 프로그램을 함께 하게 된 팀원들

에 대해 이야기하며 자연스럽게 서로에 대해 알아볼 수 있었다. 필자는 대한민국 초등학교 교사의 필수템인 '마이쮸'를 한가득 넣어 갔는데 아니나 다를까, 쉬는 시간마다 마이쮸를 달라고 줄을 서는 전 세계 이노베이터들의 모습을 볼 수 있었다. 이노베이터 아카데미에서 인기인이 되고 싶다면 마이쮸를 사 가는 것을 추천한다.

구글 이노베이터 코스의 핵심은 바로 '디자인 씽킹Design Thinking' 이다. 그 시작으로 쿠킹 호일을 이용하여 짝과 함께 가장 창의적인 의자를 고안하여 만들고 그것을 발표하며 가장 우수한 작품을 선정하는 시간을 가졌다. 단순한 활동이었지만 저마다의 상상력을 동

호일로 가장 창의적인 의자 만들기

원하며 의자를 만들고 적극적으로 설명하는 과정에서 창의성을 발휘할 마음의 준비를 충분히 할 수 있었다.

워밍업을 마치고 나서 짧은 휴식 시간을 가진 후, 본격적인 이노베이터 아카데미 과정으로 진입하게 되었다. 시작은 비주얼 씽킹으로서 자신이 찾은 교육

비주얼 씽킹으로 이노베이터
프로젝트의 필요성 정리하기

현장의 문제점을 표현하는 활동이었다. 한 가지 특이했던 점은 이노베이터 과정에서 노트북을 쓸 일이 거의 없었다는 것이다. 책상 위에는 멀티탭 대신 수많은 종이와 펜이 가득했다. 구글의 교육 프로그램이기 때문에 디지털 도구를 기반으로 한 활동을 할 것이라 예상했지만, 그 어느 때보다도 아날로그 도구를 활용하여 아날로그에 기반한 활동을 많이 하였다.

교육 현장의 문제점을 찾고 나면 HMW How Might We 질문을 통해 자신의 아이디어를 9가지 붙임쪽지로 간추려나가는 활동을 하게 된다. 단어와 그림 위주로 9가지 해결 방안을

HMW를 통해 이노베이터 프로젝트 아이디어 정리하기

표시하면 한 문제를 해결하기 위한 나의 아이디어를 한눈에 살펴볼 수 있었다.

붙임쪽지로 해결 방안에 대한 아이디어를 서술하고 나면, Decision Making Matrix에 맞춰 아이디어들을 재배치하게 된다. 세로 축은 High/Low Potential Impact, 가로 축은 Common and already exist/

Decision Making Matrix로 분류한 필자의 해결 방안들

New and Innovative 인데, 오른쪽 위로 갈수록 영향력이 높으면서도 새롭고 혁신적인 아이디어라는 것을 알 수 있다. 이를 통해 자신이 제시한 해결 방안 중 가장 잠재력있고 새로우며 혁신적인 아이디어를 선정할 수 있었다.

이노베이터 아이디어에 대한 분류 및 초점화 작업은 여기서 끝나지 않았다. 계속 다양한 기준들을 제시하며 문제점과 해결 방안 등에 대해 분류하고 초점화하기 시작했다.

이제는 어느 정도 청사진이 그려

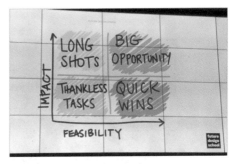

Feasibility & Impact

지면서 '과연 실제로 할 수 있을까?' 라는 의문이 들 시점! 사방에서 종이 울리기 시작했다. 바로 'Fail Bell'이다.

'Fail Bell'은 자신이 실패했음을 인정하며 기존에 하던 것을 모두 포기하고 새롭게 시작할 때 울리는 종인데, 이 Fail Bell이 울리면 모두가 일어나 박수를 쳐주고 선물도 주며 격려하기 시작한다. 필자는 여기서 굉장한 통찰을 얻게 되었다. 모두가 실패를 응원해주는 분위기, 그렇기에 빨리 내려놓고 과감하게 또

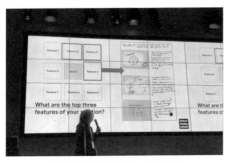

아이디어 선정을 통한 러닝 페어

다른 시도를 해볼 수 있는 분위기를 느낄 수 있었기 때문이다. 이처럼 실패조차도 즐거운 이벤트로 만드는 구글 이노베이터 아카데미에서 혁신적인 아이디어들이 나오는 것은 결코 우연이 아니다.

이노베이터 프로젝트가 진행되면서 자신의 프로젝트가 어느 정도 청사진을 갖추어 나갈 무렵, 팀원들과 함께하는 러닝 페어가 시작되었다. 러닝 페어는 자신이 선정한 세 가지 아이디어를 비주얼 씽킹 자료와 함께 설명하며 서로의 아이디어에 대해 피드백과 평가를 남기는 시간이다.

필자의 세 가지 아이디어에 대한 러닝 페어 결과물

필자의 프로젝트는 구글 지도를 활용한 커뮤니티 매핑으로 환경 문제를 해결하는 것이었다. 먼저 학생들이 자신들의 지역을 조사하고 구글 지도에 매핑한다. 그리고 그 지도를 통해 우리 주변의 환경 문제를 살펴보고 환경 지도를 만든다. 이를 바탕으로 지역 사회와 협력하여 최소한의 시간으로 최대의 효과를 가져올 수 있는 환경 보호 활동을 수행한다. 이 아이디어를 세 가지 그림과 설명을 통해 정리하였다.

러닝 페어 시간은 정말 진지했다. 각자 붙임쪽지와 스티커를 활용하여 상대의 아이디어에 대한 평가와 피드백을 남겨주었으며, 그 후에는 끊임없는 토의와 피드백이 이루어졌다. 정말 이노베이터 아카데미에 가기 위해선 영어가 필수라는 것을 다시 한번 실감할 수 있었다. 필자의 아이디

팀원들과 하는 러닝 페어 시간

어는 팀원들의 많은 격려와 피드백을 받으며 팀 안에서 가장 좋은 이노베이터 프로젝트로 선정되었는데, 진심으로 응원하고 함께 하려는 팀워크 덕분에 더욱 발전된 아이디어를 만들어갈 수 있었다.

이노베이터 프로젝트 러닝 페어가 끝나고 나면 주변에 있는 모든 도구들을 활용하여 프로토타입을 만들어야 한다. 종이를 이용해 입체 교실을 만드는 사람들부터, 자신이 가져온 VR 기기를 활용하여 프로토타입을 만드는 사람들까지 정말 다

이노베이터 프로젝트 프로토타입 만들기

양한 방법으로 자신의 이노베이터 프로젝트를 표현하는 것을 볼 수 있었다. 필자는 플립 러닝을 위한 유튜브 재생목록 구성, 3단계로 나누어진 수업의 과정과 그에 따른 단계 표현, 그리고 각 활동별 워크시트를 구성하였다. 특히 필자의 프로젝트는 구글의 GEO Tools를 활용하기 때문에 구글 지도, 구글 어스, 투어 크리에이터 등의 요소를 잘 녹여내기 위해 노력하였다.

프로토타입을 모두 완성하고 나면 릴레이 스피치 시간이 기다리고 있다. 릴레이 스피치는 상대에게 자신의 이노베이터 프로젝트에 대해 3분 안에 소개하고 피드백을 받는 시간으로 이루어져 있는데, 종이 울리

릴레이 스피치 사진

면 바로 옆 사람으로 옮겨서 또 다시 대화를 주고 받아야 하기 때문에 정신은 없지만 짧은 시간에 굉장한 피드백과 성찰을 얻을 수 있다. 이 때 구글 직원분들과도 대화를 할 수 있는 기회가 생기는데, 자신의 아이디어에 대해 그들과 함께 고민하고 해결 방안을 찾아보는 경험만으로도 특별했다.

대망의 하이라이트는 바로 전 세계 구글 이노베이터들에게 생중계되는 파이널 스피치이다. 1분이라는 시간 안에 자신의 이노베이터 프로젝트를 소개하는 시간인데 짧은 시간에 문제 상황, 해결 방안, 필요성에 대해 이야기해야 하므로 체계적인 발표가 중요하다.

파이널 스피치는 가장 떨리는 순간이다. 자신이 진행할 프로젝트에 대해 1분이라는 시간 안에 상황을 가정하여 설명을 하는 것은 정말 어려운 미션이다. 프로젝트에 대한 높은 이해와 더불어 실제 상황을 가정하여 이 프로젝트가 이루어졌을

파이널 스피치

때 어떤 효과가 있을지 설명을 해야 하기 때문에 난이도가 매우 높았다. 필자는 Eco-Avengers라는 컨셉을 가지고 발표를 했는데 커뮤니티 매핑을 통해 환경을 지키고 우리 마을의 환경 어벤져스가 되자는 이야기를 했다. 발표를 마치면 모두가 큰 박수를 쳐주는데 발표를 마치고 내려오던 그 순간이 가장 기억에 남는다.

이노베이터 프로젝트 발표를 마치고 나오면 자신의 이름이 찍힌 이노베이터

인증서를 나누어준다. 3일간 싱가포르 구경 대신 구글 오피스에 갇혀 이노베이터 프로그램을 이수한 보람의 순간이 느껴졌다. 필자는 프로젝트 발표를 할 때 태극기를 두르고 갔는데, 앞으로 이 과정에 참여할 다른 분들도 프로젝트 발표를 할 때는 자랑스러운 태극기를 가지고 가길 추천드린다. 국기를 들고 이노베이터 인증서와 함께 사진을 찍으니 모두들 부러운 눈빛으로 쳐다보았기 때문이다.

이노베이터 인증서를 받아 든 모습

이노베이터 아카데미 졸업 파티

모든 사람들의 발표가 끝나면 샴페인과 함께 이노베이터 아카데미 졸업 파티가 시작된다. 이때 가족, 친구, 배우자 등 지인들을 초대할 수 있는데, 졸업식을 자신의 소중한 사람들과 함께 누릴 수 있다는 점은 굉장한 매력이었다. 필자는 아쉽게도 혼자 갔지만 이노베이터 아카데미 참석 겸 함께 가족 여행을 온 사람들이나 싱가포르에 지인이 있는 사람들은 함께 참여하여 뜻깊은 시간을 축하하였다.

구글 공인 이노베이터 인증서

구글 공인 이노베이터를 위한 3일 간의 아카데미 과정은 스스로에게 굉장한 통찰과 함께 성장의 동력을 주었다. 전 세계의 교육자들을 한 자리에서 만날 수 있었을 뿐만 아니라 함께 교육 혁신이라는 공통된 키워드에 대해 고민하고 이야기를 나눌 수 있었다는 것만으로도 정말 좋은 기회였다. 이노베이터 아카데미는 디자인 씽킹을 바탕으로 구글의 혁신성을 가미하여 교육 현장에서의 혁신적인 프로젝트를 수행할 수 있는 역량을 갖출 수 있도록 도와준 최고의 HRD^{Human Resource Development} 과정이라고 할 수 있다. 여러분도 꼭 이노베이터 아카데미에 참여하여 전 세계 교육자들과 새로운 경험을 함께하면서 혁신 교육의 일원으로 참여할 수 있길 기원한다.

Google Certified Innovator SEA19 단체 사진[25]

---

25 https://www.info.certifiedinnovators.com/meet-the-cohorts

2. 2017 오프라인 아카데미 #SWE17 (박정철, 스웨덴)

앞서 신민철 선생님의 사례에서처럼, 구글 이노베이터 아카데미의 준비 과정은 구글 클래스룸에 지원자들이 모이는 것으로 시작된다. 먼저 자기소개를 했는데 한국에서는 필자 박정철 혼자, 그리고 아시아권이라고 해봤자 홍콩에서 한명, 나머지는 모두 미국과 유럽의 교육자들이었다. 프로그램이 영어로 진행되므로 언어적 부담감이 컸지만 그래도 홍콩 선생님이 한 분 계셔서 마음으로 의지가 되었다.

구글 이노베이터 아카데미는 '해 보자'는 분위기였다. 누군가, 무언가 제안을 던지면 바로 다른 누군가가 그 아이디어를 물고 이를 구체화하고 결국 모두가 달려들어서 결과물을 만들어 냈다. 속도도 속도지만 무언가 '하면 된다!', 또는 '안 되면 되게 하라!' 같은 어쩌면 조금은 군대 같은 엄청난 긍정 마인드의 사람들이 모여 있다 보니 그 에너지가 엄청났다. 여기 왜 오셨냐고 누가 묻는다면 '기운 받으러 왔어요!'라고 말해도 될 정도였다.

단적인 예가 다음에 제시된 로고다. 우리 기수에는 스웨덴에서 개최되는 2017년도 프로그램이라는 뜻으로 #SWE17이라는 해시태그가 부여되었다. 뭔가 우리를 알릴 수 있는 로고를 만들자 했고, 여러 명이 그림을 그려 보냈는데 뚝딱! 멋진 작품이 탄생되었다. 정말 대단한 사람들이다.

스웨덴 스톡홀름으로 가는 비행기를 탔다. 솔직히 개인적인 전문 분

#SWE17 로고

야는 치과, 특히 임플란트 쪽이기 때문에 관련 학회를 많이 다녀 보았지만 이번 비행기에서는 뭔가 자유로움이 느껴졌다. 숙제하러 가는 느낌, 뭔가 일하러 가는 느낌보다는 필자의 두 번째 정체성, 시쳇말로 부캐로서 구글 이노베이터가 되고자 하는 길이었기 때문에 한결 마음이 편했는지도 모르겠다. 필자가 도착한 스톡홀름은 북유럽의 베네치아라고도 불리는 관광 명소지만 안타깝게도 구글 이노베이터 아카데미는 도무지 관

광할 틈을 주지 않았다. 결국은 박물관 근처에도 가 보지 못하고 귀국해야 했다. 하루 종일 진행된 프로그램에 시차까지 겹치면서 밤마다 거의 기절하다시피 하고 새벽에 일어나 다시 준비해서 참여하는 일정이 3일 동안 진행되었기 때문이다.

이노베이터 등록 데스크

구글 스톡홀름 오피스는 그리 규모가 크지 않다. 그래도 내부 인테리어는 구글 특유의 발랄함과 북유럽 특유의 간결함이 묘하게 섞여 있는 곳이었다. 우선 구글 이노베이터 아카데미를 위해 오피스에 들어오니 우리 이노베이터들의 이름표와 멋진 티셔츠가 구비되어 있었다. 유럽 인접 국가에서 오신 선생님들에게는 별것 아닌 선물이었겠지만 멀리 한국에서 비행기를 타고 날아온 필자에게는 '200만 원짜리 티셔츠'였다. 그런 만큼 모든 것이 더더욱 소중했고 단 하나도 놓치지 않기 위해 귀를 쫑긋, 눈을 번쩍 하는 자세로 임했다.

이렇게 잠시 정리 시간을 보내고 오리엔테이션을 위해 모두 한자리에 모였다. 이틀 동안 행사를 진행하실 교관(?)님들이 소개되었고 간만에 반장 수련회

에 온 것 같은 훈훈함에 설렜다. 매
일 누군가를 가르치는 일만 하다가
이렇게 배우는 학습자의 입장이 되
어보니 보이지 않던 것들이 보이고,
생각도 많아졌다. 하지만 생각만큼
여유롭지 않았던 것은 영어가 너무
나 알아듣기에 어려웠기 때문이다.
게다가 유럽식 발음이 섞이면서 더

함께 프로그램을 듣게 된 이노베이터 동료들

더욱 영어는 독일어 같아졌고 힘든 일정이 되겠구나 하는 생각이 들었다. 그래
도 구글의 구글리한 분위기 덕분인지 모두가 파티에 온 것 같은 신나는 분위기
가 계속되었다.

다들 태어나서 처음 본, 그리고 만난 지 5분밖에 안 되었는데 10년은 사귄 것
같은 사람들처럼 모두 사교적이고 적극적이었다. 대단한 분들이 모이는 자리라
그런지 정말 이곳에 함께 하는 것만으로도 기운을 가득 받는 느낌이었다.

잠시 중요한 이야기를 하는 사이
모두가 진지해졌다. 전체 일정 중에
서 이런 진지한 순간들은 그렇게 많
지 않다. 유치원 저리 가라 할 정도
로 떠들고 이야기하고 서로 발표하
려고 난리가 난다.

오리엔테이션

첫 미션: 방 탈출하기

오리엔테이션이 끝난 후 우리는 팀을 짜서 흩어지게 되었고 1시간 동안 방 탈출 게임을 하게 되었다. 사실 이 방 탈출은 아카데미에 초대 받았던 한 달 전부터 시작된 브레인 스토밍의 결과물이었다.

집으로 배달된 상자 속 퀴즈

한국의 집으로 배달되어 온 상자 속에는 퀴즈가 들어 있다. 마치 무슨 괴도에게 받은 미스터리 초대장처럼 도대체 무슨 뜻인지부터 고민해야 했다. 그리고 이 퀴즈는 다른 이노베이터들과의 협업을 통해 풀 수 있었다!

구글 이노베이터 아카데미의 소소한 아이템들

구글에서는 이런저런 아이템을 많이 주는데 값비싼 물건들은 아니지만 받을 때마다 신이 났다.

구글이 가지고 있는 묘한 컬트 문화, 또는 팬덤 문화 때문인지 이곳에 참여한 교육자들 모두 이런 기념품들을 소중하게 챙기고 바로 착용하곤 했다.

끊임없는 토론의 순간들

이노베이터 아카데미에는 토론과 협동 작업이 많았다. 서로 다른 문화와 배경, 능력을 갖고 있지만 서로 배려하며 도와 주고 격려하면서 어떤 결과물을 만들어 내는 과정에 대한 연습을 하는 것이었다. 한 번이라도 이런 경험을 해 본 교육자라면, 학교 현장에서 아이들을 어떻게 격려하고 도울 수 있을지 좋은 아이디어가 생길 것이다.

프로그램 중간 중간 구글러들이 직접 등장하여 자신들이 맡고 있는 프로젝트를 소개하고 우리들로부터 피드백을 받는 시간을 가졌다. 구글 직원들이 사용하는 업무 관리 시스템인 OKR^{Objective Key Results}도 어떻게 구성되어 있는지 이곳에서 실제로 볼 수 있었다. 정말 타이트하고 치밀하게 업무 성과 압력을 받고 있는 구글러들은 스트레스가 만만치 않겠구나 하는 생각이 들었다.

구글러들의 강연

가끔씩은 엉뚱함이 지나치기도

엉뚱한 미션이 주어져도 이를 수행해 내는 이노베이터들

하다. 단체 요가 시간에 뭔가 새로운 포즈를 만들어 보라는 미션을 받았는데 홍콩 선생님과 함께 정말 민망한 자세를 만들었다. 덕분에 작은 선물을 받았다. 교실 내에서는 모든 아이디어가 좋은 생각이고 실패는 깨달음을 위한 과정에 불과하다는 것을 몸으로 체험하는 순간이었다.

프로젝트 준비 과정

마지막 대망의 프로젝트를 위해서 수많은 붙임쪽지가 사용되고 있었다. 자신이 가진 거대한 프로젝트를 그림으로, 글로 설명하고 이를 발표하며 수많은 피드백을 받았다. 이를 다시 수정하고 또 다시 발표했다. 이 과정을 통해 우리는 더더욱 좋은 결과물을 만들어낼 수 있었다. 함께 일하는 협업의 노하우를 체험을 통해 배웠다.

이 모든 과정이 끝나고 드디어 수료식을 맞이했다. 마지막 저녁 식사는 구글 오피스 구내 식당에서 함께했는데 성대한 만찬과 약간의 알콜을 나누며 아쉬움을 달랬다. 거대한 풍선으로 포토존을 만들어 두기도 하고 마술사가 테이블 사이를 돌아다니며 마술을 보여 주기도 했다. 정말 제대로 놀 줄 아는 분들이구나

대망의 수료식

하는 생각이 들었다.

한국으로 돌아오는 길은 피곤하기도 하였지만 한국에서 아무도 해보지 못한 경험을 했다는 생각에 더욱 뿌듯하고 어깨가 무거운 시간이었다. 부디 이 글을 읽으시는 독자분들 역시 구글 이노베이터의 멋진 과정에 도전해 보시기를 응원하는 바이다.

SWE17 단체 사진

3. 2020 온라인 아카데미 #VIA20 (김현주)

※ 앞서 이야기한 대로 2020년은 코로나19 때문에 모든 오프라인 코호트 일정이 취소되고 부득이하게 온라인으로 이노베이터 아카데미가 개최되었다. 국내에서는 김현주[26], 박종필 선생님께서 참가하셨는데 특별히 김현주 이노베이터께서 VIA20 참가 후기를 제공해 주셨다.

해마다 열리는 구글 이노베이터 아카데미에는 이름이 붙는다. 2020년 코호트의 이름은 VIA20이었다. Virtual Innovator Academy에서 첫 글자를 따서 만들어졌다. VIA20은 말 그대로 최초의 구글 이노베이터 온라인 아카데미였다. 코로나19로 인해 사상 유례 없는 온라인 캠프가 최초로 열리게 된 것이었다.

● 기념품 수령

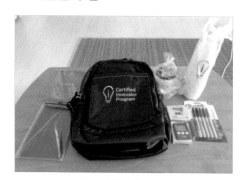

2020년 온라인 아카데미 기념품

아카데미가 시작되기 전에 기념품이 먼저 우편으로 도착하였다. 오프라인 과정에서도 제공하는 물건인데, 온라인 과정도 내용이 비슷하니 준비물들을 보내 준 것이다. 이 중 붙임쪽지나 펜, 타이머 등은 아카

---

26 김현주 선생님은 현재 이사벨중학교 영어 교사이자 구글 이노베이터, 유튜브 열정김선생 TV, 부산시 미래교육연수원 수업평가지원단으로 활동하고 있다. 2020년 이노베이터 지원서 팁과 온라인 아카데미 후기를 이 책에 제공해 주셨다.

데미 과정에서 실제로 필요하였으므로 유용하게 사용하였다.

로고 정하기

2020년 이노베이터 #VIA20 로고
를 정하는 것이 첫번째 미션이었다.
VIA20에 참여하는 전 세계 이노베이
터들이 며칠간 행아웃 채팅에서 디자
인을 제출하면, 구글 설문과 잼보드를
통해 서로의 의견을 나누며 투표를 하
였다. 이 활동을 하면서 진정한 협업
활동에 참여해 보았다. 아울러 잼보드
활용법에 대해서도 제대로 배울 수 있
었다.

VIA20의 로고

프로그램 신청하기

VIA20 Program Sessions – You will need to attend a Program Session one per week for 8 weeks from 8th August onwards. Please select the session you wish to attend;

Times below are in Pacific PST – You can use https://www.worldtimebuddy.com/ to convert to your own timezone.

o Tuesday – 9am PST
o Tuesday – 4pm PST
o Wednesday – 1am PST
o Thursday – 8am PST(Spanish Language)

자신이 참여할 시간대별 프로그램 신청

온라인이다 보니 시간대별로 프로그램을 신청해야 한다. 총 네 가지 시간대가 있었는데 세 가지는 영어 사용자, 나머지 하나는 스페인어 사용자를 위한 것이었다.

여기서 추천해준 전 세계 시간대를 동시에 조회할 수 있는 월드 타임 버디(https://www.worldtimebuddy.com)도 매우 유용하였다. 이 앱을 통해서 시간대를 조회한 후 나의 프로그램을 신청했고, 아카데미 일정 내내 시간대를 비교해야 할 일이 많아 사용 빈도가 높았다.

입학식

8월 9일 일요일 새벽 5시에 온라인 입학식이 열렸다. 시차가 다른 전 세계의 사람들이 함께 모인다는 것 자체가 감동이었다. 모닝커피를 마시는 사람부터, 늦은 저녁 잠을 이기기 위해 커피를 마시는 사람들까지 다양했다.

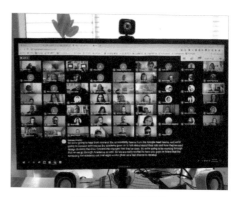

VIA20의 온라인 입학식

아카데미 기간은 2020년 8월 12일부터 9월 30일까지 한 시간씩 8주간 계속되었으며 교육 프로그램은 총 네 부분으로 구성되어 있다.

1	Program Sessions (one hour per week)	Google's Innovation Lab curriculum Google's Design Spring curriculum the Google product design model Our philosophical foundation
2	Coach Sessions (one hour per week)	Working in groups of 6 by a coach in the same Geographical Region at the Innovators Individual support to our innovators
3	Spark	to build capacity, influence development of new projects, and otherwise spark a new thought or idea
4	Social Sessions	to connect innovators with each other and are run across the 8 weeks

이 중에서 1번 프로그램 세션과 2번 코치 세션은 반드시 참여해야 했다. 3번 Spark는 특강이고, 4번 Social Sessions는 이노베이터들 간 교제의 시간이었다. 이 모든 프로그램은 구글 미트로 이루어졌고, 미트 주소는 이메일로 사전에 전송받았다. 나는 프로그램과 코치 세션은 다 참석하였고, Spark와 Social Sessions은 시간대가 맞거나 흥미로운 분야에만 참여했다. 특히 Social Sessions에 참여해서 다른 팀의 이노베이터들과 코치, 구글러들을 만났던 점이 흥미로웠다.

나는 매주 수요일 오후 5~6시까지 프로그램 세션을 했고, 토요일 저녁 8~9시까지 코치 세션에 참가하였다. 프로그램을 함께할 코치와 팀은 시간대가 같은 사람들로 정해졌다. 같은 한국 시간대인지라 VIA20의 동기인 박종필 선생님과도 한 팀이 되었다. 프로그램 세션에서 과제가 주어지면, 코치 및 팀과의 시간에서 그 과제에 대해서 힘든 점을 이야기하며 정서적인 교감을 나눴다.

내가 참여한 VIA20에서는 구글 이노베이터만의 특별한 계정인 @via20.academy를 만들어 주었다. 아카데미 기간 동안 이 계정을 사용해서 이노베이터 교육의 모든 것이 이루어졌다. 이 계정은 Google Workspace for Education

의 Enterprise 버전처럼 유료 계정의 기능들이 있었다. 내가 교육을 받을 당시 구글 미트 소모임 기능이 처음 출시되었는데, 우리 이노베이터들은 그 전에 미리 시험적으로 사용해볼 수 있었다. 코치, 팀원들과 함께 소모임 기능을 활용해 보던 기억이 새록새록 난다.

이노베이터 아카데미의 프로그램 내용은 '스프린트Sprint'와 '디자인 씽킹Design Thinking'이었다. 스프린트는 구글에서 실제로 사용하는 업무 진행 방식과 기업 운영 방법인데, 이를 이노베이터 프로젝트 진행에 적용하고 있었다.

프로그램 세션 진행 중

구글의 스프린트에 관한 책은 쉽게 구할 수 있으니, 미리 배경지식을 쌓은 후 프로그램에 참여한다면 훨씬 더 이해하기 쉬울 것이다. 처음에는 디자인에 익숙치 않아서 디자인 씽킹도 어려웠지만, 시간이 지날 수록 마음에 드는 부분이 많아졌다. 나는 프로그램 참여 후 이 두 가지를 수업에 적용하려고 노력했다. 수업 시간에 구글 드로잉이나, 오토드로우, 니얼파드의 Draw it 기능을 활용해서 학생들에게 문제를 해결해 가는 과정을 그림으로 그리도록 했다.

졸업식

비록 온라인으로 진행된 졸업식이었지만 근사한 포스터와 함께 초대장도 받았다. 구글 졸업식에 빠질 수 없는 온라인 생중계와 마술쇼까지 진행하다니, 오프라인 졸업식 부럽지 않을 정도다.

온라인 졸업식 포스터

졸업식에는 여러가지 온라인 부스를 만들어두어 정말 재미있었다. 여기에 하나씩 클릭해 들어가면 사진도 찍고 Graffiti도 만드는 등 마치 오프라인 졸업식에 참여한 것 같은 느낌을 받을 수 있다.

온라인 졸업식 초대장

소감

졸업식 온라인 부스

VIA20은 모든 프로그램이 온라인상에서 이루어진 관계로 불편한 점도 있었지만 반면에 접근성은 매우 좋았다. 언제, 어디서든 접속이 가능했고 특히 워킹맘인 나의 입장에서는 아이들 식사를 챙겨 주고 바로 강의를 들을 수 있어서 좋았다. 또한 원격 수업을 듣는 학생들의 입장으로 돌아가 수업을 듣다 보니 학생들의 마음이 100% 이해되었다.

프로그램 진행이 영어로 이루어지는 점 또한 쉽지 않았다. 나는 영어 교사이지만 참가자들에 비해 상대적으로 나이가 많고 원어민이 아니라서 영어를 즉각적으로 듣고 따라가기가 쉽지 않았다. 심지어 IT 관련 어휘 몇 가지는 사전에도 나오지 않는 신조어였다. 반면 전 세계의 구글 이노베이터들이 쓰는 영어는 정말 세련되고 고급스러워서 영어 교사로서 배울 점도 많았다. 나와 같은 팀이었던 한국 거주 미국인 이노베이터 Alex는 똑똑하면서도 고급스러운 영어를 구사하는 따뜻한 마음의 소유자였다. 또한 코치였던 Gary는 굉장히 노련했다. 매 코치 세션마다 이러한 이노베이터들의 충고와 격려, 정보들은 정말 많은 도움이 되었다. 나도 사람인지라 한 번씩 결석이나 지각을 하고 싶은 유혹이 들 때가 왜 없었을까? 하지만 한국인 이노베이터라는 책임감과 함께 매 세션 황홀할 정도로 훌륭한 이 교육에 빠지고 싶지 않아서 매 시간 최선을 다할 수밖에 없었다. 모든 프로그램과 코치 세션에 지각 한 번 없이 참여하였고, 각종 팀별 과제로 인해 여러 번의 비공식 온라인 만남을 해야 했지만 이 또한 모두 참여하여 내가 해야할 부분을 완수했다. 젊고 총명한 다른 이노베이터들을 따라가려니 힘에 부쳤지만 진지한 나의 성격에 춤추고 노래까지 녹음하여 영상을 찍는 등 정말 최선을 다했다.

또한 아카데미 기간 동안 최고의 구글 전문가들이 사용하는 구글 사이트 도구, 프레젠테이션, 스프레드시트, 설문지 등의 활용법을 고스란히 배울 수 있었던 점도 참 좋았다.

무엇보다도, 자신의 일에 헌신적이면서도 한발 앞서 나가는 이러한 이노베이터들이 전 세계에 있다는

온라인 합성으로나마 함께한 VIA20 단체사진

것만으로도 마음이 따뜻해졌고 강한 희망을 품게 되었기 때문에 매우 행복했던 기간이었다.

Chapter 6

구글 공인 교육자 프로그램
핵심 Q&A

Q1. 구글 공인 교육자 과정에 도전하게 된 계기는?

광석 도전하기로 처음 결심했던 된 건 바로 학생들 때문이었습니다. 학교 현장에서 소외되거나 비교적 교육 기회가 적은 지역의 학생들에게도 미래 교육이 가능하다는 것을 제 힘으로 직접 보여 주고 싶었어요. 구글 공인 교육자 과정을 거치면서 뜻이 맞는 든든한 동료 교사를 만나게 되었고, 서로 어려움을 공유하고 함께 해결해 나가면서 여기까지 오게 되었습니다.

정철 희소성 때문이었습니다. 이미 많은 사람들이 하고 있었다면 아마 저는 큰 매력을 느끼지 못했을 겁니다. 다들 잘 모르고 있는 과정이었기 때문에 미지의 영역을 개척한다는 느낌이 있었습니다. 스스로 해 나가는 과정에서 많은 발전을 이루게 되어 무척 재미있고 좋았어요.

효진 원격 수업이나 강의를 하면서 보니 생각보다 많은 선생님들이 구글 공인 교육자 배지를 가지고 계시더라고요. 선생님들이 하는 것을 보면서 따라 배우다 보니 나 스스로를 업그레이드 시킬 수 있는 방법으로 구글 공인 교육자 과정에 도전해 보자는 생각이 들었습니다.

민철 구글 공인 교육자 과정을 취득할 생각이 전혀 없었는데 이 과정을 이수한 교수님을 보니 어깨에 별이 딱 달려 있는 것처럼 보이더라고요. 뭔가 '있어 보이고' 도움이 되겠다는 생각이 들어서 시작하게 됐습니다. 등급 2 과정을 모두 마치고 배지를 받으니 내가 스스로에게 준 훈장 또는 선물 같아서 좋았어요. 그동안 열심히 노력했던 것에 대한 부족함 없는 보상이라는 생각이 들었고 성취감도 느꼈습니다.

모두 이 과정은 '인증' 교육이지만 '인정' 교육이기도 해요. 구글과 모든 사람들이 구글 공인 교육자 과정에 참여하는 사람들의 노력과 혁신성을 인정해 주기 때문입니다. 많은 교사가 도전해서 이러한 성취감을 함께 느끼면 좋겠습니다. 하지만 꼭 마음속으로 기억해 주셔야 할 것이 하나 있습니다. 이 과정의 가장 중요한 목적은 아이들을 위한 교수·학습 방법 향상에 있다는 것입니다. 아이들을 위한 교육 혁신을 원하는 선생님 마음속의 불꽃을 절대 잊지 마세요!

Q2. 구글 공인 교육자 과정이 가지는 장점과 단점은?

정철 구글 이외에도 다른 에듀테크 회사들이 많이 있잖아요. 예를 들어 마이크로소프트, 애플 등이 있지만 특히 구글의 공인 과정을 기획하고 제작하는 데에는 교사 경력을 가지고 있는 사람들이 참여했기 때문에 교육 현장에 최적화된 시나리오를 제시하고 구글 도구를 알맞게 활용할 수 있도록 시험 내용을 잘 구성해 두고 있어요. 따라서 시험을 평가의 도구로만 생각하지 말고 나의 역량을 기를 수 있는 강력한 하나의 도구로 여기면서 시험을 준비하고 치르는 과정에서 스스로 성장하는 모습을 분명히 발견할 수 있을 겁니다. 따라서 구글 공인 교육자 과정은 교육자를 교육시키는 학습 과정이라고 말할 수 있습니다.

광석 다양한 에듀테크 회사에서 어떤 도구를 개발할 때 이러한 공인 교육자 과정을 개설하는 것이 구글 이후에 유행처럼 번지게 되었다고 해요. 도구를 익히는 과정을 통해 스스로 성장의 기쁨을 맛볼 수 있다는 것이 큰 장점이라고 생각합니다.

민철 다들 장점만 말씀하셔서 저는 단점에 대해 말씀을 드리자면 구글 공인 교육자 과정은 유료 과정이라는 점입니다. 그렇기 때문에 정말 뜻을 가진 사람들만 참여하게 돼요. 유료 과정이라는 특징은 참여자들로 하여금 확실한 몰입도를 가지고 과정에 임하게 해 주는 요소가 되지만, 저는 이 과정이 널리 알려지기를 바라는 마음이 있다 보니 문턱이 좀 더 낮아졌으면 합니다. 아쉬운 점을 한 가지 더 얘기하자면 인증서를 쓸 수 있는 곳이 많이 없다는 게 다양한 국가 자격증들과는 사뭇 다른 점입니다. 그래도 자격 입증이나 자랑을 하려고 도전하는 시험이 아니라 스스로에 대한 도전으로 응시하는 시험이라는 점에 의미를 두면 좋을 것 같아요.

효진 저는 제 스스로를 부지런히 움직일 분명한 동기를 제공해 주었다는 것이 가장 큰 장점이라고 생각해요. 사실 구글 공인 교육자 과정은 처음부터 끝까지 자기 주도적으로 진행해야 하죠. 이 과정에서 스스로 만들어 가는 성장이 주는 기쁨도 느꼈고, 하나씩 자격을 취득할 때마다 성취감도 강하게 느꼈습니다. 하지만 혼자 학습하는 과정에서 자료를 얻을 수 있는 곳은 생각보다 많지 않더라구요. 스스로도 쉽게 공부할 수 있도록 도와 주는 자료들이 더 많았으면 좋겠다고 생각했습니다.

Q3. 구글 공인 교육자 과정을 통해 성장한 부분은?

효진 협업 역량이 가장 성장했다고 생각해요. 기존에는 수업 중 학생 간 협업이 주를 이루었다면 구글 도구를 활용하면서 교사들끼리도 즉각적인 협업을 손쉽게 할 수 있게 되었죠. 따라서 업무 추진이나 수업 계획에서 서로 머리를 맞댈 수 있는 기회가 더 많아졌어요. 학생과 교사, 교사와 교사 간에 공유와 협업이라는 문화가 자연스럽게 뿌리내리는 데 구글 도구가 크게 기여했다고 봐요.

광석 구글이 협업에 대한 진입 장벽을 낮추는 방아쇠 역할을 해서 교사들이 협업을 쉽게 느끼도록 해 준 건 분명하다고 생각합니다. 협업이 쉬워지니 혼자 고민하지 않아도 된다는 자신감이 생기더라고요. 구글을 이용해 협업의 장을 만들어 두는 것만으로도 그 공간에서 학생뿐만 아니라 교사들 또한 공동의 학습 결과물을 스스로 만들어 낸다는 경험적 확신이 생겼어요.

정철 구글 문서를 공유하는 너무나도 간단한 행동 하나로 협업이 시작되는 것을 직접 목격하면서 '협업이 이렇게 쉬운 것이었던가?' 하는 허탈한 마음까지 들었습니다. 이런 작은 경험들이 여럿 누적되면 아이들도, 그리고 교사들도 협업을 이전보다 훨씬 편하고 쉽게 여기고 탁월하게 해 내겠다는 확신이 들었습니다. 이러한 의미에서 구글 공인 교육자 과정은 단순히 하나의 자격 인증 과정이 아니라 함께 만들어가는 교육을 일부 체험할 수 있게 해 주는 가상의 학교 같다는 생각이 들었습니다.

민철 저는 교육 전문가 과정, 트레이너 과정, 이노베이터 과정을 이수하면서 각각 느낀 점과 성장한 부분이 달랐습니다. 일단 교육 전문가 과정을 하기 전에 저는 이미 제가 구글에 대해 잘 알고 있다고 생각하고 있었어요. 그런데 시험을 준비하고 치르는 과정에서 '어? 이런 것도 있었어?' 하는 생각을 정말 많이 했습니다. 당황스러웠어요. 그리고 새로운 기능과 제가 몰랐던 부분들을 새롭게 알게 되니 내가 가지고 있던 자신감에 비로소 근거가 생긴 것 같아서 정말 좋았습니다. 트레이너 과정에서는 피드백의 중요함, 그리고 연수를 할 때 어떤 부분에 초점을 맞춰야 하는지 등에서 성장을 할 수 있었습니다. 이노베이터 과정에서는 바로 '디자인 씽킹'! 저는 여기에 완전 딱 꽂혔어요. 디자인 씽킹을 통해 아이들의 사고력을 키우는 그 과정에서 '아, 이것이 바로 미래 교육이구나!'라는 느낌이 왔죠. 저는 미래 교육의 실마리를 바로 이 이노베이터 과정에서 찾았습니다.

Q4. 구글 공인 교육자 과정을 응시하고 난 후 느낀 점은?

효진 저는 평가가 수업의 내용을 결정한다는 생각을 참 많이 했습니다. 사실 공인 교육 전문가 과정 시험을 쳐 보면 객관식 문제도 있지만 시나리오 같은 경우에는 실제 맥락 속에서 구글 도구를 잘 사용하지 못하면 통과하기가 어렵더라고요. 이 시험들을 치르면서 저는 '우리나라도 평가의 내용이나 방법, 형식이 이런 방식으로 개선되면 우리가 수업활동을 할 때도, 내용을 가르칠 때도, 보다 교육 목표에 성큼 다가서 있는 효과적인 교육을 진행하게 되지 않을까?' 하는 생각이 들었습니다.

광석 저에게는 이 시험의 응시 자체가 '내 교과는, 내 수업은, 우리 학교는 이것을 바로 실생활에 사용할 수 있을까?', '이것은 삶의 지식으로 연결될 수 있나?', '어떻게 하면 현장감을 살려 아이들이 실생활에서 이러한 도구들을 쓸 수 있도록 할까?'와 같이 생각하는 습관의 계기가 되었습니다. 그래서 저는 배움의 과정을 삶으로 연결시키는 그런 라이프 스킬을 아이들이 가져갈 수 있도록 하는 수업을 위해 노력하고 있습니다.

정철 저 같은 경우는 이 시험 방식에 대해서 상당히 많은 충격을 받았습니다. 단편적인 지식을 물어보는 평가의 가장 좋은 방법은 단답형이나 4지 선다형입니다. 사실 이러한 형식의 평가는 지식을 얼마나 잘 알고 있는지도 확인할 수 있을 뿐 아니라 교수자 입장에서 채점하기도 편합니다. 이 점이 단답형이나 선다형 테스트를 보편적인 시험의 형태로 공고하게 만든 게 아닌가 생각합니다. 그런데 시나리오 테스트는 문맥과 실제 상황을 통해서 그 지식을 확인하는 평가 형태다 보니, 평가 중에 학습자의 이해도가 또 한 번 깊어질 뿐 아니라 일종의 게임과 유사해서 평가가 재미 요소가 되기도 해요. 교수자 입장에서도 동일한 지식을 습득한 학습자들이 시나리오 상황에서 서로 다르게 대응하는 것을 확인함으로써 각 학습자의 학습 수준에 대한 이해도 훨씬 깊어질 수 있겠습니다.

민철 저는 기술적인 부분에서 봤을 때 '포스트 수능의 방식이란 이런 게 아닐까?'라는 생각을 했거든요. 시험에서 얼굴 인식을 기반으로 본인 인증을 한 뒤, 여러 가지 시나리오를 기반으로 실제적 과제를 수행해 나가며 내가 문제를 해결할 수 있는지를 확인받는 건 정말 새로운 경험이었어요. 또 저는 구글 공인 교육자 과정의 시험들을 치르면서 '시험은 시험이고, 공부는 공부다.'라는 게 아니라 '시험이 곧 공부이고, 공부가 곧 시험이다.' 같은 과정중심평가의 가능성을 보았기 때문에, 개인적으로 이런 시험 방법에 대해서도 좀 더 살펴보고 싶어졌습니다.

Q5. 구글 공인 교육자 과정을 주변에 추천하고 싶은 이유는?

광석 지금까지 제가 권해서 과정에 참여한 선생님들이 셀 수 없어요. 공인 교육자 과정을 통해 전국적으로 다 연결되고 함께하는 재미에 푹 빠지다 보니 일단 제가 정말 좋더라고요. 같은 공인 교육 전문가, 트레이너, 이노베이터들과 함께하다 보면 '기존의 어떤 문제든 새로운 구글리한 해결 방법이 있지 않을까?'라는 호기심과 확신이 생기거든요. 이렇게 '함께함'으로써 누릴 수 있는 기쁨을 많은 사람들과 같이 나누고자 하는 마음에서 이 과정을 추천합니다.

정철 저는 이 과정을 공부하고 경험해 보는 것만으로도 완전 다른 세상을 보실 거라고 생각해요. 이 과정에 참여하여 시험을 보고 난 후에는 결코 그 이전으로 돌아갈 수 없을 정도로 대단한 경험이 될 것이 분명하기 때문에 저는 '이 시험으로 공인 자격을 꼭 따세요!'라는 게 아니라 '에듀테크의 세계로 가는 기분 좋은 승강장 같은 이 과정에 꼭 들어와 보세요!'라고 권하고 싶어요.

효진 저는 구글 공인 교육자 과정을 준비하면서 새로운 기능이나 도구들에 대해 알게 되는 그 자체가 일단 너무 좋았어요. 사실 '시크릿 모드'도 구글 공인 교육 전문가 과정을 준비하면서 처음 알게 되었거든요. 크롬 확장 프로그램들도 있다는 것만 알았지 어떤 것들이 있는지 잘 몰랐어요. 하지만 공인 교육자 과정을 밟아 나가면서 새롭게 알게 된 기능이 정말 많다는 점, 그리고 새로 익힌 이 기능을 곧바로 실생활에서 유용하게 쓰게 된다는 점이 굉장히 좋았어요. 구글 공인 교육자 과정은 인증 시험을 넘어서는 신나는 배움의 과정이라는 점을 강조하고 싶어요. 주변에 구글 도구를 익히고 싶은 분들이 계시다면 이 과정을 선택하시길 꼭 추천해 드리고 싶어요.

민철 이런 말이 있죠. '구글을 한 번도 안 써 본 사람은 있지만 한 번만 써 본 사람은 없다.' 이런 이야기를 할 정도로 구글의 도구들은 정말 효과적입니다. 4차 산업 혁명 시대의 교실에는 에듀테크를 빼놓을 수 없는데, 하이테크를 선도하고 가장 빠르게 트렌드에 반응하는 도구 중 하나를 제대로 배울 수 있다는 점에서 저는 이 과정을 강력히 추천합니다.

Q6. 구글 공인 교육자 과정의 학습 및 시험에 관한 꿀팁

효진 저는 이 과정을 혼자 준비하기보다는 선생님들끼리 스터디 그룹을 만들어서 함께 공부를 해 보라고 권하고 싶어요. 솔직히 저희도 시나리오를 풀다 보면 아무리 트레이너라도 종종 중요한 것들을 잊어버리는 경우가 생기거든요. 그런 것들을 서로 피드백 해 주면서 함께 공부하면 서로 응원도 나누고 힘을 얻어서 재미있게 학습할 수 있을 거예요.

광석 '유 선생을 활용하라!' 이것이 궁극의 꿀팁이라고 저는 자부합니다. 유튜브는 '유 선생'이라고 불릴 만큼 학습 콘텐츠가 굉장히 많아요. 자신의 관심 분야에 대해 배울 수 있는 콘텐츠를 정말 많이 찾을 수 있어요. 사실 우리가 이야기하고 있는 이런 내용들이나, 하나하나 따라할 수 있는 튜토리얼은 어딘가 찾아보면 분명 있거든요. 특히 유튜브에는 전 세계 사례들이 모두 올라 있어요. 유튜브에서 'Google Educator' 혹은 'Education' 같은 키워드로 찾아보면 많은 꿀팁을 얻을 수 있을 겁니다.

정철 저의 꿀팁은 좀 사소하긴 하지만 아주 큰 차이를 만들어낼 수 있는 팁입니다. 바로 '마우스와 단축키를 사용하라!'입니다. 우리가 대부분 시험을 볼 때 웹캠이 필요하니까 노트북을 사용하거든요. 노트북을 쓰면 작은 터치패드 때문에 엄청나게 많은 시간을 낭비할 수 있습니다. 그러니 반드시 마우스를 사용하세요. 구글 공인 교육자 과정의 시험들은 탭 간 전환이 정말 많아요. 탭1에서 문제를 보고 탭2, 3에서 문제를 풀어야 하기 때문에 Ctrl + 1, 2, 3 눌러 가면서 탭 간 전환을 하면 시간을 많이 절약할 수 있답니다.

민철 저의 꿀팁은 '당을 보충할 간식을 옆에 두고 시험에 임하라!'입니다. 이 시험은 2~3시간 동안 휴식 없이 이어지기 때문에 상당한 집중력을 요구합니다. 객관식 문제에, 시나리오 테스트까지 하다 보면 시간이 정말 금방 가는데, 시간이 지날수록 서서히 에너지가 방전되어 가는 스스로를 발견할 것입니다. 그래서 적당한 당분을 중간중간 섭취하며 집중력을 유지하는 것이 중요합니다.

효진 당 보충 이야기를 듣고 나니 생각나는 정말 필수적인 사항이 있어요. 꼭! 시험 치르기 전에 화장실에 다녀와야 합니다. 시험 중에 모니터 밖으로 나가면 운이 좋지 않을 경우 부정행위로 여겨질 수 있거든요. 그러니 시험이 시작되면 세 시간 동안 자리를 뜨지 않는 것이 좋습니다. 꼭 사전에 화장실을 다녀오신 후, 편안한 마음으로 자리를 뜨지 않고 시험을 완주하시는 게 중요합니다.

광석 얼굴 인식은 정말 중요한 채점 기준인데, 제 주변에 시험에 응시했다가 떨어져서 다른 계정을 다시 만들어서 바로 시험을 보신 분이 있어요. 분명히 새로운 계정으로 응시했고 합격할 것이라고 확신했는데 예상과는 달리 불합격 통보가 왔어요. 왜 그런가 했더니 같은 얼굴이잖아요. 그걸 다 찾아내더라고요. 정말 무서워졌죠. 그래서 반드시 규정을 준수해서 응시하셔야 합니다. 늘 정당한 방법으로 시험에 임해야 하겠죠.

정철 저는 마지막으로 실용적인 팁을 드릴게요. 문제를 풀다가 잘 모르면 '구글 검색'을 이용해 보세요. 검색을 하다 보면 힌트를 얻을 수 있고, 그 힌트를 바탕으로 내가 막힌 부분을 금방 해결할 수 있답니다. 그래서 언제든 바로 검색을 할 수 있게 검색창을 하나 더 열어 두거나 스마트폰을 곁에 두고 바로바로 검색을 하며 풀어 보는 것도 좋은 방법입니다. 물론 가장 확실한 자료를 찾을 수 있는 곳은 '구글 고객센터'입니다. 이곳에는 구글 도구에 대한 모든 사항들이 가장 잘 설명되어 있습니다. 잊지 마세요! 구글 공인 교육자 과정은 여러분을 시험에서 떨어뜨리기 위함이 아니라 더 잘 배우도록 하는 과정입니다.

에필로그

독자 여러분, 안녕하세요? 저자 전효진입니다.

코로나19 팬데믹이 시작된 지 1년이 지난 2021학년도 2월, 이 책의 원고를 마무리하면서 새 학기를 맞았습니다. 교직생활에서 처음으로 연구부장을 맡게 되면서 본교의 월중 교육계획과 수업 성찰일지를 구글 스프레드시트로 바꾸었습니다. 온라인 콘텐츠 활용 교과서 선도학교 사업을 추진하여 학생 1인 1태블릿 환경을 구축하였고, 교내 스마트기기 관리 연수를 실시하였더니 학생용 구글 학교 계정을 찾는 선생님들이 많아졌습니다.

올해는 전문적 학습 공동체 활동 기회가 많아져 GEG Daegu 리더 & 캡틴 선생님들과 함께 교육청에서 주관하는 온라인 연구회를 하게 되었습니다. 수요자 맞춤형 연수를 기획하여 구글 교육팀에서 바우처를 지원받아 얼마 전 구글 공인 교육자 과정 등급 1 부트캠프를 오프라인으로 진행하였습니다. 혼자였다면 엄두도 못 냈을 시험이었다며, 3시간 동안 함께 해 주셔서 고맙다는 인사를 참 많이 들었습니다.

아침 출근길마다 GEG South Korea 페이스북 그룹의 새 소식을 확인합니다. 얼마 전부터 매달 구글 교육팀에서 이벤트로 진행하고 있는 실시간 현지 랜선투어를 실제로 동아리 수업에 적용하신 김현주 이노베이터님의 후기가 올라왔습니다. 국제교류 예산으로 우리 학교 6학년 학생들과도 진행할 프로그램이라 운영 관련 팁들을 더 유심히 들여다보게 됩니다.

저 또한 매주 GEG Daegu 페이스북 그룹에 온라인 수업 성찰 일지를 공유합니다. 구글 클래스룸을 기반으로 다른 에듀테크 도구들을 접목한 수업과 평가, 기록의 과정들을 다른 구글 교육자들과 나누기에 더없이 좋은 공간입니다.

매달 한 번씩 진행되는 GEG 리더십 미팅과 GEG APAC 리더 회의는 국내외 교육자들과 소통하고 교류할 수 있는 자리이기에 아무리 바빠도 꼭 참석하려고 노력합니다. 이번 여름에는 GEG Daegu에서 구글 교육팀의 송은정 부장님과 함께 테크놀로지 활용 수업 설계라는 주제의 워크숍도 기획하고 있습니다. 대한민국 GEG의 활성화와 이를 위해 봉사하는 리더 & 캡틴들을 늘 아낌없이 지원하고 마음을 써 주시는 고마운 분입니다.

이번 여름방학에는 그동안 바빠 계속 미뤄두기만 했던 구글 공인 코치 자격에 도전해 보려고 합니다. 코치로서는 수업의 변화를 원하는 선생님들 한 분 한 분에게 좀 더 실질적인 도움을 제공해 드릴 수 있겠지요. 하반기에 있을 구글 이노베이터 과정에도 2년째 도전해 볼 생각입니다. 이노베이터 신청서를 작성하는 과정만으로도 내가 생각하는 문제들과 이를 해결하기 위한 끊임없는 고민의 시간으로서 충분히 가치가 있을 것입니다. 감사하게도 이노베이터가 된다면 지금과는 또 다른 연결과 협업의 기회를 누릴 생각에 벌써부터 설레는 1인입니다.

앞으로도 교사로서, 교육자로서의 제 삶은 구글과 GEG를 빼고는 설명하기 힘들 것 같습니다. 구글 공인 교육 전문가와 트레이너가 된 후로 겪은 1년간의 변화는 지금까지의 교직 생활 10년간의 변화와는 비교할 수 없을 정도로 큰 차이가 있었습니다. 저처럼 '구글 공인 교육자 과정이 뭐지?' 하며 이 책을 집어든 지금 이 순간, 여러분들의 삶도 변화가 시작되고 있을지 모릅니다.

구글의 교육자들은 언제나 여러분을 기다리고 있습니다. 구글의 어깨에 올라서서 더 넓은 세상을 바라보기 위한 작은 첫걸음을 뗀 여러분들의 여정을 응원합니다.

2021년 5월

구글 공인 트레이너 **전효진**

[부록]

함께 푸는 문제은행
즐공! 연습문제

구글 공인 교육 전문가 등급 1

시나리오 연습문제

1-1. 구글 드라이브

평가 업무 담당인 오비완 선생님은 학년 선생님들과 함께 평가 협의체를 구성하여 1학기 과정중심평가 계획을 수립하고자 합니다. 언제 어디서든 동학년 선생님들의 자료를 확인할 수 있도록 과목별 과정중심평가 계획이 포함된 폴더를 공유하고자 합니다.

- 구글 드라이브에 '6학년 과정중심평가'라는 이름의 폴더를 만드세요.
- 만든 폴더 안에 국어, 수학, 사회, 과학, 영어라는 이름의 과목별 구글 문서를 만드세요.
- 해당 폴더를 동학년 선생님들(force@di.es.kr)에게 편집자 권한으로 공유하세요.

1-2. 구글 문서

오비완 선생님은 국어 교과의 1학기 과정중심평가 계획을 작성하던 중 궁금한 점이 생겨 국어과 수석교사인 다스베이더 선생님께 문의하고자 합니다.

- [연습문제 1-2]에서 만든 구글 문서 중 '국어'에 '6학년 1학기 국어과 과정중심평가 계획'을 작성하세요.
- 말하기 영역의 평가 방법을 선택한 후 다스베이더 선생님(darthvader@di.es.kr)을 댓글로 소환하여 다음과 같이 문의하는 내용의 댓글을 추가하세요.

  '만약 원격 수업으로 전환될 경우에는 어떤 평가 방법을 사용하는 것이 좋을까요?'

  Tip. 댓글로 다른 사용자를 추가할 때는 @를 사용하세요.

1-3. 구글 프레젠테이션

다스베이더 선생님은 구글 클래스룸 과제로 첨부할 주장과 근거의 예시 자료를 제작하고자 합니다.

- 구글 드라이브에서 '주장과 근거'라는 이름의 새 프레젠테이션 자료를 만드세요.
- 다음의 제시된 내용을 슬라이드에 추가하세요. 단, 주장과 각각의 근거는 서로 다른 텍스트 상자에 들어있어야 합니다.

  > 주장: 음식을 남기지 말자.
  > 근거 1: 환경이 오염된다.
  > 근거 2: 음식물 쓰레기 처리 비용이 많이 든다.

- 환경 오염과 관련된 이미지를 찾아 슬라이드에 추가하세요.

1-4. 구글 스프레드시트

다스베이더 선생님은 지난해 포스초 5학년 학생들의 PAPS 측정 결과를 분석하여 학부모 설명회 자료에 첨부하고자 합니다.

- 'https://bit.ly/PAPS결과' 링크를 사용하여 사본을 만드세요.
- PAPS 종목별 측정 결과에 대한 합계와 평균을 구하세요.
- 5학년 학생들의 PAPS 전체 종목에 대한 서로 다른 두 가지 차트를 만드세요.
- 두 가지 차트 중 하나를 골라 가젯 시트로 이동시키고, 새 가젯 시트의 제목을 'PAPS 종목별 측정 결과'로 변경하세요.
- 해당 가젯 시트로 이동시킨 차트를 게시할 링크를 복사한 후 학부모역량개발부장인 자바헛 선생님(jabbahutt@di.es.kr)께 메일로 공유하세요.

1-5. 구글 설문지

아나킨 선생님은 학부모를 대상으로 새로운 방과후학교 프로그램을 개설하기 위한 수요 조사를 실시하고자 합니다.

- '방과후학교 수요조사'라는 제목으로 다음의 두 가지 문항을 포함하는 설문지를 만드세요. (1번은 필수 항목, 중복 선택 가능하도록 설정하세요.)

  > 1. 다음 중 신규 개설된다면 수강하고 싶은 프로그램을 모두 고르세요.
  > ① 드론 & 코딩
  > ② 영어 뮤지컬
  > ③ 아나운서 & PD
  > ④ DIY 목공 체험
  > 2. 추가로 개설되기를 희망하는 프로그램이 있다면 적어 주세요.

  Tip. 체크박스 유형을 선택하면 선택지를 여러 개 고를 수 있어요.
- 해당 설문지를 루크 학부모(luck@di.es.kr)에게 메일로 첨부해서 보내세요.

1-6. 구글 클래스룸

자바헛 선생님은 예비교사를 활용한 학습보조강사 제도를 신청하여 다음 주부터 네 명의 보조강사와 함께 협업 수업을 하게 되었습니다. 수업과 업무에 필요한 내용을 안내하기 위한 온라인 플랫폼으로 구글 클래스룸을 활용하게 되었습니다.

- '포스중 학습보조강사'라는 이름의 구글 클래스룸을 만드세요.
  Tip. 구글 클래스룸을 처음 사용한다면 '교사' 역할을 선택하세요.
- '오리엔테이션'이라는 이름의 주제를 생성하세요.
- '디지털 교과서 활용하기'라는 제목으로 다음의 링크를 첨부한 '자료'를 생성하세요.
  https://webdt.edunet.net

1-7. 지메일

한 솔로 선생님은 매일 아침 출근할 때마다 50통이 넘는 각종 메일을 정리하는 데 긴 시간을 허비하고 있습니다. 옆에서 그 모습을 지켜보던 동학년 오비완 선생님께서 이러한 문제를 해결할 수 있는 좋은 방법을 알려 주셨습니다.

- 지메일 받은편지함을 5개의 카테고리로 나누어 메일이 자동 정리되도록 하세요.
  Tip. 카테고리는 '설정' > '받은 편지함'에서 원하는 만큼 추가할 수 있어요.

1-8. 구글 그룹스

요다 교장 선생님은 새로 발령받은 신규 선생님들을 하나의 그룹으로 묶어 매주 월요일마다 구다이 마스터가 되기 위한 비법을 메일로 안내하고자 합니다.

- 구글 그룹스로 '포스고 신규 교사'라는 이름의 그룹을 만드세요. (그룹 이메일은 임의로 정하세요.)
- 한 솔로 선생님(hansolo@di.es.kr)과 레아 선생님(leia@di.es.kr)을 해당 그룹의 회원으로 추가하세요.
- 그룹 이메일을 활용하여 두 신규 선생님께 환영의 인사말이 담긴 메일을 보내세요.

1-9. 구글 캘린더

한 솔로 선생님은 GEG APAC(구글 교육자 그룹 아시아 태평양 연합)의 회원입니다. 매달 셋째 주 목요일에 열리는 정기모임에 처음으로 참석하기 위해 미리 일정을 만들어 두고자 합니다.

- 구글 캘린더에서 'GEG APAC'이라는 이름의 새 캘린더를 추가하세요.
- 이번 달 셋째 주 목요일 저녁 8~9시에 'GEG APAC 정기모임 참석하기'라는 제목으로 이벤트를 추가하세요.
- 다른 일 때문에 잊지 않도록 하루 전 메일 알림, 1시간 전 팝업 알림을 설정해 두세요.

1-10. 구글 사이트 도구

아나킨 선생님은 5학년 담임 교사로서 사회와 영어 교과를 융합하여 프로젝트로 진행할 계획입니다. 프로젝트의 취지와 진행 과정, 학생들의 결과물을 한곳에 모아 학생, 학부모와 공유하기 위한 웹사이트를 만들고자 합니다.

- 구글 사이트 도구를 활용하여 '역사부일체 프로젝트'라는 이름의 새로운 사이트를 생성하세요.
- 홈페이지 제목을 다음과 같이 입력하세요. '역사 속 인물들에게 길을 묻다!'
- 해당 사이트를 함께 만들 수 있도록 영어 전담 교사인 오비완 선생님(obi-wan@di.es.kr)께 편집자 권한을 부여하세요.
- 해당 사이트를 특정 반 학생들(students@di.es.kr)만 볼 수 있도록 뷰어 권한을 부여하세요.

1-11. 유튜브

아나킨 선생님은 역사부일체 프로젝트 진행을 위한 배경지식 활성화 자료로 학생들에게 필요한 영상을 찾아 이를 한 번에 공유하고자 합니다.

- 유튜브에서 다음의 네 가지 영상을 '역사부일체'라는 이름의 재생목록에 추가하세요. (만든 재생목록은 '일부 공개'로 설정하세요.)
  - https://bit.ly/역사부-세종
  - https://bit.ly/역사부-김유신
  - https://bit.ly/역사부-대조영
  - https://bit.ly/역사부-신사임당

  Tip. 재생목록을 만들고 영상을 추가하려면 구글 계정으로 로그인해야 합니다.
- 완성된 재생목록에 다음의 '설명'을 추가한 후 학생들(students@di.es.kr)에게 메일로 공유하세요.

  '역사부일체 프로젝트를 위한 거꾸로교실 영상입니다.'

구글 공인 교육 전문가 등급 2
시나리오 연습문제

2-1. 구글 크롬 확장 프로그램

구다이 마스터인 요다 교장 선생님은 학생들이 광선검을 바르게 사용하는 방법을 가르쳐 줄 유튜브 영상을 반복 재생할 수 있는 크롬 확장 프로그램을 오비완 선생님께 소개하고자 합니다.

- 웹스토어에서 'Looper for YouTube'를 검색하여 오비완 선생님 메일 (obi-wan@di.es.kr)로 해당 확장 프로그램의 링크를 공유하세요.

2-2. 구글 고급검색

다스베이더 선생님은 저작권에 위배되지 않는 스타워즈의 캐릭터 사진을 활용한 수업 자료를 제작함으로써 학생들의 학습에 대한 동기를 높이고자 합니다.

- 이미지 고급검색을 활용하여 '스타워즈' 캐릭터 사진을 검색하세요.
  Tip. 사용 권한을 '크리에이티브 커먼즈 라이선스'로 설정하세요.
- 마음에 드는 사진 파일을 내 컴퓨터에 다운로드한 후 구글 드라이브에 업로드하세요.

2-3. 구글 맞춤형 검색 웹사이트

레아 선생님은 우리나라 최초의 구글 공인 이노베이터인 박정철 교수의 논문을 자신의 연구 보고서에 인용하고 싶습니다.

- 구글 학술검색에서 2016년에 발표된 구글 클래스룸 관련 박정철 교수의 논문을 PDF로 다운받아 구글 드라이브에 저장하세요.
- 해당 논문 PDF와 출처(APA 스타일로)를 함께 연구하는 동료 교사인 오비완 선생님 (obi-wan@di.es.kr)에게 공유하세요.

2-4. 구글 지도

자바헛 선생님은 크리스마스를 맞아 학생들과 함께 핀란드 산타클로스 마을로 현장체험학습을 떠날 예정입니다. 구글 지도를 활용하여 경로 및 소요 시간을 미리 파악하고자 합니다.

- 로바니에미 공항 – 맥도날드 로바니에미점으로 가는 자동차 경로를 검색하세요.
- 중간에 산타클로스 마을을 경유하도록 목적지를 추가하세요.
- 해당 경로를 아나킨 선생님(anakin@di.es.kr)에게 공유하세요.

2-5. 블로거

자바헛 선생님은 핀란드 산타클로스 마을로 현장체험학습을 떠나기 전 학생들에게 해당 장소에 대한 다양한 정보를 제공하여 미리 사전 학습이 이루어질 수 있도록 하길 원합니다.

- '산타클로스 마을 현장체험학습'이라는 이름의 블로그를 만드세요.
  Tip. 블로그 URL은 원하는 내용으로 자유롭게 설정하세요.
- 산타클로스 마을을 소개하는 웹사이트를 블로그에 공유하세요.
- 앞서 구글 지도로 검색한 로바니에미 공항 – 산타클로스 마을 – 맥도날드 로바니에미점으로 가는 자동차 경로를 블로그에 공유하세요.

2-6. 구글 문서

오비완 영어 전담 선생님은 새 학기 좀 더 의미 있는 활동으로 영어 수업을 진행해 보고 싶은 열망을 갖고 있습니다. 특히 국어 교과의 한 학기 한 권 읽기처럼 영어 교과에서도 동화책을 활용한 영어 읽기 활동을 위한 연간 계획을 수립하고자 합니다.

- 'https://bit.ly/영어온책읽기' 링크를 사용하여 사본을 만드세요.
- '3. 운영 내용' 아래에 표를 만들고 '학년'과 '책 이름'을 구분하여 해당 내용으로 표를 채우세요.
- 각 학년의 책 이름에 구글 도서에서 검색한 각 도서의 하이퍼링크를 연결하세요.
- 운영 계획서 첫 페이지 상단에 페이지 번호가 포함된 목차를 추가하세요.
- 해당 구글 문서를 동료 선생님(anakin@di.es.kr)이 편집할 수 있도록 권한을 부여하세요.

2-7. 구글 스프레드시트

아나킨 담임 선생님은 신학기를 맞아 새롭게 만난 학생들의 학업 성취도를 파악하기를 원합니다. 특히 올해는 사회와 영어 교과를 융합하여 프로젝트로 진행할 계획이므로 해당 교과에 대한 성취도가 낮은 학생들을 조사하여 보충 학습 계획을 수립하고자 합니다.

- 'https://bit.ly/진단평가결과' 링크를 사용하여 사본을 만드세요.
- 피봇 테이블을 활용하여 사회와 영어 두 교과 모두에서 20점보다 낮은 점수를 받은 학생들이 누구인지 확인하세요.
  Tip. 다음과 같은 조건으로 피봇 테이블을 설정하세요.
  (행: 이름, 열: 없음, 값: 사회/영어, 필터: 사회/영어 성적이 20 미만인 학생만 필터링)

2-8. 구글 클래스룸

레아 영어 전담 선생님은 구글 클래스룸을 활용하여 과정중심평가를 좀 더 체계적으로 실시하고자 합니다.

- '포스초 5학년 영어'라는 이름의 구글 클래스룸을 만드세요.

  Tip. 구글 클래스룸을 처음 사용한다면 '교사' 역할을 선택하세요.

- 알투디투(r2d2@di.es.kr)를 학생으로 추가하세요.

- 영어 교과에 걸맞는 사진으로 수업 테마를 바꾸세요.

- 'https://bit.ly/기준표 링크'를 사용하여 사본을 만드세요.

- 기준표의 내용에 부합하는 과제를 만들고 기준표를 추가하여 과제를 배포하세요.

  Tip. 과제를 만들 때 +기준표 – '스프레드시트에서 가져오기'를 선택하면 만들어 둔 기준표 사본을 불러올 수 있어요.

2-9. 구글 설문지

레아 영어 전담 선생님은 앞서 만든 구글 클래스룸에 역사부일체 프로젝트와 관련된 영상 및 퀴즈를 과제로 제시하고자 합니다.

- '포스초 5학년 영어' 수업에 '프로젝트'라는 이름의 주제를 만드세요.

- 해당 주제에 포함되는 퀴즈 과제를 만드세요.

  Tip. 제목은 '역사부일체 세종'. 안내는 적절한 내용을 추가하세요.

- 'https://bit.ly/역사부일체세종' 링크를 사용하여 사본을 만든 후 해당 내용으로 구글 설문지를 완성하세요.

  Tip. 퀴즈 하나당 10점씩. 모든 퀴즈를 풀어야 제출할 수 있도록 필수 문항으로 설정하세요.

- 구글 클래스룸에 퀴즈 과제를 배포하세요.

2-10. 지메일

자바헛 선생님은 GEG Tatooine의 리더입니다. 타투인 행성에서 구글 공인 교육 전문가 등급 1을 취득하기를 원하는 선생님들을 대상으로 신학기를 맞아 무료 바우처를 지급하기로 하였습니다. 같은 내용에 바우처 코드만 다르게 입력해야 하므로 지메일의 템플릿 기능을 활용하고자 합니다.

• 다음 내용으로 메일을 작성하세요.

> · (제목) 구글 공인 교육 전문가 등급 1 바우처 지급
>
> · (내용)
>
> 안녕하세요? GEG Tatooine 리더이자 구글 공인 트레이너 자바헛입니다.
>
> 타투인 행성 선생님들을 위한 구글 공인 교육 전문가 등급 1 바우처가 발급되었습니다.
>
> 등급 1:
>
> 본 바우처는 타투인 행성 시험 전용입니다. 타 행성에서는 사용이 불가합니다.
>
> 구글이 그대와 함께 하기를.

• 해당 메일을 새 템플릿으로 저장하세요.

　Tip. '설정' – '고급' 메뉴에서 템플릿을 사용하도록 설정하세요.

• 편지쓰기에서 저장된 템플릿을 불러와 다음의 두 선생님께 바우처 코드와 함께 메일을 보내세요. (바우처 코드는 템플릿 기능 연습을 위한 예시자료입니다.)

　· 레아 선생님(leia@di.es.kr): Aaa92a2aEE7DZj9S

　· 다스베이더 선생님(darthvader@di.es.kr): Amm92m2mHQAMv7jp

2-11. 구글 캘린더

요다 교장 선생님은 구다이 마스터로서 포스를 올바르게 사용하는 방법을 전수하기 위해 선생님들과의 1:1 면담 시간을 갖고자 합니다.

- 구글 캘린더에서 '포스 올바르게 사용하기' 라는 제목으로 다음 주 중 하루 오전 10시부터 오후 5시 사이에 1시간 간격의 약속 시간대를 만드세요.
  Tip. '약속 시간대' 메뉴는 Google Workspace for Education 계정에 있습니다.
- 약속이 가능한 시간을 잡는 페이지의 링크를 선생님들(force@di.es.kr)께 메일로 보내세요.
  Tip. 일정을 만든 후 '이 캘린더의 약속 페이지로 이동' 메뉴를 활용하세요.

2-12. 유튜브

한 솔로 선생님은 새 학기를 맞아 자신을 소개하는 영상을 만들어 유튜브에 탑재한 후 학생들에게 공유하고자 합니다.

- 스마트 기기를 활용하여 자신을 소개하는 영상을 1분 이내로 제작하여 구글 드라이브에 업로드하세요.
- 유튜브에 접속하여 자신의 구글 계정으로 로그인한 후 '만들기' - '동영상 업로드'를 클릭하세요.
  Tip. 유튜브 채널이 없는 경우 채널을 먼저 생성하세요.
- 구글 드라이브에 업로드한 자기 소개 영상을 PC에 다운받은 후 드래그 앤 드롭하여 유튜브에 일부 공개로 업로드하세요.
- 해당 링크를 쓰리피오 학생(3po@di.es.kr)에게 메일로 공유하세요.

[부록]

시험 직전 필책하라!

마스터 되기 체크리스트

□ 긴장을 풀었는가?

시험 관련해서 너무 걱정하시는 분들이 많으세요. 실패하면 재시험에 응시 기간 제한까지 있으니 더 그러신 것 같은데 그러실 필요 없습니다. 너무 긴장하지 마세요. 클릭 하나하나 모든 것을 추적하는 것이 아니니 겁내실 필요 없습니다.

□ 시나리오 상황에 과하게 얽매이는 건 아닌가?

트레이닝 자료도 도움은 되지만 사실은 시나리오에 너무 얽매이지 마시고 각각의 도구들을 이용해서 이것저것 시도해 보는 시간을 가지는 것이 많은 도움이 될 듯합니다. 결국은 현장에서 어떻게 쓸 것인가를 확인하는 평가이기 때문입니다.

□ 듀얼 모니터를 준비했는가?

별도의 장비를 하나 더 구비하시거나 듀얼 모니터를 쓰면 좀 더 편리합니다. 아무래도 시험 문제를 한쪽 화면에 띄워 놓고 시나리오는 다른 화면에서 푸는 것이 편하기 때문입니다. 시간 제한에 대한 압박감이 은근히 있을 수 있어요.

□ 구글 검색을 할 준비가 되어 있는가?

문제를 풀다가 잘 모르면 구글 검색을 해 보세요. 물론 문제를 검색한다고 답이 나오는 것은 아닙니다. 구글 도구의 활용법이나 도구의 특성에 대해 검색해 보라는 뜻입니다. 물론 가장 확실하게 자료를 찾을 수 있는 곳은 '구글 고객센터'입니다. 이곳에는 구글 도구에 대한 모든 내용이 정리되어 있고, 사용법이 단계별로 잘 설명되어 있습니다. 잊지 마세요! 이 인증 과정은 여러분을 떨어뜨리기 위함이 아니라 배우도록 하는 과정입니다.

□ 도구들을 충분히 사용해 보았는가?

도구들을 더 많이 쓸수록 더 잘 이해하게 됩니다. 다양한 사례를 위주로 구글의 도구를 어떻게 쓸지 상상하고 고민하는 것이 결국 이 과정의 가장 큰 목표입니다.

□ 복사 & 붙여넣기 단축키를 숙지했는가?

시나리오 문제 중에는 링크, 지문, 제목 등을 복사해서 붙여넣어야 하는 일이 많습니다. 사용하는 장비에서 복사, 붙여넣기를 어떻게 하는지 숙지하세요. 특히 윈도우 PC를 쓰다가 크롬북이나 맥북으로 시험을 보게 되는 경우가 가끔 생길 수 있습니다. 이때 단축키를 몰라서 시간을 빼앗기는 경우가 종종 있습니다.

□ 시나리오 하나하나에 너무 시간을 빼앗기는 것은 아닌가?

시나리오 문제를 풀 때 하나의 시나리오에 너무 많은 시간을 들이지 마세요. 만일 시간이 너무 오래 걸린다면 일단 다음 문제로 넘어간 뒤 나중에 다시 도전해 보세요. 3시간이 아주 긴 시간 같아도, 한 문제에 오래 묶여 있으면 전체 시간 관리에 실패할 수 있습니다.

□ '건너뛰기(Skip)'와 '나중에 검토(Review Later)' 기능을 적절히 활용하고 있는가?

문제를 풀 때 시험 페이지 하단에 있는 '건너뛰기'와 '나중에 검토' 기능을 적극 활용하세요. 일단 문제를 넘기거나 간단하게 푼 뒤, 나중에 다시 돌아갈 수 있습니다.

□ 객관식을 신속하게 해결했는가?

일단 앞부분 객관식을 최대한 빨리 푸세요. 시나리오 문제를 풀 때 생각보다 시간이 많이 필요합니다. 일단 1분 안에 못 풀 것 같다 싶으면 바로 다음 문제로 넘어가는 것을 권장하고 있습니다. 물론 각자의 스타일이나 습관에 따라 다를 수는 있습니다.

□ 인터넷이 끊기는 상황에 대비가 되어 있는가?

시험 중에 인터넷이 끊기는 상황도 생길 수 있으니 대비해야 합니다. 시험 중에 인터넷이 끊기면 스마트폰 핫스팟으로 얼른 대처하시기 바랍니다. 만일 핫스팟 사용이 어렵다면 상대적으로 안정적인 유선 인터넷을 연결하여 사용하는 것이 좋습니다.

□ 최신 업데이트를 완료했는가?

윈도우와 크롬 브라우저가 최신 버전으로 업데이트 되었는지 확인하세요. 시험 보는 도중에 갑자기 업데이트가 시작된 경우가 있었습니다.

□ 등록 전에 시험을 칠 시간이 있는지 확인했는가?

시험 칠 시간을 잘 선택하여 준비하세요. 시험 등록을 완료한 후에도 급한 일이 생길 수 있는데, 8일이 지나면 시험 계정의 유효기간은 끝나 버린다는 것을 잊지 마세요!

□ 복사 & 붙여넣기를 적절히 활용하는가?

시나리오 문제에서 입력하라는 이름이나 정보에 오타가 생기지 않도록 되도록이면, 아니 무조건! 복사 & 붙여넣기를 사용하는 것을 강력 추천합니다.

□ 웹캠에 혹시 목숨을 걸고 있지는 않은가?

시험 중에 웹캠을 켜 두는 것은 구글 직원들이 여러분을 지켜보기 위함이 아닙니다. 안면 인식을 통해 여러분이 시험을 보고 있는지를 확인하기 위해서이고, AI가 간헐적으로 랜덤 확인을 수행하기 위함입니다. 화장실이 급해서 잠시 카메라 밖으로 사라졌다 들어오는 분들도 꽤 계십니다. (노트북을 통째로 화장실에 들고 들어가신 분도 계시다던데 경의를 표합니다.)

□ 시크릿 모드를 사용하고 있는가?

시험을 칠 때 꼭 '시크릿 모드'를 사용해야 개인 구글 계정과 충돌이 발생하지 않습니다. 안전을 위해 개인 계정에서 완전히 로그아웃하는 것도 좋습니다. 요즘은 크롬 브라우저 '프로필 추가' 기능을 활용하여 시험용 계정을 위한 브라우저를 따로 로그인해서 사용하기도 합니다.

☐ 중요한 탭은 고정을 해 두었는가?

시험 중에 중요한 창을 실수로 닫아 버리는 경우가 있습니다. 이를 막기 위해 원하는 크롬 탭에서 마우스 오른쪽 버튼을 클릭하여 '고정'하면 안전합니다.

☐ 함께 공부하고 있는가?

혼자서 시험 공부하는 것은 쉽지 않습니다. 평소 구글 공인 교육자 과정에 관심 있는 동료 교사들이 있다면 함께 준비하세요. 질문하고 서로 용기를 줄 스터디 멤버가 있으면 더없이 좋습니다.

☐ 지역의 GEG 활동에 함께 하고 있는가?

지역의 GEG에 참여하세요(www.gegkorea.org). 이곳에는 여러분의 궁금증을 해결해 줄 좋은 선배 교육자들이 많이 있습니다.

☐ 최신 업데이트에 대해 숙지하였는가?

특정 도구들에 대한 경험이 충분하다 하더라도 새로운 업데이트가 있을 수 있으니 시험 전에 한번 확인해 본 후 시험에 임하는 것이 좋습니다.

☐ 시험 칠 준비가 '정말' 되었는가?

시험을 너무 일찍 보지 마세요. 구글 도구에 대한 몇 시간의 교육만으로 만만하게 보고 시험에 도전했다가, 낙방을 한 후 자신감 회복에 어려움을 겪는 경우를 종종 보았습니다.

□ 시험 등록 계정과 비밀번호를 저장해 두었는가?

처음 계정을 만들 때 만든 비밀번호는 꼭 메모하여 저장해 두세요. 의외로 이 비밀번호를 잊어버려서 나중에 성적을 확인하거나 다음 단계의 시험을 등록하는 데 어려움을 겪는 경우가 있습니다.

□ 너무 최선을 다하고 있는 것은 아닌가?

지나치게 완벽을 추구하지 마세요. 시나리오에서 이메일을 보내라고 하면 제목과 내용에 몇 단어만 적어서 보내세요. 시나리오에서 시키는 대로 할 줄 안다는 것만 보여 주면 됩니다.

□ 카메라 사용을 허용했는가?

노트북의 카메라 권한을 부여하지 않으면 웹캠이 켜지지 않습니다. 크롬 브라우저 상단에 카메라 권한을 부여하는 팝업 알림이 뜨면 꼭 '허용'을 선택하세요. 만약 알림이 뜨지 않는데 웹캠이 작동되지 않는다면 크롬 브라우저 오른쪽 위 세로 점 세 개 〉 '설정' 〉 '개인정보 및 보안' 〉 '사이트 설정'에서 카메라 권한을 설정할 수 있습니다.

□ 모든 상황에 대비가 되어 있는가?

날씨도 미리 체크하세요. 시험 보는 중에 전원이 나가는 경우도 있었습니다. 시험이 3시간이나 진행되다 보니 별의별 상황이 발생할 수 있습니다. 물론 전화는 잠시 꺼 두시는 게 좋겠죠?

▶ **정답표**

Chapter 2. 구글 공인 교육 전문가 등급 1
필기시험 예시 문제　44~49쪽

문항 번호	1단원	2단원	13단원
1	②	④	②③
2	①②③④	①	①②③④
3	③	④	④
4	①②	①④	④
5	①②③	①②③④	①
6	②③④	②③	①

Chapter 3. 구글 공인 교육 전문가 등급 2
필기시험 예시 문제　161~168쪽

문항 번호	주제 1	주제 2	주제 3	주제 4
1	①	④	①③	②
2	④	④	①③④	④
3	①②③④	②③④	①	②
4	②	③	①②③	②④
5	②③④	③	①	①②④
6	④	—	①②	①③

Chapter 4. 구글 공인 트레이너
필기시험 예시 문제　235~241쪽

문항 번호	1단원	2단원	3단원	4단원	5단원	6단원	7단원
1	①②③	②④	①②④	①②③	①②③④	①②④	②③
2	①②③	①③④	①②③④	①②④	①③④	①②③④	②③④
3	—	①	②	①	④	—	—

구글 마스터의 길

: 에듀테크 활용교육의 기본, 구글 공인 교육자 프로그램 한 권으로 마스터하기

초판 1쇄 발행 2021년 6월 15일
초판 2쇄 발행 2023년 5월 1일

지은이 신민철, 전효진, 서광석, 박정철

펴낸이 이형세
펴낸곳 테크빌교육(주)
주소 서울시 강남구 언주로 551, 5층 | **전화** (02)3442-7783(333)
편집 한아정　　**디자인** 곰곰사무소　　**제작** 한영미디어

ISBN 979-11-6346-125-8 (93000)

테크빌 교육 채널에서 교육 정보와 다양한 영상 자료, 이벤트를 만나세요!
블로그 blog.naver.com/njoyschoolbooks　　　**페이스북** facebook.com./teachville
티처빌 teacherville.co.kr　　　**티처몰** shop.teacherville.co.krr
쌤동네 ssam.teacherville.co.kr

**에듀테크 활용교육으로
디지털 리터러시가 깨어난다**